高职高专"1+X"模式智能新能源汽车专业系列教材

新能源汽车
电气系统
检修

主　编　杨学易　徐旭升
副主编　敖　亚　欧阳全胜　叶世群　边东生
参　编　艾政华　罗洪标　何　端　种文军　冷俊辉

机械工业出版社
CHINA MACHINE PRESS

本书以新能源汽车电气系统检修为主线，介绍了新能源汽车起动与充电系统检测维修、新能源汽车基础电气系统检测维修、新能源汽车空调与舒适系统检测维修、新能源汽车安全系统检测维修。

本书以比亚迪 e5、比亚迪秦为主要参考车型，以其他常见新能源车型为辅，运用丰富的案例和新颖的资源形式，对新能源汽车电气系统检测维修技术进行了详细的讲解。同时本书提供了大量有针对性的课后思考题和技能训练项目，以培养学生分析和解决实际问题的能力。

本书的特点是理论联系实际，采用理实一体化教学模式，将丰富的数字资源，以二维码形式呈现于教材中，从而实现立体化教学。全书内容通俗易懂、深入浅出，适合作为高等职业院校新能源汽车专业核心教材和"1+X"认证教材，也可作为汽车服务人员在职培训及自学用书。

图书在版编目（CIP）数据

新能源汽车电气系统检修 / 杨学易，徐旭升主编 . —北京：机械工业出版社，2023.2（2024.8 重印）
高职高专"1+X"模式智能新能源汽车专业系列教材
ISBN 978-7-111-72718-7

Ⅰ .①新… Ⅱ .①杨…②徐… Ⅲ .①新能源—汽车—电气系统—检修—高等职业教育—教材 Ⅳ .① U469.703

中国国家版本馆 CIP 数据核字（2023）第 037288 号

机械工业出版社（北京市百万庄大街 22 号 邮政编码 100037）
策划编辑：齐福江 责任编辑：齐福江
责任校对：韩佳欣 李 婷 封面设计：严娅萍
责任印制：刘 媛
北京尚唐印刷包装有限公司印刷
2024 年 8 月第 1 版第 4 次印刷
184mm×260mm · 17.5 印张 · 420 千字
标准书号：ISBN 978-7-111-72718-7
定价：69.90 元

电话服务 网络服务
客服电话：010-88361066 机 工 官 网：www.cmpbook.com
　　　　　010-88379833 机 工 官 博：weibo.com/cmp1952
　　　　　010-68326294 金 书 网：www.golden-book.com
封底无防伪标均为盗版 机工教育服务网：www.cmpedu.com

前 言 FOREWORD

党的二十大报告提出建设现代化产业体系和强化现代化建设人才支撑的理念。我们要实现的中国式现代化，是人与自然和谐共生的现代化，必须贯彻新发展理念，坚持可持续发展，坚定不移走生产发展、生活富裕、生态良好的文明发展道路，走中国式现代化新道路。近年来，能源转型已在全球形成高度共识，新能源革命也在加速进行，新能源汽车发展迅猛，国家对其政策扶植力度有增无减。在《新能源汽车产业发展规划（2021—2035年）》中指出，到2035年，新销售车辆要以电动汽车为主流，公共领域用车要实现全面电动化，燃料电池汽车要实现商业化应用，高度自动驾驶汽车要实现规模化应用，从而促进节能减排，提升社会运行效率。

随着汽车电子技术、传感技术和控制技术的发展，各种自控舒适系统在汽车上的应用越来越多，如电动座椅、自动空调、自适应前照灯、自适应巡航等。对于新能源汽车而言，各种自控舒适和安全系统的应用使其具有更大的优势，但是如何安全规范地进行各种新能源汽车电气系统的检测维修也是个关键的问题。在此背景下，"新能源汽车电气系统检修"成为新能源汽车技术专业的必修课。党的二十大报告提到的人才强国战略，内涵更丰富，更具有新时代的特色。报告非常明确地把大国工匠和高技能人才作为人才强国战略的重要组成部分，人才培养已经成为重大课题。本书坚持思政育人、文化育人、专业育人、实践育人"四位一体"的教学理念，采用理实一体的教学模式，将实际维修案例导入典型的工作任务，将思政教育融入课堂教学，注重对学生专业知识、动手能力和职业素养的综合培养。

本书共有4个项目26个任务，介绍了新能源汽车起动与充电系统检测维修、新能源汽车基础电气系统检测维修、新能源汽车空调与舒适系统检测维修、新能源汽车安全系统检测维修共4个模块的知识，使学生对新能源汽车的起动与充电系统、基础电气系统、空调与舒适系统、安全系统的结构原理及检修方法有一定的了解。

本书以"1+X"证书制度的主要理念作为课程设置与内容选择的参照点，更加注重培养复合型技术技能人才，提高学生的实际动手能力，将理论知识真正应用到实际操作中，拓宽学生就业创业本领。

本书主要特点是任务引领、理实一体、内容丰富、实车为例、图文并茂、通俗易懂、实用性强。本书还配套了一系列的数字资源，使教材内容更丰富。

　　本书由杨学易（贵州轻工职业技术学院）、徐旭升（贵州轻工职业技术学院）任主编，由敖亚（贵州轻工职业技术学院）、欧阳全胜（贵州轻工职业技术学院）、叶世群（贵州轻工职业技术学院）、边东生（奇瑞万达贵州客车股份有限公司）任副主编，参与编写的还有艾政华（贵州轻工职业技术学院）、罗洪标（贵州电子信息职业技术学院）、何端（遵义职业技术学院）、种文军（兰州石化职业技术大学）、冷俊辉（河南交通职业技术学院）。在编写本书的过程中，得到了上海景格科技股份有限公司的大力支持，在此表示感谢。

　　由于编者的水平有限，书中难免存在一些疏漏和不足，恳请各位读者指出并提出宝贵意见，以便在修订时改正和完善。

　　特别说明：教材中配有二维码，读者扫描使用前，请先扫描书籍码，每一个用户手机只需要扫码一次，就可以永久查阅教材中的二维码视频资源。

书籍码　PAKXFZJ8Z

扫码免费看资源

编　者

目 录 CONTENTS

新能源汽车起动与充电系统检测维修

　　随着经济发展进程加快，人们不但重视提升自身的生态品质，更重视保护生态环境。新能源汽车的诞生和使用，不仅能节约能源，还能有效缓解因汽车尾气排放而带来的环境污染。近年来国家大力发展新能源汽车，新能源汽车保有量不断上升。新能源汽车在使用的过程中，会出现起动和充电系统的电气设备及线路故障，影响汽车整体的使用体验，更影响驾驶员行车安全。所以，需定期对新能源汽车起动和充电系统进行检查，对潜在的故障进行检修与排除。

　　本项目主要从电子电路检测维修、新能源汽车起动系统检测维修、混合动力汽车充电系统检测维修、电动汽车充电系统检测维修和充电桩的检测维修5个任务进行讲解。通过学习，你将了解到新能源汽车起动与充电系统的检测维修方法，并进一步掌握如何运用检测和维修设备对新能源汽车起动与充电系统故障进行分析和排除。

任务一　电子电路检测维修

一客户反映，他的新能源汽车长时间停放后，前舱部分线束被动物咬坏了，你能够通过损坏线束的颜色、编码等，初步判断是哪个系统的线束吗？请学习相关知识，帮助客户分析故障原因，并在此基础上整理出你后面需要做的具体工作，从而有效处理当前故障。

学习目标

1）能够描述电路图的识读方法。
2）能够描述电路图的电子元件与控制单元电路信息识读方法。
3）能够描述电路图中的开关和控制器电路信息识读方法。
4）能够描述电路图中的传感器、执行器电路信息识读方法。
5）能够根据电路图找出电子元件与控制单元、开关或控制器、执行器及传感器的编码、颜色、线束信息，并进行检测。

知识储备

一、电气元件图形符号含义

汽车电路图是利用图形符号和文字符号，表示汽车电路构成、连接关系和工作原理，而不考虑其实际安装位置的一种简图。为了使电路图具有通用性，便于进行技术交流，构成电路图的图形符号和文字符号不是随意的，它有统一的国家标准和国际标准。要看懂电路图，必须了解图形符号和文字符号的含义、标注原则和使用方法。常见汽车电气符号如图 1-1-1 所示。

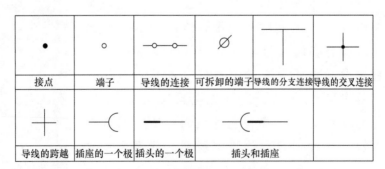

a）端子和导线符号

图 1-1-1　常见汽车电气符号

$t°$	$t°_A$	$t°_W$	Q	OP	m
温度表传感器	空气温度传感器	冷却液温度传感器	燃油表传感器	油压表传感器	空气质量传感器
AF	λ	K	n	v	W
空气流量传感器	氧传感器	爆燃传感器	转速传感器	速度传感器	燃油滤清器积水传感器
BP	B	BR	T	F	
制动压力传感器	蓄电池传感器	制动灯传感器	灯传感器	制动器摩擦片传感器	

b) 传感器符号

⎓	∼	≈	+	−
直流	交流	交直流	正极	负极
N	F	B	D+	⊥
中性点	磁场	交流发电机输出接线柱	磁场二极管输出接线柱	搭铁

c) 限定符号

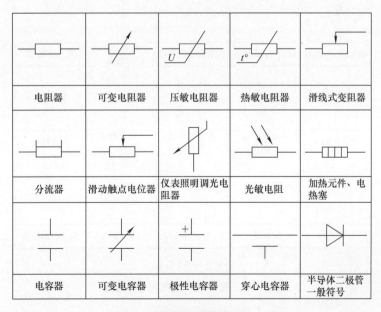

		U	$t°$	
电阻器	可变电阻器	压敏电阻器	热敏电阻器	滑线式变阻器
分流器	滑动触点电位器	仪表照明调光电阻器	光敏电阻	加热元件、电热塞
电容器	可变电容器	极性电容器	穿心电容器	半导体二极管一般符号

d) 电器元件符号

图 1-1-1　常见汽车电气符号（续）

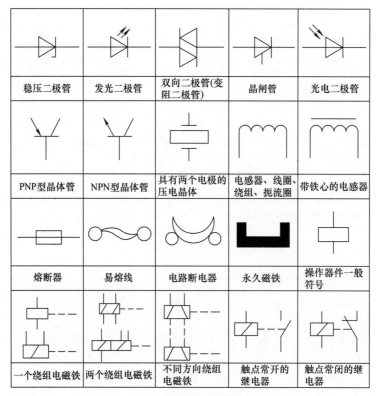

d) 电器元件符号(续)

稳压二极管	发光二极管	双向二极管(变阻二极管)	晶闸管	光电二极管
PNP型晶体管	NPN型晶体管	具有两个电极的压电晶体	电感器、线圈、绕组、扼流圈	带铁心的电感器
熔断器	易熔线	电路断电器	永久磁铁	操作器件一般符号
一个绕组电磁铁	两个绕组电磁铁	不同方向绕组电磁铁	触点常开的继电器	触点常闭的继电器

动合(常开)触点	动断(常闭)触点	先断后合的触点	中间断开的双向触点	双动合触点
双动断触点	单动断双动合触点	双动断单动合触点	一般情况下手动控制	拉拔操作
旋转操作	推动操作	一般机械操作	钥匙操作	热执行器操作

e) 触点与开关符号

图 1-1-1　常见汽车电气符号（续）

t	p	BP		
温度控制	压力控制	制动压力控制	液位控制	凸轮控制
联动开关	手动开关的 一般符号	定位开关 (非自动复位)	按钮开关	能定位的 按钮开关
			OP	t°
拉拔开关	旋转、旋钮开关	液位控制开关	机油滤清器 报警开关	热敏开关 动合触点
t°			1　2　3	1　2　3
热敏开关 动断触点	热敏自动开关的 动断触点	热继电器动断触点	旋转多档 开关位置	推拉多档 开关位置
1　2　3	1 2 3 4.1			
钥匙开关 (全部定位)	多档开关，点 火。起动开关， 瞬时位置为2能 自动返回到1(即 2档不能定位)	节流阀开关		

e) 触点与开关符号(续)

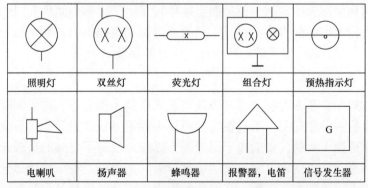

照明灯	双丝灯	荧光灯	组合灯	预热指示灯
电喇叭	扬声器	蜂鸣器	报警器，电笛	信号发生器

f) 电气设备符号

图 1-1-1　常见汽车电气符号（续）

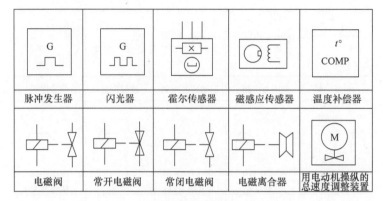

f) 电气设备符号(续)

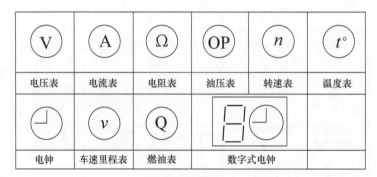

g) 仪表符号

图 1-1-1　常见汽车电气符号（续）

二、电路图的分类

1. 原理图

原理图又叫作电原理图。因为原理图直接体现了电子电路的结构和工作原理，所以一般用于设计和分析电路。分析电路时，工程师通过识别图样上的各种电路元件符号，以及部件之间的连接方式，就可以了解电路实际工作时的原理。

2. 方框图

方框图简称框图，是一种用方框和连线来表示电路工作原理和构成概况的电路图。从根本上说，这也是一种原理图，不过在这种图样中除了方框和连线，几乎就没有别的符号了。方框图和原理图主要的区别就在于原理图上详细地绘制了电路的全部元器件及其连接方式，而方框图只是简单地将电路按照功能划分为几个部分。将每一个部分描绘成一个方框，在方框中加上简单的文字说明，在方框间用连线（有时用带箭头的连线）说明各个方框之间的关系。所以方框图只能用来体现电路的大致工作原理，而原理图除了能详细地表明电路的工作原理之外，还可以用来作为采集元件、制作电路的依据。

3. 装配图

装配图是为了进行电路装配而采用的一种图样，图上的符号往往是电路元件的实物外形图。只要照着图上画的样子，把相应电路元器件连接起来就能够完成电路的装配。这种电路图一般是供初学者使用的。装配图根据装配模板的不同而各不相同，其中，印板图是装配图的主要形式。在初学电子知识时，我们选用螺孔板作为基本的安装模板。

4. 印板图

印板图的全名是印制电路板图，它和装配图其实属于同一类的电路图，都是供装配实际电路使用的。印制电路板是在一块绝缘板上先覆上一层金属箔，再将电路中不需要的金属箔腐蚀掉，剩余的金属箔作为电路元器件之间的连接线。然后将电路中的元器件安装在这块绝缘板上，利用板上剩余的金属箔作为元器件之间导电的连线，完成电路的连接。由于这种电路板的一面或两面覆盖的金属是铜皮，所以印制电路板又叫覆铜板。印板图的元件分布往往和原理图中大不一样，这是因为在印制电路板的设计中，主要考虑所有元件的分布和连接是否合理，要考虑元件体积、散热、抗干扰、抗耦合等诸多因素。综合这些因素设计出来的印制电路板，从外观看很难和原理图完全一致，而实际上却能更好地实现电路的功能。随着科技发展，现在印制电路板的制作技术已经有了很大的发展，除了单面板、双面板外，还有多面板，被大量运用到日常生活、工业生产、国防建设、航天事业等许多领域。

上面介绍的四种形式的电路图，其中原理图是最常用也是最重要的，能够看懂原理图，也就基本掌握了电路的原理，方便对电器系统进行维修、设计。

三、电路工作原理的分析方法

看懂电路图首先得掌握电路工作原理，接下来介绍几种电路工作原理的分析方法。

1）分析主电路。从主电路入手，根据每辆电动汽车和执行部件的控制策略进行分析，如电动汽车起动、档位变化、转向、制动等系统的主电路。

2）分析辅助电路。看辅助电路电源，弄清辅助电路中各电器元件的作用及其相互间的制约关系。

3）分析联锁与保护环节。生产机械对于安全性、可靠性有很高的要求，要实现这些要求，除了合理地选择驱动、控制方案以外，在控制线路中还设置了一系列电气保护和必要的电气联锁。

4）分析特殊控制环节。在某些控制线路中，还设置了一些与主电路、控制电路关系不密切，相对独立的特殊环节，如产品计数装置、自动检测系统、晶闸管触发电路、自动调温装置等。这些部分往往自成一个小系统，其读图分析的方法可参照上述分析过程，并灵活运用学过的电子技术、自控系统、检测与转换等知识逐一分析。

5）总体检查。经过化整为零，逐步分析每一局部电路的工作原理以及各部分之间的控制关系之后，还需要用集零为整的方法检查整个控制线路。最后还要从整体角度进一步检查和理解各控制环节之间的联系，以清楚地理解电路图中每一电气元件的作用、工作过程及主要参数。

四、举例说明电路图的分析方法

1. 分析喇叭控制电路组成

图 1-1-2 所示为喇叭控制电路，该电路系统包括喇叭继电器、喇叭按钮和高低音喇叭。喇叭电路通常是不受点火开关控制的。

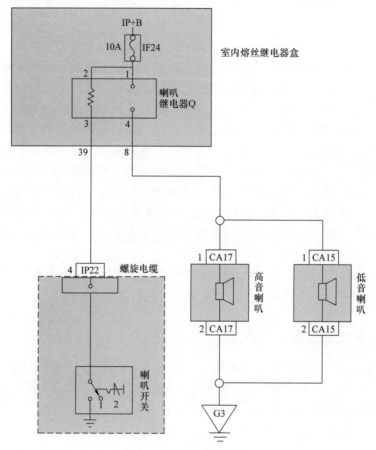

图 1-1-2　喇叭控制电路

2. 分析喇叭控制电路原理

当按下方向盘喇叭按钮时，喇叭按钮闭合，喇叭继电器线圈电路接通，工作电流从蓄电池正极→熔丝 IF24 →喇叭继电器线圈→螺旋电缆→喇叭开关→蓄电池负极，则喇叭继电器闭合，高低音喇叭电路接通，喇叭发出声响。喇叭电路工作电流从蓄电池正极→熔丝 IF24 →喇叭继电器触点→高低音喇叭→搭铁→蓄电池负极。

五、比亚迪·秦电路图识图

在识读比亚迪·秦汽车电路图时，需要清楚电路原理图中的元素主要包含插接件、熔丝、继电器、导线及用电器等；电路图中元素编码规则主要指插接件编码规则、熔丝编码规则和继电器编码规则。

1. 插接件的编码

插接件的编码主要由三部分组成：位置代码、类别代码和排序代码，如图 1-1-3 所示，具体含义参见表 1-1-1。

① 　　② 　　③

图 1-1-3　插接件编码图

表 1-1-1　插接件编码表

第一位 位置	第二位 类别	第三位 排序
线束代码（字母）	线束对接编码	插接件编码（数字）
	空	
	配电盒代码	配电盒端口（字母）

（1）位置代码

位置代码采用字母 A、B、C、G、K……表示，位置代码取决于线路中元素所属线束的位置。例如，发动机线束的装配位置是发动机，它的位置代码用字母 A 表示。不同的字母表示不同的位置代码，见表 1-1-2。

表 1-1-2　位置代码对应关系

线束名称	装配位置	编码
发动机线束	发动机	A
前舱线束	前舱	B
前横梁线束	前横梁	C
仪表板线束	管梁	G
地板线束	地板	K
顶篷线束	顶篷	P
左前门线束	左前门	T
右前门线束	右前门	U
左后门线束	左后门	V
右后门线束	右后门	W

（2）类别代码

类别代码一般采用 1、2、3、4……或者大写字母 J 表示，根据电路中不同元素，插接件的类别代码表示方式也不一样，具体可以分为以下三种情况。

1）配电盒上的插接件：电路元素如果是配电盒上的插接件，类别代码将采用 1、2、3、4……表示，配电盒名称与对应编码见表 1-1-3。

表 1-1-3　配电盒编码

配电盒名称	编码
前舱配电盒	1
仪表板配电盒	2
前舱配电盒Ⅱ	3
仪表板配电盒Ⅱ	4
正极配电盒Ⅰ	5
正极配电盒Ⅱ	8

2）线束间的对接插接件：电路元素如果是线束间的对接插接件，类别代码则用大写字母 J 表示。

3）连接车用电器模块的插接件、继电器座：电路元素如果是连接车用电器模块的插接件、继电器座，类别代码为空。

（3）排序代码

排序代码一般采用大写字母 A、B、C、D、E……或 01、02、03、04、05……表示。根据电路中不同元素，插接件的排序代码表示方式也不一样，具体可以分为以下两种情况。

1）配电盒上的插接件：电路元素如果是配电盒上的插接件，排序代码将采用大写字母 A、B、C、D、E、F……表示，该排序代码与插接件所插配电盒的插口位置代号一致。

2）其他电路元素插接件：其他电路元素根据所在线束的空间位置，排序代码采用 01、02、03、04、05……表示，依次编码 01、02、03、04、05……。

例如：G05 表示仪表板线束上连接电器件的插接件，其中 G 表示位置代码，是仪表板线束，由于是连接电器件，所以类别代码为空；05 表示排序代码。GJ01 表示仪表板线束上的对接插接件，其中 G 表示位置代码为仪表板线束；J 表示类别代码，电路元素是线束间的对接插接件，01 表示排序代码。G2A 表示仪表板线束上的接配电盒的插接件，其中 G 表示位置代码为仪表板线束；2 表示类别代码，电路元素是仪表板配电盒上的插接件；A 表示排序代码，电路元素是配电盒上的插接件。

（4）插接件接线端子和导线的识别

1）插接件接线端子识别：将插接件自锁方向朝上，插接件插头引脚按从左到右，从上到下进行编码；插接件插座引脚按从右到左，从上到下进行编码，如图 1-1-4 所示。

2）导线识别：比亚迪·秦汽车线束的类型主要有标准线、双绞线和屏蔽线三种。标准线主要用于不需要屏蔽的导线连接；双绞线能够通过自身来抵抗外来干扰及相互之间的串音，适用于低频率的情况；屏蔽线能够将辐射降低至一定范围，或者防止辐射进入导线内部造成信号干扰。三种类型导线对比见表 1-1-4。

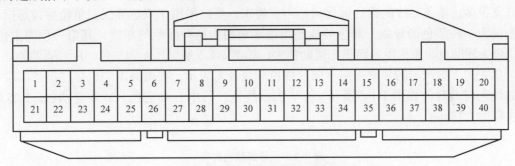

图 1-1-4 插接件接线端子编码

表 1-1-4 三种类型导线的对比

线束类型	作用	图例	电路图中标识
标准线	用于一般情况导线的连接，无需屏蔽要求		R/Y 1.25
双绞线	在低频情况下，双绞线可以靠自身来抵抗外来干扰及相互之间的串音。比如 CAN 通信线、扬声器线路		CAN H CAN L X2L-6 X2L-5 多路集成控制模块
屏蔽线	能够将辐射降低至一定范围内，或者防止辐射进入导线内部造成信号干扰。比如音频信号线（屏蔽网接地）		CAN-H CAN-L X2n-33 X2n-39 多路集成控制模块

为了便于识别，汽车低压导线用不同颜色标记并且导线的颜色应符合国家相关标准。为了在电路图中标注方便，导线的各种颜色均用字母表示，见表1-1-5。汽车电气系统中导线分支很多，单色导线的数目远远满足不了需求，为此采用了双色导线。单色导线是指绝缘表面为一种颜色的导线，双色导线是指绝缘表面为两种颜色的导线，其第一色为主色，第二色为辅助色。主色所占面积比辅助色大，如图1-1-5所示，A为主色，B为辅助色。

比亚迪·秦汽车的导线采用不同的线色和线径来表示，在电路图中也标注出了本段导线的线色与线径，如图1-1-6所示。L/Y表示线色，其中L是主色，Y是辅助色，1.25表示线径为1.25mm²。

表1-1-5　导线颜色代码

字母	W	B	R	G	L	O	Br	Y	Gr	P	V
颜色	白	黑	红	绿	蓝	橙	棕	黄	灰	粉红	紫

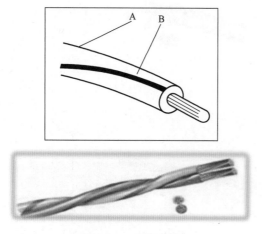

图1-1-5　双色导线

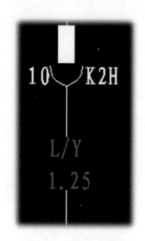

图1-1-6　线色与线径

2. 熔丝的编码规则

比亚迪·秦汽车的熔丝是根据所处的位置进行编码。前舱配电盒附配的熔丝编码为F1，同时根据前舱配电盒中熔丝的位置按照1、2、3……进行编码。例如，编码为F1/1的熔丝表示前舱配电盒中的1号熔丝。仪表板配电盒附配的熔丝编码为F2，仪表板配电盒附配的熔丝按相应位置编码为F2/1、F2/2……仪表板配电盒Ⅱ附配的熔丝编码为F4，仪表板配电盒Ⅱ附配的熔丝按相应位置编码为F4/1、F4/2……正极配电盒Ⅰ附配的熔丝编码为F5，正极配电盒Ⅰ附配的熔丝按相应位置编码为F5/1、F5/2……正极配电盒Ⅱ附配的熔丝编码F8，正极配电盒Ⅱ附配的熔丝按相应位置编码为F8/1、F8/2……地板线束外挂熔丝编码为FX，地板线束外挂熔丝按相应位置编码为FX/1、FX/2……熔丝编码规则如图1-1-7所示。

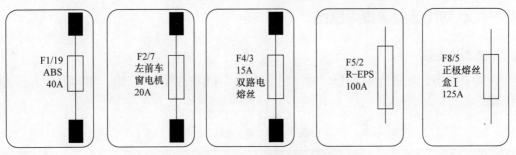

图 1-1-7　熔丝编码规则

3. 继电器的编码规则

比亚迪·秦汽车继电器是根据继电器的位置进行编码。前舱配电盒附配的继电器编码为 K1，同时根据前舱配电盒中继电器的位置按照 1、2、3……进行编码。例如，编码为 K1-1 的继电器表示前舱配电盒中的 1 号继电器。仪表板配电盒附配的继电器编码为 K2，仪表板配电盒附配的继电器按相应位置编码为 K2-1、K2-2……。前舱配电盒 II 附配的继电器编码为 K3，前舱配电盒 II 附配的继电器按相应位置编码为 K3-1、K3-2……。仪表板配电盒 II 附配的继电器编码为 K4，仪表板配电盒 II 附配的继电器按相应位置编码为 K4-1、K4-2……。外挂继电器编码随对应的线束，如 KG-1、KG-2……KC1-1、KC2-1……KX-1、KX-2……。控制单元内部不可拆卸继电器按相应顺序编码为 KI1-1、KI1-2……继电器编码规则如图 1-1-8 所示。

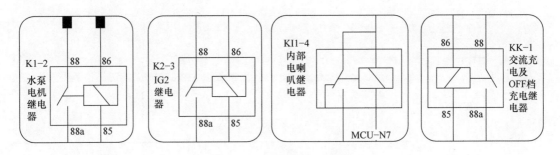

图 1-1-8　继电器编码规则

实训演练

实训工具与准备：

1）工具：手套。

2）设备：2019 款比亚迪·秦汽车。

3）资料及耗材：2019 款比亚迪·秦汽车维修手册、《新能源汽车电气系统检修》教材、抹布等。

一、认知比亚迪·秦电路图

1. 查询电路图

查阅电路图，在进行电路分析时，结合表 1-1-6 中所列电路标识，填写表中各个编码所代表的含义。

表 1-1-6　电路标识

编码	含义
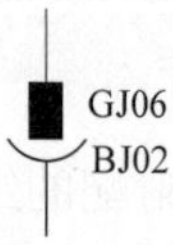 GJ06 BJ02	GJ06： BJ02：
 电器 6 G08	G08：
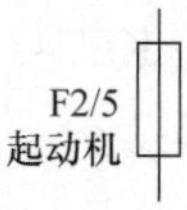 F2/5 起动机	F2/5：
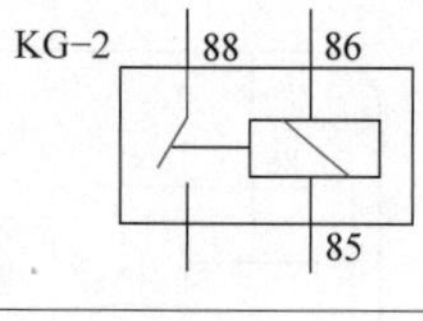 KG-2 88 86 85	KG-2：
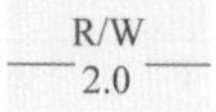 R/W 2.0	R/W： 2.0：

2. 分组讨论

4～6 人一组，讨论怎样在整车电路图中快速找到插接件、熔丝、继电器的位置或插接件上的一根导线。

讨论的要点应包括：

1）整车电路图的识读方法。

2）在电路图中快速找到插接件、熔丝、继电器位置的方法。

3）电路图中插接件上的某一根导线如何快速确认。

二、整理清洁

按照 7S 管理标准，整理工具、场地和设备。

任务练习

一、选择题

1. 汽车电路主要由电源、(　　　)、控制器件、用电设备及导线组成。
　　A. 电路保护装置　　　　　　B. 插接器
　　C. 起动机　　　　　　　　　D. 以上选项都不正确
2. 汽车上的电源有(　　　)。
　　A. 蓄电池　　　　　　B. 发电机　　　　　C. 蓄电池和发电机　　　　D. 干电池
3. 电路保护装置主要有(　　　)等。
　　A. 开关　　　　　　　B. 熔断器　　　　　C. 继电器　　　　　　　　D. 中间继电器

二、判断题

1. 电路图是指用电路元件符号表示电路连接的图。　　　　　　　　　　　　(　　　)
2. 电路图是人们为研究、工程规划的需要，用物理电学标准化的符号绘制的一种表示各元器件组成及器件关系的原理布局图。　　　　　　　　　　　　　　　　(　　　)
3. 印制电路板又叫覆铜板。　　　　　　　　　　　　　　　　　　　　　　(　　　)
4. 一般的电路图主要有整机或方框图、板块或系统电路原理图、印制电路板图和板块连线图等类型。　　　　　　　　　　　　　　　　　　　　　　　　　　　　(　　　)
5. 绘制方框图的过程是认识电路的实践过程，是分析研究电路的实践阶段，可为深入识读实用电路图奠定思想和物质基础。　　　　　　　　　　　　　　　　　　(　　　)
6. 看电路图的重要任务之一，就是研究分析传输信号的内容、种类、波形及它们的变换规律。　　　　　　　　　　　　　　　　　　　　　　　　　　　　　　　(　　　)

三、简答题

简述电路图识读方法。

任务二　新能源汽车起动系统检测维修

　　一辆 2017 款比亚迪·秦混合动力汽车，行驶了 50000km。客户李先生反映该车往往需要起动两三次才能正常起动且故障灯没有点亮。你能够根据客户反映的这一现象，初步判断是哪儿出现了故障吗？请学习相关知识，帮助客户分析故障原因，并在此基础上整理出你后面需要做的具体工作，从而有效排除当前故障。

学习目标

1）能够描述起动机电流消耗测试方法。

2）能够描述起动机电路电压降测试方法。

3）能够描述起动机控制电路的开关、插头和导线检测方法。

4）能够叙述起动机部件更换流程。

5）能够描述 BSG 系统的特点和工作模式。

6）能够描述 ISG 混合动力系统的功能。

7）能够根据维修需要进行起动机电流消耗测试、起动机电路电压降测试、起动机台架试验。

8）能够检测起动机控制电路的开关、插头和导线，能检查、测试、维修或更换起动机。

知识储备

一、起动机电流消耗测试方法

测试起动机电流消耗步骤如下：

1）将电压表正极引线连接至蓄电池正极接线柱。

2）将电压表负极引线连接至蓄电池负极接线柱。

3）将电流表正极引线连接至蓄电池正极接线柱。

4）将电流表负极引线连接至蓄电池加载装置上。

5）将蓄电池加载装置的另一条引线连接至蓄电池负极端子。

6）将蓄电池加载装置设在最大电阻档（开路）。

7）起动发动机。

8）记录起动期间显示的电压。

9）将点火开关拧到关闭位置，调整蓄电池加载装置，使电压表读数与上一步骤记录的读数相符。

10）记录流过蓄电池加载装置的电流。

11）将蓄电池加载装置调回到开路位置。

12）检查消耗电流的大小是否符合标准值。

13）如果电流超出标准值，拆卸并维修起动机。

二、起动电路电压降测试方法

起动机运转时电流高达 400～500A，而起动电路中各接点的接触电阻导致的总电压降一般不允许超过 0.1～0.2V。电路中电压降的测试方法是将万用表接入有高电阻的导线端子，然后接通起动机的电源进行测量。一般起动电路可能接触不良点测试处如图 1-2-1 所示。汽车起动电路电压降测试接线如图 1-2-2 所示。

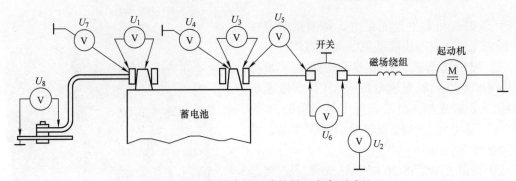

图 1-2-1　起动电路可能接触不良点测试处

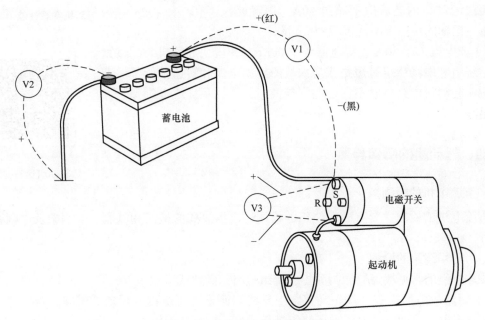

图 1-2-2　起动电路电压降测试接线

起动电路电压降测试步骤如下：

1）将万用表的红表笔与蓄电池的正极连接。

2）将万用表的黑表笔与所测导线的另一端连接；如果没有电流流过，则电压表的读数为 0，因为在没有电流的情况下两端的电位相同。

3）接通起动机的电源，万用表的电压读数应小于 0.2V。

4）评估测试结果。如果万用表的电压读数为 0，表明线路电阻几乎为 0，线路连接处于良好状态。如果读数大于 0.2V，就意味着线路中有较大的电阻，则应分段检查是否有接触不良，或者根据需要更换新的线束。

三、起动机空载性能试验

试验时先将蓄电池充足电，每项试验应在 3～5s 内完成，以防止起动机线圈被烧坏。

1）选用起动机、蓄电池和电流表（量程为 0～100A 以上的直流电流表）。蓄电池正极与电流表正极连接，电流表负极与起动机 30 端子连接，蓄电池的负极与起动机外壳连接，如图 1-2-3 所示。

2）用带夹电缆将 30 端子与 50 端子连接起来，此时起动机的驱动齿轮应向外伸出，起动机平稳运转。当蓄电池电压大于或等于 11.5V 时，流过起动机的电流应不超过 50A，用转速表测量电枢轴的转速应不低于 5000r/min。

图 1-2-3 测试起动机空载性能

3）如电流大于 50A 或转速低于 5000r/min，说明起动机装配过紧或电枢绕组和磁场绕组有短路或搭铁故障。如电流和转速都低于标准值，说明起动机电路接触不良、电刷与换向器接触不良或电刷弹簧弹力不足等。

四、起动机的解体检测

起动机运行实验

1. 直流电机的检测

直流电机的检测主要有磁场绕组的检测、电枢总成的检测和电刷、电刷架及电刷弹簧的检查。

（1）磁场绕组的检测

磁场绕组的常见故障有插头脱焊，绕组短路、断路或搭铁等。

1）短路故障的检查。首先观察绕组导线表面是否有烧糊的现象或气味。若有，则证明有短路现象。使用蓄电池对磁场绕组进行通电，检测各磁极的电磁吸力大小和均匀程度，以证明其是否有短路故障。磁场绕组短路故障检测如图 1-2-4 所示。

2）断路故障的检查。最常见的断路点是在起动机壳体接线柱与绕组抽头之间的导线焊接处、各励磁线圈之间的接线处，在拆检的同时应注意观察。也可用万用表电阻档进行测量，分别测量机壳接线柱与两个绕组电刷之间的通断情况。若电阻值是零，证明绕组没有断路；若有一定电阻值或是无穷大，则说明绕组中有接触不良或断路之处。

3）绝缘性能的检查。将数字绝缘电阻表的红表笔与任意一个电刷连接，黑表笔与机壳连接，开启电源开关（ON/OFF），选择所需电压等级，按下高压 TEST 键，高压指示灯亮，绝缘电阻表显示的稳定数值即为被测的绝缘电阻值，如图 1-2-5 所示。若测量结果大于等于规定值，则说明被测绕组绝缘性能良好。

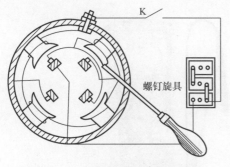

图 1-2-4　磁场绕组短路故障检测

图 1-2-5　磁场绕组绝缘性能检测

（2）电枢总成的检测

电枢绕组常见故障有绕组端头与换向器铜片脱焊以及匝间短路、断路或搭铁等。

1）匝间断路故障的检查。首先查看线圈端头与换向片的焊接状况，若有脱焊的痕迹，即可断定此处断路。断路检查还可在万能试验台的电枢感应仪上进行，如图 1-2-6 所示。将待测电枢放在感应仪上，接通控制开关后指示灯发亮。将两测试表笔接触两相邻换向片，在换向器上移动测试表笔，直到能够测得电流表指示较大电流值时，固定测试表笔位置，慢慢转动电枢，使所有换向片均依次经过此位置。同时观察各相邻换向片对应的电流表读数，若读数均相等，证明电枢绕组无断路故障。若读数不等或无读数，则证明该相邻换向片间绕组有断路之处。

2）匝间短路故障的检查。匝间短路故障的检查可在电枢感应仪上进行，如图 1-2-7 所示。将待测工件放在电枢感应仪上，接通控制开关后指示灯点亮。将钢片放于转子绕组顶部的槽上。慢慢转动转子，使钢片越过所有槽口。若在某槽口时钢片发生电磁振动，说明该处绕组有匝间短路故障。若无以上现象，则证明该电枢绕组无匝间短路故障。

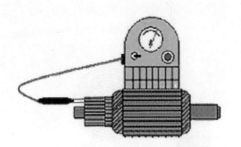

图 1-2-6　电枢绕组断路检测

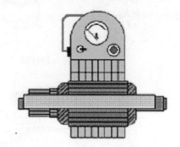

图 1-2-7　匝间短路故障检测

3）绕组绝缘性能的检测。用数字绝缘电阻表进行测量，如图 1-2-8 所示。红表笔接触换向片，黑表笔接触电枢轴，开启电源开关（ON/OFF），选择所需电压等级，按下高压 TEST 键，高压指示灯亮，绝缘电阻表显示的稳定数值即为被测的绝缘电阻值。若测量数值小于规定值，则说明该电枢绕组绝缘性能不良；若测量数值大于等于规定值，则说明该电枢绕组绝缘性能良好。

4）换向器的检查。换向器故障多为表面烧蚀、云母片突出等。轻微烧蚀用 00 号砂纸打磨即可。严重烧蚀的换向器应进行加工，但加工后换向器铜片厚度不得小于 2mm。

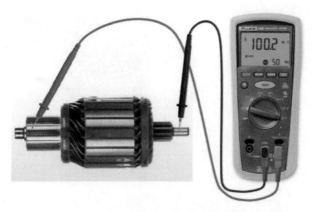

图 1-2-8　电枢绕组绝缘性能检测

（3）电刷、电刷架及电刷弹簧的检查

电刷的检测如图 1-2-9a 所示。电刷高度应不低于标准高度的 2/3，接触面积应不少于 75%，电刷在电刷盒内无卡滞现象。否则，需进行修磨或更换。

电刷架的检测如图 1-2-9b 所示。用万用表和试灯可检查电刷架的绝缘性，正电刷 A 和负电刷 B 之间不应导通。若导通，应进行电刷架总成的更换。

电刷弹簧的检测如图 1-2-9c 所示。用弹簧秤检测电刷弹簧的张力，不同型号起动机的电刷弹簧张力是不同的，若测得的张力不在规定范围之内应更换电刷弹簧。

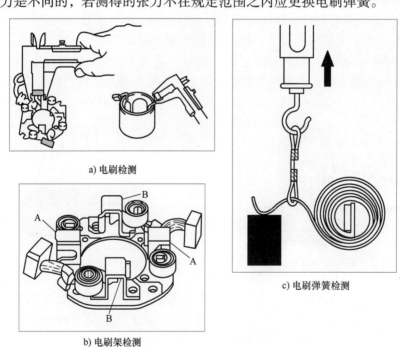

a) 电刷检测

b) 电刷架检测

c) 电刷弹簧检测

图 1-2-9　电刷、电刷架及电刷弹簧的检测

2. 传动机构的检测

起动机单向离合器常见的故障是驱动齿轮磨损和离合器打滑。驱动齿轮齿长磨损不得

超过其原尺寸的 1/4，否则应更换。单向离合器打滑的检查方法是将其安装上专用套筒，用台虎钳夹住离合器齿轮，用扭力表检查其正向转矩，应大于 30N·m 不打滑，否则应更换。

3. 电磁开关的解体检测

（1）接触片检测

检测电磁开关接触片的接触状况，如图 1-2-10 所示。用手推动活动铁心，使接触片与两接线柱接触，然后将万用表表笔两端置于端子 30 与端子 C，应导通，且正常情况下电阻值应为 0。

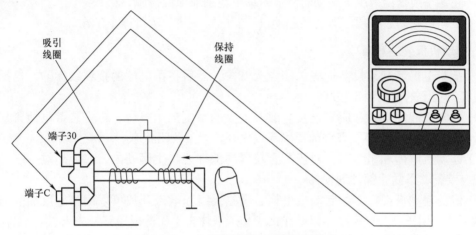

图 1-2-10　解体检测电磁开关接触片

若接触片不导通，则应解体直观检测电磁开关的触点和接触片是否良好。烧蚀较轻的可用细钢锉锉平后使用，烧蚀较重的应进行翻面或更换。

（2）吸引线圈开路检测

检测吸引线圈是否开路，如图 1-2-11 所示。用万用表连接端子 50 和端子 C，应导通，并且电阻值在标准范围内。否则吸引线圈可能出现开路故障。

（3）保持线圈开路检测

检测保持线圈是否开路，如图 1-2-12 所示。用万用表连接端子 50 和搭铁，应导通，并且电阻值在标准范围内。否则保持线圈可能出现开路故障或者线圈搭铁不良。

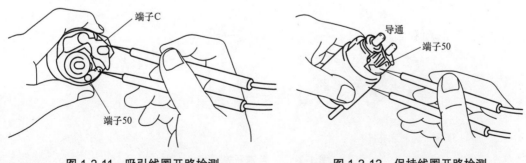

图 1-2-11　吸引线圈开路检测　　　　图 1-2-12　保持线圈开路检测

五、起动机的拆装

起动机是汽车起动系统中非常重要的装置，受点火开关控制。工作时产生转动飞轮和曲轴的转矩，使发动机运转。起动机出现故障会导致车辆无法正常起动，所以应该加强对起动机的检查与维护，及时排除故障隐患，必要时更换起动机。

1. 起动机的正确使用

1）起动机每次起动时间不得超过 5s，再次起动时应间歇 15s，使蓄电池电能得以恢复。如果连续第三次起动，应在检查与排除故障的基础上停歇 2min 以后进行。

2）在冬季或低温情况下起动时，应对蓄电池采取保温措施。

3）发动机起动后必须立即切断起动机控制电路，使起动机停止工作。

2. 起动机拆装注意事项

1）从车上拆卸起动机前应先关闭点火开关，然后将蓄电池的搭铁线拆除，再拆除起动机电磁开关上的蓄电池正极线。

2）在安装起动机时，应先连接电磁开关上的蓄电池正极线，再安装蓄电池正、负极线缆。接蓄电池正、负极线缆之前要确保点火开关处于关闭状态。

3）起动机解体和组装时，对于配合较紧的部件严禁生砸硬敲，应使用拉、压工具进行分离与装配，以防止部件的损坏。

4）清洗起动机部件时，起动机电枢、励磁绕组和电磁开关可以用拧干汽油的棉纱进行擦拭，然后用压缩空气吹净，以防止由于易燃液体未干而造成短路或失火。

5）起动机组装后，先进行测量调整后再进行试验台上的运转试验。进行起动机运转试验时，要先进行空载试验，再进行全负荷试验（24V 起动机一般建议先做 12V 空载试验，再做 24 空载试验），以防止因意外故障引起过载而烧坏实验设备或起动机。

3. 起动机拆装步骤

不同类型的起动机拆装步骤略有不同，下面以 QD124H 为例来介绍起动机的拆装。

1）从电磁开关接线柱上拆下起动机与电磁开关之间的连接导线。

2）松开电磁开关的两个固定螺母，取下电磁开关。

 注意事项：如图 1-2-13 所示，在取出电磁开关时，应将其头部 1 向上抬，使柱塞铁心端头的扁方 2 与拨杆脱开后取出。

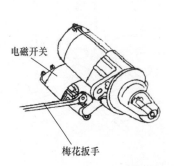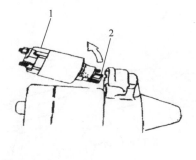

图 1-2-13　电磁开关拆卸

3）拆卸换向器的两个固定螺栓，取下换向端盖，如图 1-2-14 所示。

4）拆卸电刷架及定子总成，如图 1-2-15 所示。

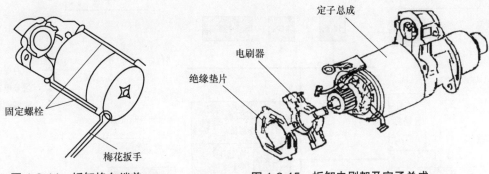

图 1-2-14　拆卸换向端盖　　　　图 1-2-15　拆卸电刷架及定子总成

5）将起动机电枢及小齿轮拨杆一起从起动机外壳上拉出来，如图 1-2-16 所示。

6）从电枢轴上拆下电枢止推挡圈的右半环、卡环、电枢止推挡圈的左半环，拆下单向离合器，如图 1-2-17 所示。

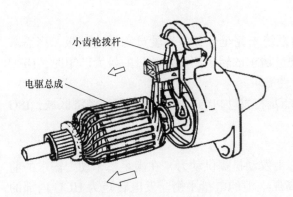

图 1-2-16　拆卸起动机电枢

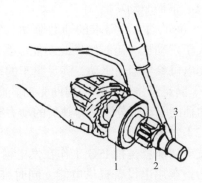

图 1-2-17　拆卸单向离合器
1—单向离合器　2—齿轮　3—卡环

起动机的组装顺序与分解过程相反，在组装起动机前，应在起动机的轴承和滑动部位涂抹适量的润滑脂。

六、ISG 混合动力系统

1. ISG 混合动力系统概述

ISG 是指集成的具有起动机功能的发电机，搭载 ISG 混合动力系统的车辆主要功能有怠速起停、再生制动、辅助驱动、发电。混合动力控制单元（HCU）会根据驾驶员请求（加速踏板踏下深度）、能量存储单元的状态（允许放出的电量）、电驱动系统状态（停车、行车）和整车状态等控制 ISG 的工作模式，自动实现以上功能。ISG 混合动力系统结构如图 1-2-18 所示。

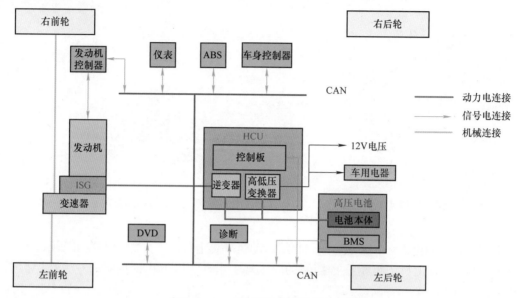

图 1-2-18　ISG 混合动力系统结构

（1）辅助驱动功能

1）满足动力性需求的辅助驱动。传动系统未完全分开，驾驶员踩加速踏板，当需求转矩大于发动机转矩时触发此功能。当驾驶员请求的转矩超过发动机的最大转矩时，HCU 将控制电机参与辅助驱动，满足整车的动力性需求。

2）满足经济性需求的辅助驱动。此功能是将发动机的工作区域稳定在经济区域，ISG 参与的辅助驱动部分满足驾驶员的动力需求。

（2）发电功能

发电功能就是指 ISG 工作在发电模式，由发动机提供动力，在满足整车动力需求的前提下为整车用电设备提供电能，同时维持高压电池的电量平衡。发电转矩为 HCU 内部的转矩请求，不需要驾驶员参与，HCU 自动检测整车用电情况、高压电池的状态，然后决定进入何种发电模式，计算出发电转矩的大小。

（3）再生制动功能

混合动力汽车在制动过程中可以通过 ISG 实现能量回收。再生制动可以分为两个阶段：再生制动第一阶段和再生制动第二阶段。再生制动第一阶段是汽车运行中，当离合器完全接合且档位在档时，驾驶员未踩制动踏板，且松开加速踏板，制动转矩主要根据车速确定，车速越高，制动转矩越大；在再生制动第一阶段条件下，踩下制动踏板，进入再生制动第二阶段，制动转矩主要根据车速确定，车速越高，制动转矩越大。

2. ISG 型轻度混合动力汽车

ISG 型轻度混合动力汽车（ISG-MHV）是目前制造成本最低，采用起动机 / 发电机一体化设计的轻度混合动力汽车。这种方式不需要对发动机进行改造，比较容易在现有传统发动机汽车上实现，混合程度小、电机功率低，尤其适合在轿车上实现。

（1）ISG型轻度混合动力汽车组成

ISG型轻度混合动力汽车动力单元主要包括发动机、驱动电机、能量管理系统、动力传动系统。

ISG-MHV中一般使用较低功率的发动机，因为加速和爬坡时并不只由发动机单独提供动力，而是由电动驱动装置及能量存储单元（动力电池、储能飞轮或者超级电容器）与发动机一起驱动汽车行驶。

驱动电机是电气驱动系统的核心，驱动电机的性能、效率直接影响车辆的性能。此外，驱动电机的尺寸、重量也影响汽车的整体效率。由于空间布置有限，驱动电机最好采用扁平形结构，同时功率不能太大。当前成功开发的ISG-MHV多采用直流永磁无刷电机，其峰值功率约为10~15kW。

能量管理系统是提高混合动力汽车经济性、动力性和减少废气排放水平的关键。该系统包括储能、能量管理和混合动力系统中央控制单元。常用的储能单元有电化学电池、燃料电池、飞轮电池及超大容量电容等。

动力传动系统用于均衡、传递并调节混合动力源的输出转矩与功率，以满足整车动力驱动的需要，主要包括转矩或转速合成器、离合器、变速器、传动轴、驱动车轮等。

以上4个单元都有各自的控制管理器。所有控制子系统均通过CAN总线向多能源动力总成管理系统发送子系统的运行信息，同时接受多能源动力总成管理系统的控制指令。混合动力多能源总成管理系统结构如图1-2-19所示。

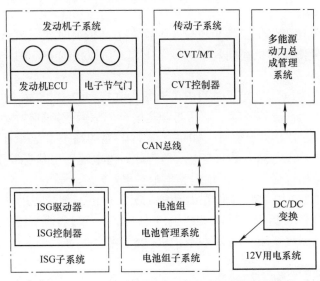

图1-2-19　混合动力多能源总成管理系统结构

（2）ISG功能分析

ISG-MHV可以实现自动起停、功率补偿及高效大功率电能的输出。

1）自动起停功能。传统的车用起动机只能将发动机加速至起动转速，而ISG作为电动机可在短时间内（通常加速时间仅为0.1~0.2s）将发动机加速至怠速转速（例如800r/min），然后发动机才开始缸内的喷油燃烧过程。高转速电起动过程不仅降低了发动机起动时的燃料消耗，还改善了排放。自动起停功能的实现过程如下：如果汽车较长时间处于空载状态，例如在路口等红灯时，发动机一直处于怠速状态，控制系统自动使发动机停止运行，同时 ISG 也停止工作。需要起步时，ISG 在 0.1~0.2s 的短时间内完成起动任务。在城市工况下，汽车不停地起步和停车以及发动机处于怠速的情况非常多，自动起停系统利用电动机快速起动的特点避开了发动机低速起动和长时间怠速的工作状态，提高了整车燃油经济性和排放性能。

2）功率补偿功能。发动机在低速大负荷时的燃油经济性和排放性能均不佳，通常情况下发动机在此工况下的转矩输出有限，如果需要发动机在低速大负荷时能够提供较大的功率就必须选用更大排量的发动机，这样虽然满足了动力性要求，但牺牲了燃油经济性。ISG 可以在发动机低速大负荷时在电动机状态下工作，提供一部分辅助功率，提高低速时发动机的动力性能。例如，当发动机以较低转速运转时，如果加速踏板的行程大于满行程的 90%，ISG 就开始进行功率补偿，当加速踏板达到满行程时，ISG 提供最大瞬时功率。

3）高效大功率电能输出功能。ISG 用作发电机时可以提供 6~10kW 功率输出，全转速范围内的效率在 80% 以上。普通车用发电机通常由发动机曲轴通过传动带驱动，最大输出功率仅为 1.5~2.5kW，发电机的最高效率为 70%，而高速时仅为 30%，无法满足现代汽车电子产品功率需求。ISG 高效大功率的电能输出能力远远优于传统车用发电机，不仅能使电动助力转向、电动制动以及电动气门等需要较大功率供电的新兴汽车电子技术得到充分应用，而且原先由同步带驱动的汽车附件，如空调压缩机等，都可以由专用的电动机驱动，并控制电动机运行在最佳工况，提高了整车的工作效率。

（3）ISG 控制策略

发动机效率在低速时偏低，转矩也较小，而在中高负荷时效率较高，负荷再大时效率又会下降。为了尽量使发动机在高效率区域下工作，可以根据 ISG 的结构特点制定具体控制策略。

起动时，ISG 作为电动机在短时间内（通常为 0.1~0.2s）将发动机加速至怠速转速，然后发动机开始缸内喷油燃烧过程，随后离合器接合，车辆开始行驶。

汽车巡航或以较低速度行驶时，如果此时蓄电池的荷电状态低于其限定的最大值，ISG 转换至发电机状态，向动力电池充电。但若此时蓄电池荷电状态等于或大于其限定值，为了延长蓄电池的使用寿命，ISG 不能向蓄电池充电。

当汽车加速或爬坡时，ISG 工作在电动机工况，提供一部分辅助转矩。当汽车处于怠速空载状态时发动机停止运行，同时 ISG 也停止工作。需起步时，ISG 作为电动机在短时间内完成起步任务。当汽车减速或制动时，ISG 处于再生制动工况。

实训演练

实训工具与准备：

1）工具：绝缘手套、万用表、棉布手套、150 件工具套装。

2）设备：2019 款比亚迪·秦汽车、起动机。

3）资料及耗材：2019 款比亚迪·秦维修手册、《新能源汽车电气系统检修》教材、抹布等。

检查与更换起动机

一、完成比亚迪·秦起动机性能检测

1）根据所学知识，对比亚迪·秦汽车进行起动机电流消耗测试，判断消耗电流是否符合标准值，根据检测结果确定维修措施。

2）根据所学知识，对比亚迪·秦汽车进行起动电路电压降测试，判断起动电路电压降是否符合标准值，根据检测结果确定维修措施。

 注意事项： 在进行有高压部件的车辆检测前，务必佩戴好个人防护用品，并严格遵守正确的操作步骤。

二、比亚迪·秦起动机拆装与解体检测

1）比亚迪·秦起动机拆装的注意事项。

2）比亚迪·秦起动机拆卸的步骤。

三、整理清洁

按照 7S 管理标准，整理工具、场地和设备。

任务练习

一、选择题

1. 起动机运转时，电流高达（　　）A。

　A. 100 ~ 200　　　　　　B. 200 ~ 300　　　　　　C. 300 ~ 400　　　　　　D. 400 ~ 500

2. 集成起动机 / 发电机简称（　　）。

　A. BSG　　　　　　　　B. ISG　　　　　　　　C. DSG　　　　　　　　D. HSG

3. 自动变速器汽车起动时，应将变速器挂入空档或（　　）档。

　A. 空档　　　　　　　　B. 一档　　　　　　　　C. 倒车档　　　　　　　D. 停车档

二、判断题

1. 起动电路中各接点的接触电阻导致的总电压降一般不允许超过 0.1 ~ 0.2V。（　　）

2. 运转起动机，万用表的电压读数应小于 0.5V。（　　）

3. 如果万用表的电压读数为 0，表明电缆电阻几乎为 0，电缆处于良好状态。（　　　）

4. 当蓄电池电压大于或等于 11.5V 时，电流应不超过 30A。（　　　）

5. 如电流大于 50A 或转速低于 5000r/min，说明起动机装配过紧或电枢绕组和磁场绕组有短路或搭铁故障。（　　　）

6. 如电流和转速都低于标准值，说明起动机电路正常。（　　　）

7. 磁场绕组的常见故障有插头脱焊、绕组短路、断路或搭铁等。（　　　）

8. 最常见的断路点是在机壳接线柱与绕组抽头之间的导线焊接处、各励磁线圈之间的接线处。（　　　）

9. 电枢绕组常见故障有绕组端头与换向器铜片脱焊以及匝间短路、断路或搭铁等。

（　　　）

三、简答题

简述起动电路电压降测试过程。

任务三　混合动力汽车充电系统检测维修

　　一辆 2017 款比亚迪·秦混合动力汽车，行驶了 45000km。客户李先生反映车辆无法给蓄电池正常充电且故障灯没有点亮。你能够根据客户反映的这一现象，初步判断是哪儿出现了故障吗？请学习相关知识，帮助客户分析故障原因，并在此基础上整理出你后面需要做的具体工作，从而有效处理当前故障。

学习目标

　　1）能够描述充电系统输出测试方法。

　　2）能够描述发电机输出测试方法。

　　3）能够描述电压调节器/磁场控制电路的调试方法。

　　4）能够描述充电电路电压降测试方法。

　　5）能够描述充电电路插头和导线的维修方法。

　　6）能够根据维修需要，进行充电系统输出测试、发电机输出测试、充电电路电压降测试、充电系统线路电压降测试并确定维修方法。

　　7）能够检查、测试电压调节器/磁场控制电路。

知 识 储 备

一、交流发电机的不解体性能试验

1. 就车检测

交流发电机的就车检测方法有检测输出电压、检测输出电流、检测接线柱间的电阻以及检测电压波形等方法。

进行交流发电机输出检测时，充电电路可能产生正确的充电电压，但是不能产生足够的充电电流。如果怀疑充电系统的输出值，首先要检查交流发电机驱动带的状况。图 1-3-1 是典型的起动和充电检测器连接图。

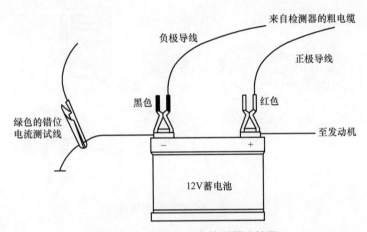

图 1-3-1　起动和充电检测器连接图

交流发电机输出值的检测流程如下：

第一步，根据生产商的说明书将起动线和充电检测线连接起来。

第二步，打开点火开关并观察电流表，这时点火电路电流应该是 2 ~ 8A。

第三步，起动发动机并以 2000/min 运转，慢慢地增加负荷以便获得电流表量程内的最大值，注意电流表读数。

第四步，步骤二和步骤三的电流表读数应该在额定输出值的 10% 以内。发电机额定输出值通常被印刻在交流发电机壳体上。

（1）检测输出电压

以 12V 交流发电机为例，将万用表拨到直流电压档，正极接发电机输出端子 B，负极搭铁，检测蓄电池的空载电压，正常值为 12.0 ~ 12.6V。起动并运转发动机，直至发动机达到正常工作温度和怠速转速（约 800r/min）时，电压表的指示电压应在 14V 左右。打开前照灯，万用表电压值会有小幅度下降（约 13.5V）。逐步加速发动机，随着发动机转速的升高，发电机的输出电压也应随之升高，当输出电压升高到约 14.5V 时，再继续提高发动机转速，发电机的输出电压不再升高，基本稳定在 14.5V 左右。

对于 24V 交流发电机，输出电压的测试值基本为 12V 交流发电机输出电压值的 2 倍。测试过程中输出电压过高或过低都是异常的，说明发电机、调节器或充电电路有故障。

（2）检测输出电流

由于各种类型汽车充电系统的性能参数不尽相同，本部分仅以雪佛兰科鲁兹轿车的充电系统为例，说明其检测方法。

将电压表的正、负极分别与蓄电池的正、负极相连接，将直流电流表的检测夹夹至发电机输出端子 B 引出的导线上，如图 1-3-2 所示。

起动发动机，并将其转速升高到 2000r/min 运行，此时电压表指示的电压（即调节电压）应为 13.9 ~ 14.3V（25℃），电流表读数应小于 10A。调节电压过高或过低应检修或更换调节器；电流过大说明蓄电池充电不足或有故障。

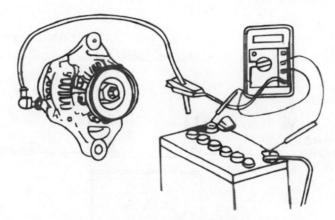

图 1-3-2　发电机输出电流检测

起动发动机，并以 2000r/min 运行，接通前照灯和暖风电动机（夏季则打开空调），此时调节器电压也应为 13.9 ~ 14.3V。电流表读数应大于 30A。若小于 30A，则说明发电机功率不足，应拆下检修或更换发电机。

（3）检测接线柱间电阻

测量前拆下发电机各接线柱上的导线，用万用表测量各接线柱间的电阻值，其阻值应符合规定，若不符合规定，应对发电机进行拆检。

（4）观测电压波形

交流发电机有故障时，其输出电压的波形将出现异常。因此，通过示波器检测其输出电压波形，可以判断交流发电机内部二极管及定子绕组是否有故障。发电机的各种输出电压波形如图 1-3-3 所示。

2. 试验台检测

（1）空载试验

1）将发电机安装在万能试验台的夹具上，先用手转动调速电动机主轴检查同心情况。然后起动调速电动机，逐渐调高转速检查同心情况，直到调速电动机转动平稳、无较大噪声为止。

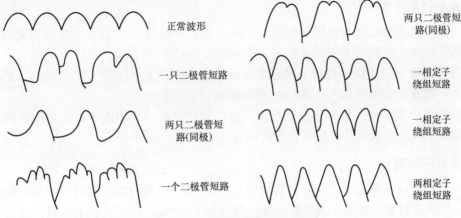

图 1-3-3　发电机输出电压波形

2）按照图 1-3-4 所示的试验电路原理图接线。将开关 S1 闭合，由蓄电池给发电机提供励磁电流。起动试验台上的调速电动机，逐步提高电动机的转速。当转速上升到 500 ~ 800r/min 时，发电机应能开始自励发电。

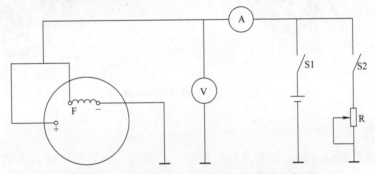

图 1-3-4　交流发电机空载试验和负载试验电路

3）继续提高转速，同时观察电压表的读数。当电压达到额定电压时，记下此时发电机的转速。断开调速电动机电源开关，空载试验完毕。

若转速高于标准空载转速，则说明发电机有故障，应将发电机分解检测。如果不能确定发电机有故障，继续做负载试验。

（2）负载试验

将变阻器 R 调节到阻值最大位置。当发电机空载转速达到额定值时接通开关 S2，调整发电机转速和变阻器 R 的电阻，保持电压不变，同时提高发电机转速和输出电流，使转速达到额定值，记下此时的输出电流大小，断开调速电动机开关，负载试验结束。

若输出电流能达到额定电流，则说明发电机完好，否则表明交流发电机有故障。

二、交流发电机的解体检测

按规定的操作流程将交流发电机解体。用布或棉纱蘸适量清洗剂擦拭转子绕组、定子绕组、电刷及其他机件。交流发电机的解体检测主要有磁场绕组检测、集电环检测、定子检测及整流器检测。

1. 磁场绕组检测

用万用表检测磁场绕组电阻，如图 1-3-5a 所示，一般为 3～5Ω。若阻值为无穷大，说明磁场绕组断路；若阻值小于标准阻值，说明磁场绕组匝间短路。

用万用表检测磁场绕组与转子铁心之间的绝缘情况，方法如图 1-3-5b 所示，其阻值应为无穷大。如万用表阻值很小，说明磁场绕组或集电环搭铁。

磁场绕组出现断路、短路和搭铁故障，都必须更换转子。但由于汽车发电机转子很少以单个销售，所以一般都是直接更换发电机总成。

2. 集电环检测

集电环表面应平整光滑，若有轻微烧蚀，可用 00 号砂纸打磨。用外径千分尺测量集电环外径，如果超过磨损极限（集电环厚度一般应大于 1.5mm），则更换发电机总成。

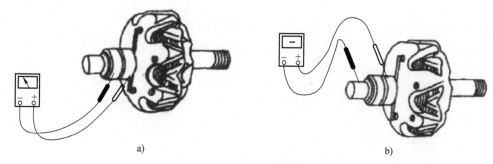

a)　　　　　　　　　　　　b)

图 1-3-5　磁场绕组的检测

3. 定子检测

检测定子绕组断路故障，如图 1-3-6a 所示。检测时，将万用表两只表笔分别接定子绕组三个接线端，两两相测，阻值应小于 1Ω。如有阻值为无穷大的情况，说明定子绕组有断路故障，则需要更换定子总成。

检测定子绕组搭铁故障，如图 1-3-6b 所示。用万用表电阻最大档检测定子绕组接线端与定子铁心间的电阻，阻值应为无穷大。否则，说明有搭铁故障，应更换定子总成。

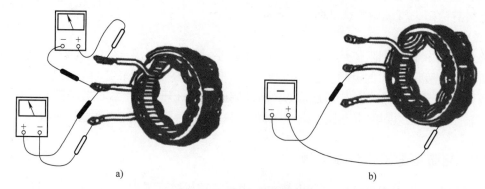

a)　　　　　　　　　　　　b)

图 1-3-6　定子绕组的检测

因为定子绕组的电阻很小，所以测量电阻难以检测有无短路故障。如在发电机分解之前，检测输出电压很低，其他部件检测均正常，可以怀疑定子绕组有匝间短路故障。

4.整流器检测

（1）普通整流器的检测

将二极管的引线与其他连接部件分离，将万用表的两个表笔分别接到二极管的引线与壳体上，测量二极管的正向与反向电阻，应符合标准值，如图 1-3-7 所示。

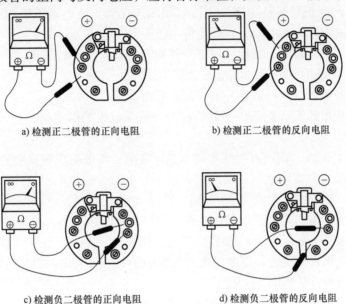

a) 检测正二极管的正向电阻　　　b) 检测正二极管的反向电阻

c) 检测负二极管的正向电阻　　　d) 检测负二极管的反向电阻

图 1-3-7　普通整流器的检测

（2）整体结构整流器检测

整体结构整流器的整流板正、负二极管全部焊装在一起，不可分解，如图 1-3-8 所示。检测正极管时，将万用表的红表笔接 B，黑表笔依次接 P1、P2、P3、P4，应导通；交换两表笔后再测，应为无穷大。否则说明正二极管损坏，需更换整流器总成。

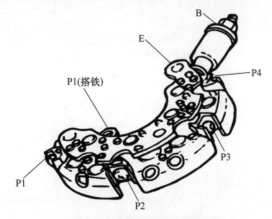

图 1-3-8　整体结构整流器检测

检测负极管时，将万用表的黑表笔接 E，红表笔依次接 P1、P2、P3、P4，应导通；交换两表笔后再测，应为无穷大。否则说明负二极管损坏，需更换整流器总成。

三、充电系统电压降检测

为了使充电系统能正常运转，在蓄电池正极柱和交流发电机输出端之间必须有良好的连接，交流发电机也必须与发动机良好连接。

很多汽车生产商把导线从交流发电机输出端连接到与蓄电池正极相连的其他插头上，如果在插头或导线中有较大电阻，蓄电池将不能正常充电。

当充电系统出现故障时，可以按以下步骤检查充电电路的电压降。

第一步，起动发动机并以 2000r/min 的转速运转。

第二步，打开前照灯，保证在充电系统上有用电负荷。

第三步，使用电压表，把正极测量线接到交流发电机的输出端，把负极测量线接到蓄电池的负极柱。

如果读数少于 0.2V，则所有导线和插头是正常的；如果电压表读数大于 0.2V，说明在交流发电机的输出端和蓄电池的正极之间有较大的电阻；如果电压表读数为蓄电池电压或接近蓄电池电压，则说明在交流发电机输出端和蓄电池之间存在断路情况。

为了确定交流发电机是否正确接地，在前照灯打开的情况下，维持发动机以 2000r/min 的转速运转。把电压表的正极导线接到交流发电机壳体表面，负极导线接到蓄电池的负极端。如果交流发电机正常接地，则电压表的读数小于 0.2V；否则说明交流发电机接地不良。充电电路电压降测量方法如图 1-3-9 所示。

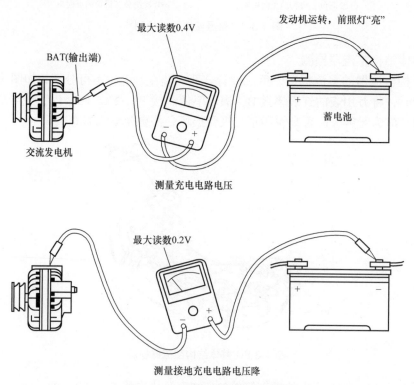

图 1-3-9　充电电路电压降测量

实训演练

实训工具与准备：

1）工具：绝缘手套、万用表。

2）设备：2019 款比亚迪·秦整车、发电机。

3）资料及耗材：2019 款比亚迪·秦维修手册、《新能源汽车电气系统检修》教材、抹布等。

一、比亚迪·秦汽车发电机性能检测

1）根据所学知识，对比亚迪·秦汽车进行发电机输出测试，判断发电机的输出电流、电压是否符合标准值，根据检测结果确定维修方法。

2）根据所学知识，对比亚迪·秦汽车进行充电系统线路电压降测试，判断充电电路电压降是否符合标准值，根据检测结果确定维修方法。

二、比亚迪·秦汽车发电机拆装与解体检测

主要完成的项目应包括：

1）比亚迪·秦发电机拆装的注意事项。

2）比亚迪·秦发电机拆卸的操作步骤。

三、整理清洁

按照 7S 管理标准，整理工具、场地和设备。

任务练习

一、选择题

1.起动发动机，将其转速升高到 2000r/min 运行，此时发电机电压表（即调节电压）读数应为（　　）V。

　　A. 12～12.5　　　　　　B. 12.5～13.5　　　C. 13.5～14.5　　　D. 13.9～14.3

2.起动发动机，将其转速升高到 2000r/min 运行，此时发电机电流表读数应大于（　　）A。

　　A. 10　　　　　　　　　B. 20　　　　　　　C. 30　　　　　　　D. 40

二、判断题

1.进行交流发电机输出检测时，充电电路可能产生正确的充电电压，但是不能产生足够的电流输出值。　　　　　　　　　　　　　　　　　　　　　　　　　　　　　　　（　　）

2. 对于24V交流发电机，输出电压的测试值基本为12V交流发电机输出电压值的2倍。

（　　　）

3. 如果怀疑充电系统的输出值，首先要检查交流发电机驱动带的状况。　　（　　　）

4. 如果风扇可以用手转动，则需要更换或张紧驱动带。　　　　　　　　（　　　）

5. 随着发动机转速的升高，发电机的输出电压随之降低。　　　　　　　（　　　）

6. 当输出电压升高到约14V时，再继续提高发动机转速，发电机的输出电压不再升高。

（　　　）

7. 交流发电机有故障时，其输出电压的波形将出现异常。　　　　　　　（　　　）

8. 若转速低于标准空载转速，则说明发电机有故障，应将发电机分解检测。　（　　　）

9. 变阻器不可调整太快，要和转速的提高协调进行。　　　　　　　　　（　　　）

10. 若输出电流能达到额定电流值，则说明发电机完好。　　　　　　　（　　　）

11. 磁场绕组出现断路、短路和搭铁故障，都必须更换转子。　　　　　（　　　）

12. 用外径千分尺测量集电环外径，如果超过磨损极限（集电环厚度一般应大于1.5mm），则更换发电机总成。　　　　　　　　　　　　　　　　　　（　　　）

三、简答题

简述发电机定子的检测方法。

任务四　电动汽车充电系统检测维修

一辆2017款比亚迪e5电动汽车，行驶了45000km。客户李先生反映车辆在进行充电时，车载充电机上的故障指示灯常亮。你能够根据客户反映的这一现象，初步判断是哪儿出现了故障吗？请学习相关知识，帮助客户分析故障原因，并在此基础上整理出你后面需要做的具体工作，从而有效处理当前故障。

学习目标

1）能够描述充电接口绝缘性测试方法。

2）能够描述充电接口端子电阻测试方法。

3）能够描述充电电缆导通性测试方法。

4）能够叙述充电接口总成更换流程。

5）能够根据维修需要，进行充电接口绝缘性检测、充电接口端子电阻检测、充电电缆导通性检测并确定维修方法。

6）能够更换充电接口总成。

随着国家政策的调整，新能源汽车越来越普遍，其中纯电动汽车占据了很大的比例。电动汽车的充电系统也逐渐成为大家关注的内容。为了使用方便，电动汽车一般配有两个充电接口，即交流充电接口（慢充）和直流充电接口（快充）。本部分主要讲解这两种充电系统的结构原理，以及充电系统常见故障的检修方法。

一、新能源汽车充电系统简介

电动汽车充电系统可以分成两大部分：充电设施和车载充电装置。充电设施主要包括充电桩、充电线束；车载充电装置包括车载充电机、高压控制盒、动力电池、DC/DC 变换器、低压蓄电池以及各种高压线缆和低压控制线束等。纯电动汽车交流充电系统结构如图 1-4-1 所示。

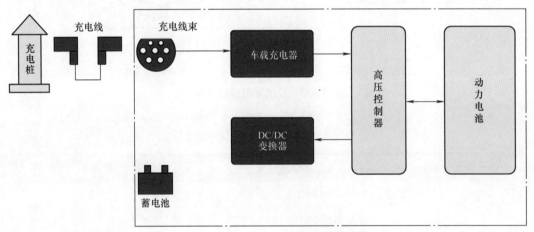

图 1-4-1　纯电动汽车交流充电系统结构

交流充电系统使用 220V 单相交流电作为供电电源，通过车载充电机将交流电变换为高压直流电给动力电池充电。同时车载充电机提供相应的保护功能，包括过电压、欠电压、过电流和欠电流等多种保护措施。当充电系统出现异常，保护装置会及时切断供电。交流充电系统主要部件包括供电设备（电缆保护盒、充电桩和充电线等）、慢充接口、车内高压线缆、高压配电盒、车载充电机以及动力电池等。

直流充电系统一般使用 380V 三相交流电源为直流快充桩供电，由快充桩将 380V 三相交流电转换成高压大电流的直流电给动力电池充电。直流充电系统主要部件包括电源设备（快充桩）、快充接口、车内高压线缆、高压配电盒以及动力电池等。

直流充电系统和交流充电系统的区别在于：直流充电系统（快充）主要是通过充电站的充电桩将直流高压电直接通过车辆端的直流充电接口给动力电池充电；交流充电系统

（慢充）主要是通过将交流充电桩的交流电接入车辆端的交流充电接口，通过车载充电机将220V交流电转换为高压直流电给动力电池充电。

二、充电系统工作过程

1. 交流充电系统工作过程

交流充电系统的充电接口按照 GB/T 20234.2—2015 的规定使用 7 针接口，接线端子分别是 CP、CC、N、L1、L2、L3 和 PE，其接口形状如图 1-4-2 所示。交流充电接口端子定义见表 1-4-1。

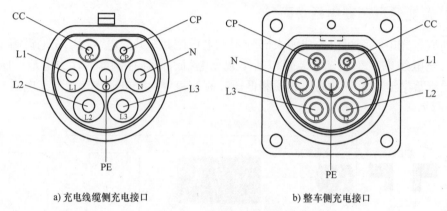

a) 充电线缆侧充电接口   b) 整车侧充电接口

图 1-4-2 交流充电接口形状

表 1-4-1 交流充电接口端子定义

端子编码 / 标识	额定电压和额定电流	功能定义
1-（L1）	250V/10A/16A/32A	交流电源（单相）
	440V/16A/32A/63A	交流电源（三相）
2-（L2）	440V/16A/32A/63A	交流电源（三相）
3-（L3）	440V/16A/32A/63A	交流电源（三相）
4-（N）	250V/10A/16A/32A	中线（单相）
	440V/16A/32A/63A	中线（三相）
5-（PE）	—	保护接地，连接供电设备地线和车辆电平台
6-（CC）	0～30V/2A	充电连接确认
7-（CP）	0～30V/2A	控制引导

交流充电系统工作原理，如图 1-4-3 所示。充电桩中的供电控制装置通过检测 CC 连接确认信号后，把 S1 开关从 12V 端切换到 PWM 端；当检测点 1 电压降到 6V 时，充电桩控制 K1、K2 开关闭合输出电流。

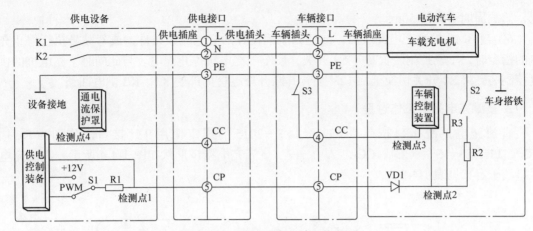

图 1-4-3　交流充电系统工作原理

充电过程大致分为以下几个步骤：

1）确认车辆端完成连接。车辆控制装置通过测量检测点 3 与 PE 之间的电阻值来判断充电枪插头与车辆插座是否完全连接。未连接时，S3 处于闭合状态，CC 未连接，检测点 3 与 PE 之间的阻值为无穷大；半连接状态时，S3 处于断开状态，CC 已连接，检测点 3 与 PE 之间的阻值为 RC+R4；完全连接时，S3 处于闭合状态，CC 已连接，检测点 3 与 PE 之间的阻值为 RC。

车辆控制装置通过测量检测点 3 与 PE 之间的电阻值来确认当前充电连接装置（电缆）的额定容量。容量测定电阻 RC 的阻值等级见表 1-4-2。

表 1-4-2　容量测定电阻 RC 的阻值等级

序号	RC 电阻	充电电缆额定容量
1	1.5kΩ/0.5W	10A
2	680Ω/0.5W	16A
3	220Ω/0.5W	32A
4	100Ω/0.5W	63A

2）确认供电控制装置完成连接。当供电设备无故障，且供电接口已完全连接时，供电控制装置开关 S1 从 +12V 切换至 PWM 连接状态，供电控制装置发出 9V 的 PWM 信号。供电控制装置通过测量检测点 1 的电压值来判断充电连接装置是否完全连接，车辆控制装置通过检测点 2 的 PWM 信号判断充电连接装置是否完全连接。

3）充电准备就绪。当车载充电机自检完成且没有故障的情况下，并且动力电池处于有充电需求时，车辆控制装置闭合 S2 开关。此时供电控制装置检测点 1 的电压值转变为 6V 的 PWM 信号，则供电控制装置通过闭合接触器 K1 和 K2 使交流供电回路导通，向车载充电机输送交流电源。

4）动力电池管理系统（BMS）检测充电需求，同时给车载充电机发送工作指令并控制车辆低压电路中的相关继电器吸合，车载充电机执行充电程序，同时点亮充电指示灯。

5）充电过程中，系统会周期性地检测相关检测点的电压值，确认供电线路的连接情况，监测周期不大于 50ms。

6）当 BMS 检测充电完成后，或达到车辆设置的充电完成条件，或驾驶员执行停止充电的指令时，车辆控制装置断开 S2 开关，使车载充电机停止充电。与此同时，充电桩的供电控制装置将 S1 开关切换至 + 12V 档，并断开充电桩内部的 K1、K2 供电回路。

2. 直流充电系统工作过程

直流充电系统接口按照 GB/T 20234.3—2015 的规定使用 9 针接口，分别为 DC+、DC−、PE、S+、S−、CC1、CC2、A+、A−。直流充电接口形状如图 1-4-4 所示，直流充电接口端子定义见表 1-4-3。

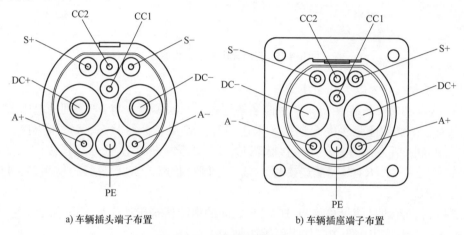

a) 车辆插头端子布置　　　　　　b) 车辆插座端子布置

图 1-4-4　直流充电接口形状

表 1-4-3　直流充电接口端子定义

端子编码 / 标识	额定电压和额定电流	功能定义
1-（DC+）	750V/1000V 80A/125A/ 200A/250A	直流电源正，连接直流电源正与电池正极
2-（DC−）	750V/1000V 80A/125A/200A/250A	直流电源负，连接直流电源负与电池负极
3-（PE）	—	保护接地，连接供电设备地线和车辆电平台
4-(S+)	0 ~ 30V/2A	充电通信 CAN-H，连接非车载充电机与电动汽车的通信线
5-（S−）	0 ~ 30V/2A	充电通信 CAN-L，连接非车载充电机与电动汽车的通信线
6-（CC1）	0 ~ 30V/2A	充电连接确认
7-（CC2）	0 ~ 30V/2A	充电连接确认
8-(A+)	0 ~ 30V/20 A	低压辅助电源正，连接非车载充电机为电动汽车提供的低压辅助电源
9-(A−)	0 ~ 30V/20 A	低压辅助电源负，连接非车载充电机为电动汽车提供的低压辅助电源

直流充电系统工作原理图如图 1-4-5 所示。与交流充电系统接口相比，直流充电系统使用 CC1、CC2 端子替代了交流充电中的 CC 端子。使用 S+、S− 端子作为交换信息通信线，

替代了交流充电中的 CP 端子。使用 DC+、DC– 高压直流端子替代了交流充电系统中的 L、N 交流电源端子，另外增加了 A+、A– 这两个辅助低压连接线端子。

从图中可以看到，以车辆接口处划分，左侧为充电桩及插头，右侧为车辆及直流充电插座。充电桩中开关 S 为常闭开关，与直流充电插头上的机械锁相关联，按下机械锁开关 S 就打开。电阻 R1 ~ R5 分别连接于 CC1、CC2 这两条连接确认检测线路中；U_1、U_2 分别为充电桩和车辆控制装置中提供的参考电压，电压值为 12V。

直流充电系统的工作过程可分为以下几个阶段。

（1）准备阶段

将直流充电插头与汽车充电插座连接后，U_1 通过电阻 R1、R4，端子 CC1 与车身接地形成回路，U_2 通过电阻 R5、R3，端子 CC2 与充电桩设备接地形成回路，分别完成工作电路的连接。直流充电系统中的非车载充电机控制装置检测点 1 的电压值达到 4V 时，则确认充电线路完全连接。

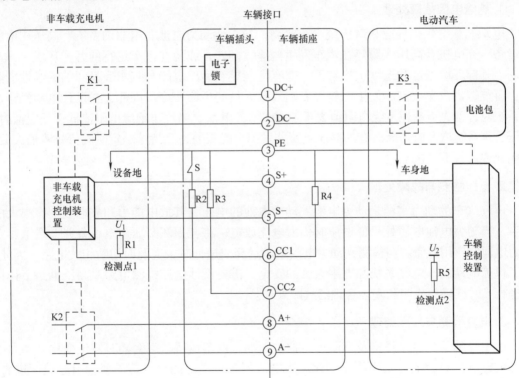

图 1-4-5 直流充电系统工作原理图

（2）自检阶段

充电系统完成连接后，充电桩闭合 K2，低压辅助供电回路导通，12V 低压电则通过 A+、A– 端子与车辆形成通路。车辆控制装置检测点 2 的电压值达到 6V 时，车辆控制装置与充电桩之间通过 S+、S– 发送通信信号，确认充电准备完成，同时控制开关 K1 闭合，进行绝缘测试，保证充电过程的安全进行。绝缘测试完成后，开关 K1 断开，自检阶段完成。

（3）充电阶段

车辆控制装置闭合 K3，充电桩验证充电条件是否满足，即与原数据通信时相比电压差小于 5%，并且车辆动力电池电压处于充电桩最高输出电压与最低输出电压之间，充电桩控制开关 K1 闭合，形成直流充电回路。在充电过程中，车辆与充电桩会通过 S+、S− 端子持续地进行数据通信，发送实时充电需求，按照动力电池充电状态及时调整充电电压和充电电流。

（4）结束阶段

车辆控制装置实时监测动力电池的充电状态或通过是否收到"充电机中止充电报文"的指令来判断是否完成充电。当满足充电完成的条件或者接收到驾驶员的停止充电指令时，系统确认充电电流小于 5A 后，车辆控制装置断开开关 K3，非车载充电机控制装置断开 K1，最后断开 K2，完成充电过程。

三、充电系统故障检测与故障处理方法

1. 绝缘电阻故障处理

电动汽车电气化程度相对传统汽车要高，其中像动力电池、电驱动系统、高压用电辅助设备、充电机及高压线缆等在汽车发生碰撞、翻转，或者在汽车运行的恶劣环境（汽车振动、外部环境湿度和温度）影响下，都有可能导致高压电路与汽车底盘间的绝缘性能降低，可能造成汽车火灾的发生，直接影响驾乘人员的生命安全。因此，在设计电动汽车高压系统时，首先应确保绝缘电阻值大于 $500\,\Omega/V$；其次，当汽车绝缘电阻值低于规定值时，高压管理系统应及时切断所有的高压电路并发出声光报警，且持续一定时间待故障消失后，才能允许进行下一次上电。

2. 电压检测与故障处理

电动汽车的动力来源是动力电池，动力电池的电压与其放电能力和放电效率有很大的关系。当动力电池电压处于低电压时仍大电流放电，将会损坏高压用电设备并会严重影响动力电池的使用寿命。当检测到动力电池电压过高或过低时，应及时切断相关电路。因此，为了保障电动汽车电气系统和驾乘人员的安全，需要设计电压检测电路对高压电路工作情况进行实时准确的检测和安全合理的故障处理。

3. 电流检测与故障处理

由于受到运行道路环境及驾驶员操控的影响，汽车运行状态会随时发生变化，动力电池的放电电流也会随之发生明显变化。当电流超过预设定的允许范围就会引起温度过高，此时不仅影响动力电池的寿命，极端情况下还会造成器件损坏，危及系统安全。因此，这就要求高压管理系统需对动力电池进行实时电流监测。当检测到电流异常时，高压管理系统将及时切断高压电路并发出声光报警，提醒驾乘人员。

4. 高压接触器触点状态检测与故障处理

为实现电动汽车的精准控制和高压电路的自行切断保护功能，在高压系统中必须配置可控制并且具有自我切断保护功能的高压接触器。根据整车设计的需求，任何电动汽车在动力主回路中都会配置高压接触器，如果高压接触器触点发生闭合或断开失效，没有相应的正确处理方式应对时，将有可能造成车辆不能正常起动或不能工作，严重的情况下将会

给车辆和人身安全造成危险。因此需要对高压接触器触点状态进行安全有效的实时监控，并对故障进行相应的处理。当高压接触器触点发生闭合或断开失效故障时，高压管理系统会发出声光报警，以提示驾乘人员注意安全。

5. 高压互锁回路检测及故障处理

高压回路互锁功能设计是针对高压电路连接的可靠程度提出的。危险电压闭锁回路也称为高压互锁回路（HVIL），它是一个典型的互锁系统，通过使用电信号来检查整个模块、导线及插接器的电气完整性。当检测到某处连接断开或某处连接没有达到预期的可靠性时，高压安全管理系统将直接或通过整车控制器切断相关动力电源的输出并发出声光报警，直到该故障完全排除。高压互锁回路检测原理如图 1-4-6 所示。

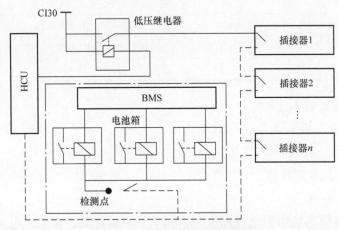

图 1-4-6　高压互锁回路检测原理

6. 充电互锁检测及故障处理

出于安全考虑，充电时整个动力驱动系统都要处于断电状态，即驱动系统高压接触器处于断开状态。当接收到有效的充电信息指令后，高压安全管理系统首先检测驱动系统相关接触器是否处于断开状态。若处于断开状态则闭合充电回路，否则充电接触器将不会闭合，高压安全管理系统发出声光报警以提示相关人员，直至故障排除。

四、充电系统常见故障检修

1. 快充系统常见故障检修

（1）充电桩显示车辆未连接

检查快充接口 CC1 端与 PE 端是否有 1kΩ 左右的电阻；检查快充接口内线束端子导电层是否脱落；检查充电枪 CC2 与 PE 是否导通。

（2）动力电池继电器未闭合

检查充电桩输出的正极唤醒信号是否正常；检查充电桩输出的负极唤醒信号与 PE 是否导通；检查充电桩 CAN 通信是否正常。

（3）动力电池继电器正常闭合，但无输出电流

检查充电桩与 BMS 软件版本是否匹配；检查高压插接器及线缆是否正确连接；用诊断仪查看充电监控状态，见表 1-4-4。

表 1-4-4　充电监控状态

名称	当前值	名称	当前值
动力电池充电请求	请求充电	动力电池加热状态	停止加热
动力电池加热状态	未加热	充电机当前充电状态	正在充电
动力电池当前充电状态	充电状态	充电机输出端电流	7.5A
动力电池允许最大充电电流	10.0A	充电机输出端电压	335.30V
动力电池加热电流请求值	6.0A	充电机输出端过电压保护故障	正常
动力电池允许最高充电端电压	370.00V	充电机输出端欠电压保护故障	正常
剩余充电时间	0	充电机输出电流过电流保护故障	正常
CHG 初始化状态	已完成	充电机过温保护故障	正常

（4）DC/DC 变换器不工作

检查插接器是否正常连接；检查高压熔丝是否熔断；检查使能信号输入是否正常（12V）。

2. 慢充系统常见故障检修

（1）车辆无法充电

故障现象：车辆在使用充电桩充电时，充电桩指示灯亮，车载充电机电源指示灯亮，车辆无法充电。

可能原因：BMS 故障、动力电池故障、通信故障。

故障诊断与排除：根据上述故障现象，充电桩和车载充电机工作指示灯正常，第 1 个检查对象应为通信和动力电池内部。用故障检测仪检测故障码及数据流，读取故障码：P1048-SOC 过低保护故障、P1040- 电池单体欠电压故障、P1046- 电池电压不均衡保护故障、P0275- 电池电压不均衡保护故障。读取数据流，动力电池单体最低电压为 2.56V。动力电池单体电压差大于 500mV 时 BMS 启动充、放电保护而无法充电。更换动力电池单体故障排除，车辆恢复充电。

通过以上故障诊断与排除过程，动力电池具备充电的条件为：

1）充电桩与车载充电机或与动力电池的通信要匹配。

2）车载充电机能正常工作，无故障。

3）整车控制器与车载充电机通信正常。

4）充电唤醒信号正常。

5）整车控制器和 BMS 的通信正常。

6）电池单体之间电压差小于 500mV。

7）高压电路无绝缘故障。

8）动力电池内部温度在充电允许的温度范围内。

（2）充电时充电桩跳闸

故障现象： 车辆在使用充电桩充电时，出现充电桩跳闸，车载充电机无法充电故障。

可能原因： 车载充电机内部短路。

故障诊断与排除： 检查充电桩交流220V电压、充电桩CP线与车载充电机连接，均正常，再检查充电线束、高压线缆、车载充电机、动力电池的绝缘性，均正常，更换车载充电机故障排除。

故障分析： 因为此车的故障现象是充电桩跳闸，说明唤醒信号和互锁电路正常，基本可以断定是车载充电机内部故障。

（3）车载充电机指示灯不亮

故障现象： 车辆在使用充电桩充电时，车载充电机指示灯不亮，车辆无法充电。

可能原因： 车载充电机内部故障、充电唤醒信号中断或互锁电路故障。

故障诊断与排除： 检查低压熔丝盒内的动力电池充电熔丝和车载充电机低压电源，将万用表旋至直流电压档测量车载充电机低压电源电压，正常，再检查充电系统连接插件，无退针、锈蚀现象，更换车载充电机，故障排除。

故障分析： 车载充电机低压供电正常，而充电工作指示灯不亮，基本可以确定为车载充电机内部故障。

实 训 演 练

实训工具与准备：

1）工具：绝缘手套、万用表、绝缘工具。

2）设备：2019款比亚迪e5汽车。

3）资料及耗材：2019款比亚迪e5汽车维修手册、《新能源汽车电气系统检修》教材、抹布等。

一、比亚迪e5电动汽车充电指示灯亮无法充电故障

1. 故障现象

一辆比亚迪e5电动汽车，行驶里程约30000km。该车使用便携式220V交流充电器连接成功后，仪表的充电指示灯点亮，但充电一段时间后剩余电量无变化，无法充电，未见其他明显故障。

2. 故障诊断

预约充电功能处于关闭状态，分别对车辆进行快充、慢充充电，以判断故障是在电控线路还是机械设备。进行直流快充充电，确认充电枪与直流充电接口连接完好，仪表的充电连接指示灯亮，仪表有相应的充电时间、电流和电量等信息显示，表明快充系统完好。进行慢充充电，确认交流充电枪与交流充电接口连接完好，仪表的充电连接指示灯点亮，但仪表没有任何信息显示，且未听到车载充电机正常工作的响声，正常充电时伴有风扇旋转散热的响声。更换便携式220V交流充电器后故障依旧，据此可判断慢充系统发生故障。

比亚迪 e5 慢充系统的结构如图 1-4-7 所示。比亚迪 e5 慢充充电流程为：连接充电枪→提供充电感应信号 CC →车载充电机提供直流 12V 电压→ BMS 和车载充电机信息交互→ BMS 吸合车载充电机接触器→充电成功。根据以上的慢充充电流程，可以排除车载充电机存在故障的可能，认为故障点发生在交流充电接口至动力电池之间。

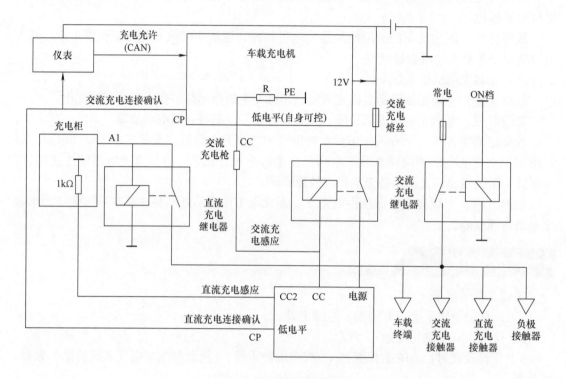

图 1-4-7　慢充系统结构

用比亚迪汽车专用故障检测仪读取故障码和车载充电机的数据流，无故障码存储，相关数据流也正常，由此可得出车载充电机未发生故障。检测配电箱内部的慢充继电器电阻（49.2Ω，正常值为 48.0 ~ 52.2Ω）及相关熔丝，外加 12V 电压后能闭合导通，未见异常。据此可得出故障点发生在电控线路系统中。

3. 故障排除

把充电连接确认信号线修复，使其恢复传递信号功能，接着对该车进行慢充充电，仪表有相应的充电时间、电流和电量等信息显示，无法充电故障彻底排除。

 注意事项： 在进行车辆高压部件检修前，务必佩戴好个人防护用品，并严格遵守正确的操作步骤。

二、比亚迪 e5 充电接口的拆装

拆卸前的准备：点火开关处于 OFF 档；低压蓄电池负极线缆断开。

1. 直流充电接口拆装

（1）拆卸直流充电接口（图1-4-8）

1）拆卸充电接口上的安装板和充电接口法兰面上的安装螺栓。

2）拆卸2个搭铁螺栓。

3）退掉高低压插接件并拆下扎带。

4）按图示方向取出直流充电接口。

（2）安装直流充电接口

1）先将直流充电接口高低压线束穿过车身安装孔。

2）将直流充电接口小压板装上，紧固2个法兰面螺栓。

3）紧固4个法兰面安装螺栓。

4）固定好高压线缆扎带并接上所有高低压插接件，紧固2个搭铁螺栓。

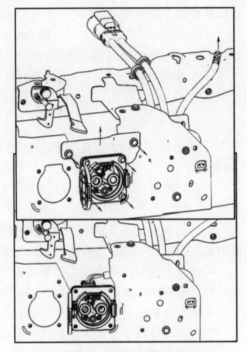

图1-4-8　直流充电接口拆卸

2. 交流充电接口拆装

（1）拆卸交流充电接口（图1-4-9）

1）断开交流充电接口高低压插接件，并拆掉高压线缆扎带，拆卸2个搭铁螺栓。

2）拆卸4个法兰面固定螺栓。

3）向外取出交流充电接口。

（2）安装交流充电接口

1）将交流充电接口线缆由外向里安装。

2）紧固4个充电接口法兰面安装螺栓。

3）接好高低压插接件。

4）分别扣上小支架和散热器上横梁上面的扎带孔位。

5）紧固2个搭铁螺栓。

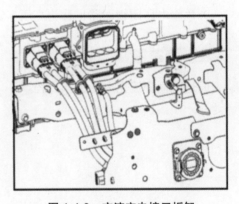

图1-4-9　交流充电接口拆卸

三、整理清洁

按照7S管理标准，整理工具、场地和设备。

任务练习

一、选择题

1. 直流快充系统一般使用交流（　　　）三相电源为直流快充桩供电，将高压大电流通过母线给动力电池充电。

    A. 220V   B. 300V   C. 380V   D. 420V

2. 电动汽车中将电能转换成机械能的装置是（   ）。

    A. 电机   B. 电池   C. 控制器   D. 车载充电机

二、判断题

1. 电动汽车一般配有 2 个充电接口，即交流充电接口（慢充）和直流充电接口（快充）。   （   ）

2. 电动汽车的动力源是动力电池，动力电池的电压与其放电能力和放电效率有很大的关系。   （   ）

3. 为实现电动汽车的控制功能和高压电路的自行切断保护功能，在电动汽车的高压系统中必须配置可控制并且有自我保护切断功能的高压接触器。   （   ）

4. 时间允许时，推荐使用直流充电方式。   （   ）

5. 车载充电机执行充电程序，同时点亮充电指示灯。   （   ）

6. 动力电池的电压与其放电能力和放电效率没有关系。   （   ）

7. 任何电动汽车在动力主回路中都会配置高压接触器。   （   ）

8. 当高压接触器触点发生闭合或断开失效故障时，高压管理系统会发出声光报警。   （   ）

9. 危险电压闭锁回路也称为高压互锁回路。   （   ）

三、简答题

简述车辆交流充电的工作过程。

任务五　充电桩的检测维修

    客户反映，他的新能源汽车在使用充电桩进行充电时，充电枪插上后界面没有显示已连接或请启动刷卡充电信息。你能够根据客户反映的充电故障这一现象，初步判断是哪儿出现了故障吗？请学习相关知识，帮助客户分析故障原因，并在此基础上整理出你后面需要做的具体工作，从而有效处理当前故障。

1）能够正确叙述汽车充电桩的作用及其分类。
2）能够正确叙述 TN、TT、IT 系统接地制式。
3）能够根据实物正确分辨出充电桩的充电模式和连接方式。
4）能够完成充电桩日常巡检和日常维护。

一、汽车充电桩的作用及其分类

充电桩其功能类似于加油站里面的加油机，可以固定在地面或墙壁上，安装于公共建筑（公共楼宇、商场、公共停车场）和居民小区停车场或充电站内，可以为各种型号的电动汽车充电。充电桩的输入端与交流电网直接连接，输出端都装有充电插头，用于为电动汽车充电。根据不同的分类方式，可以分成不同类型的充电桩。充电桩的分类方式主要有如下几种。

（1）按安装方式分类

根据安装方式不同，充电桩可分为落地式充电桩和壁挂式充电桩。落地式充电桩适合安装在不靠近墙体的停车位，如图 1-5-1 所示。壁挂式充电桩适合安装在靠近墙体的停车位，如图 1-5-2 所示。

图 1-5-1　落地式充电桩

图 1-5-2　壁挂式充电桩

（2）按安装地点分类

根据安装地点不同，充电桩可分为公共充电桩和专用充电桩。公共充电桩是建设在公共停车场（库），为社会车辆提供公共充电服务的充电桩。专用充电桩是建设单位（企业）自有停车场（库），单位（企业）内部人员使用的充电桩，以及建设在个人私有车位（库），为私人用户提供充电的充电桩。

（3）按充电接口数分类

根据充电接口数不同，可以分为一桩一充和一桩多充两种类型，如图 1-5-3、图 1-5-4 所示。

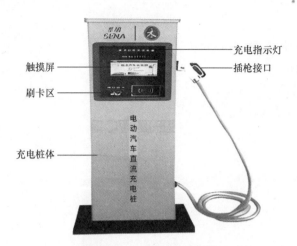

触摸屏

刷卡区

充电桩体

充电指示灯

插枪接口

图 1-5-3　一桩一充充电桩

图 1-5-4　一桩多充充电桩

（4）按充电方式分类

根据充电方式不同，充电桩可分为直流充电桩、交流充电桩和交直流一体充电桩。

（5）按充电速度分类

有常规充电（慢充）和快速充电（快充）两种充电方式，如图 1-5-5、图 1-5-6 所示。根据不同车辆的动力电池类型、环境温度等，充电时间各不相同。慢充一般在 5～10h 充满，快充可以在 20～30min 充满 80%，1h 完全充满。

图 1-5-5　慢充充电

图 1-5-6　快充充电

二、充电桩配电系统接地制式

充电桩配电系统的接地制式按配电系统和电气设备不同的接地组合来分类，可分为 TT、IT 和 TN 三种。根据国际电工委员会（IEC）规定，配电系统接地制式的表示一般由两个字母组成，必要时可加后续字母。以上供电方式符号中，第一个字母表示电力（电源）系统对地关系，如 T 表示中性点直接接地，I 表示所有带电部分绝缘（不接地）。第二个字母表示用电装置外露的金属部分对地的关系，如 T 表示设备外壳接地，它与系统中的其他任何接地点无直接关系，N 表示负载采用接零保护。第三个字母表示工作零线与保护线的组合关系，如 C 表示工作零线与保护线是合一的，如 TN-C，S 表示工作零线与保护线是严格分开的，如 TN-S。

1. TT 系统

TT 方式是指将电气设备的金属外壳直接接地的保护系统，也称为保护接地系统。第一个符号 T 表示电力系统中性点直接接地；第二个符号 T 表示负载设备金属外壳和正常不带电的金属部分与大地直接连接，而与系统如何接地无关。在 TT 系统中负载的所有接地均称为保护接地，如图 1-5-7 所示。

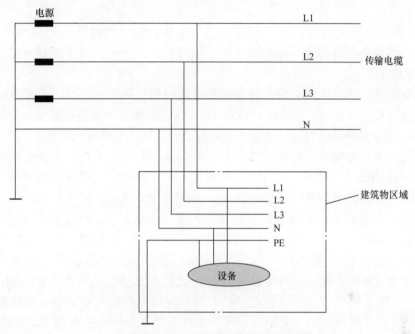

图 1-5-7　三相加中性线的 TT 配电系统

TT 系统主要用于由供电部门以配电系统供电和远离变电所的建筑物，对电压干扰要求高的精密电子和数据处理设备或对防火防爆有要求的场所，TT 系统的防触电措施主要采用剩余电流保护器（RCD）。

（1）TT 系统的主要优点

1）能抑制高压线与低压线搭连或配电高低压绕组间绝缘击穿时低压电网出现的过电压。

2）对低压电网的雷击过电压有一定的泄漏能力。

3）与低压电器外壳不接地相比，在电器发生碰壳事故时，可降低外壳的对地电压，因而可减轻人身触电危害程度。

4）由于单相接地时接地电流比较大，可使保护装置漏电保护器可靠动作，及时切除故障。

（2）TT 系统的主要缺点

1）低、高压线路雷击时，配电可能发生正、逆变换过电压。

2）低压电器外壳接地的保护效果不及 IT 系统。

3）当电气设备的金属外壳带电（相线碰壳或设备绝缘损坏而漏电）时，由于有接地保护，可以大大减少触电的危险性。但是低压断路器（自动开关）不一定能跳闸，造成漏电设备的外壳对地电压高于安全电压，属于危险电压。

4）当漏电电流比较小时，即使有熔断器也不一定能熔断，所以还需要有漏电保护器进行保护，因此 TT 系统难以推广。

5）TT 系统接地装置耗用钢材多，而且难以回收、费工时、费料。

2. TN 系统

TN 系统是指电源系统有一点（建筑行业中通常是指建筑物供电的变压器的中性点）直接接地，负载设备的外露可导电部分（如金属外壳）通过保护线连接到该点的低压配电系统，也称为零保护系统。

在 TN 系统中，所有电气设备的外露可导电部分均接到保护线上，并与电源的接地点相连，这个接地点通常是配电系统的中性点。TN 电力系统有一点直接接地，电气装置的外露可导电部分通过保护导体与该点连接。TN 系统通常是一个中性点接地的三相电网系统。其特点是电气设备的外露可导电部分直接与系统接地点相连，当发生碰壳短路时，短路电流即经金属导线构成闭合回路，形成金属性单相短路，从而产生足够大的短路电流，使保护装置能可靠动作，将故障切除。如果将工作零线 N 重复接地，碰壳短路时，一部分电流就可能分流于重复接地点，会使保护装置不能可靠动作或拒动，使故障扩大化。在 TN 系统中，也就是三相五线制中，因 N 线与 PE 线分开敷设，并且是相互绝缘的，同时与用电设备外壳相连接的是 PE 线而不是 N 线，因此我们关心的最主要的是 PE 线的电位，而不是 N 线的电位，在 TN-S 系统中重复接地不是对 N 线的重复接地。如果将 PE 线和 N 线共同接地，由于 PE 线与 N 线在重复接地处相接，重复接地点与配电变压器工作接地点之间的接线已无 PE 线和 N 线的区别，原由 N 线承担的中性线电流变为由 N 线和 PE 线共同承担，并有部分电流通过重复接地点分流。因为这样可以认为重复接地点前侧已不存在 PE 线，只有由原 PE 线及 N 线并联共同组成的 PEN 线，原 TN-S 系统所具有的优点将丧失，所以不能将 PE 线和 N 线共同接地。由于上述原因在有关规程中明确提出，中性线（即 N 线）除电源中性点外，不应重复接地。

3. IT 系统

IT 配电系统与地隔离或通过阻抗（约 1000Ω）接地，电气设备的外露导电部分可以在用户建筑物中与接地电极连接，如图 1-5-8 所示。这种系统当出现第一次故障时，故障电流受限制，电气设备的金属外壳上不会产生危险性的接触电压。因此，可以不切断电源，此时需要报警设备报警，通过检查线路来排除故障，可减少或消除电气设备的停电时间。

IT 配电系统主要适用于一般不准停电的场所以及环境不良、易发生单相接地或火灾爆炸的场所，如煤矿、化工厂、纺织厂等。近几年也逐步应用于重要建筑内的应急电源、医院手术室等重要场所的动力和照明系统。

IT 系统防触电措施主要采用绝缘监测仪（IMD）、剩余电流监测仪（RCM）、过电流防护器和剩余电流保护器（RCD）等。

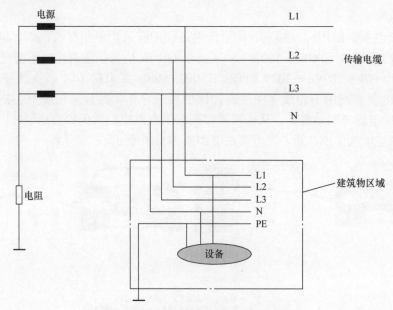

图 1-5-8　三相加中线的 IT 配电系统

三、充电模式和连接方式

1. 充电模式

充电模式是连接电动汽车到电网（电源）给电动汽车供电的方法。电动汽车充电模式有 4 种：充电模式 1、充电模式 2、充电模式 3、充电模式 4。

（1）充电模式 1

模式 1 充电系统使用标准的插座和插头，能量传输过程中应采用单向交流供电，且不允许超过 8A 和 250V。在电源侧应使用符合 GB/T 2099.1—2021 和 GB/T 1002—2008 要求的插头插座（电流不超过 16A，单相电压不大于 250V，三相电压不大于 480V），在电源侧使用了相线、中性线和保护接地导线，并且在电源侧使用了剩余电流保护装置，从标准插座到电动汽车应提供保护接地导体。不应使用充电模式 1 对电动汽车进行充电。充电模式 1 如图 1-5-9 所示。

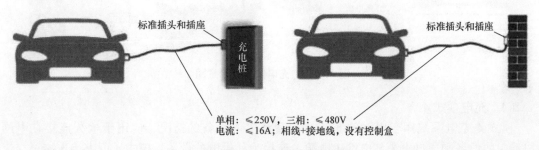

单相：≤250V，三相：≤480V
电流：≤16A；相线+接地线，没有控制盒

图 1-5-9　充电模式 1 示意图

（2）充电模式 2

模式 2 充电系统使用标准插座，能量传输过程中应采用单相交流供电，电源侧使用符合 GB/T 2099.1—2021 和 GB/T 1002—2008 要求的 16A 插头插座时输出不能超过 13A；电源侧使用符合 GB/T 2099.1—2021 和 GB/T 1002—2008 要求的 10A 插头插座时输出不能超过 8A。在电源侧使用了相线、中性线和保护接地导体，并且采用缆上控制与保护装置（ICCPD）连接电源与电动汽车。从标准插座到电动汽车应提供保护接地导体，且应具备剩余电流保护和过电流保护功能。充电模式 2 如图 1-5-10 所示。

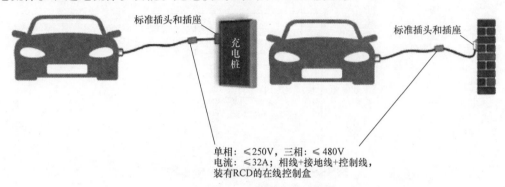

图 1-5-10　充电模式 2 示意图

（3）充电模式 3

模式 3 充电系统应用于连接到交流电网的供电设备与电动汽车连接起来的情况，并且在电动汽车和供电设备上安装了专用保护装置。电动汽车与供电设备具有一个及一个以上可同时使用的模式 3 连接点（供电插座）时，每一个连接点应具有专用保护装置，并确保控制导引功能可独立运行。模式 3 应具备剩余电流保护功能。充电模式 3 如图 1-5-11 所示。

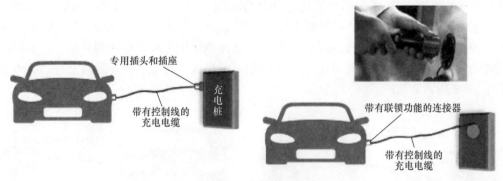

图 1-5-11　充电模式 3 示意图

（4）充电模式 4

模式 4 充电系统用于电动汽车连接到直流供电设备的情况，应用于永久连接在电网（电源）的设备和通过电缆与电网（电源）连接为其供电的设备。模式 4 可直接连接至交流电网或直流电网，仅有连接方式 C 适用于模式 4 充电。充电模式 4 如图 1-5-12 所示。

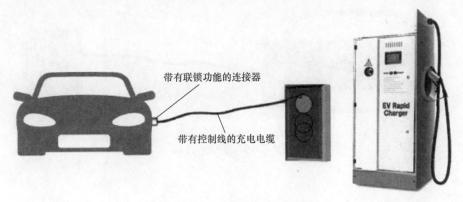

图 1-5-12 充电模式 4 示意图

2. 连接方式

充电连接方式主要有三种，分别为连接方式 A、连接方式 B 和连接方式 C。

连接方式 A 是将电动汽车和交流电网连接时，使用和电动汽车永久连接在一起的充电电缆和供电插头，即充电电缆固定在电动汽车上，使用插头与电源连接，如图 1-5-13 所示。

图 1-5-13 连接方式 A

连接方式 B 是将电动汽车和交流电网连接时，使用带有车辆插头和供电插头的独立活动电缆组件，即使用可携带的电源线组件（连接器 + 充电电缆 + 插头），或插入一般插座，或插入充电设备，如图 1-5-14 所示。

图 1-5-14 连接方式 B

连接方式 C 是将电动汽车和交流电网连接时，使用和供电设备永久连接在一起的充电电缆和车辆插头，即充电电缆一端固定于充电设备，另一端使用连接器与电动汽车连接。充电模式 4 只允许使用连接方式 C 连接，如图 1-5-15 所示。

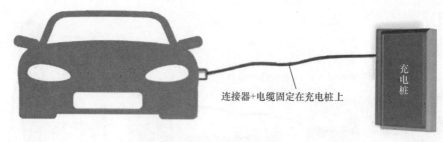

图 1-5-15 连接方式 C

四、充电桩日常巡检

1. 充电桩的检查方法

在检查设备情况时，一般采用直观感觉法进行故障诊断，概括起来可分为看、听、闻、摸、试。

1）看：观察，如看充电桩指示灯颜色、充电桩配电柜指示灯状态等。观察充电桩指示灯是否正常：黄灯——充电时亮，充电停止后灭；绿灯——电源灯，设备上电后长亮；红灯——故障时亮，正常工作时灭。

2）听：听响声，根据充电桩工作时内部继电器声音来判断充电桩是否正常。

3）闻：凭借充电桩内部发出的气味来诊断。

4）摸：用手摸试，如充电桩表面有无温度过高现象，内部有无水汽凝结现象。

5）试：试验验证，如按下充电桩内部断路器的漏电测试按钮，断路器是否能够自动断开等。

2. 充电桩巡检内容

充电桩巡检内容主要包含充电车位环境检查、充电桩整体状况检查、充电桩配电柜检查、充电桩功能检查、充电桩外观安全检查、电气及控制系统检查以及按要求填写充电桩巡检记录表。

充电口拆装与检测

（1）充电车位环境检查

充电车位环境检查主要包含七个方面：

1）检查充电车位清洁情况，有无杂物，如图 1-5-16 所示。

2）检查照明情况是否良好，有无应急照明。

3）检查充电桩表面、充电桩上有无异物。

4）检查充电桩供电及通信线管道或桥架连接是否良好，有无断裂情况。

5）检查充电位消防设施。是否配备有 A/B/C 通用型灭火器或者二氧化碳灭火器，严禁使用水和泡沫灭火器灭火，充电位的消防设施应齐全。

6）检查有无应急消防操作指导。

图 1-5-16 检查充电桩周围环境

7）核对充电桩运行维护记录，了解机组运行维护状况。

（2）充电桩整体状况检查

充电桩的整体状况检查主要包含七个方面：

1）检查充电桩底座是否有损坏、裂痕、倾斜现象。

2）检查充电桩本身及布线管道或桥架各部件的安装情况、各附件安装的稳固程度，及固定膨胀螺栓安装是否牢靠。

3）检查充电桩固定情况，有无脱落、晃动现象。

4）检查充电枪是否脱落，枪头是否插在枪位内，充电桩内部及枪头内部有无残留水分。

5）检查充电桩进线接线端子，通信线接线端子有无松动、烧蚀；检查充电桩内部元器件安装是否牢靠，有无损伤、脱落。

6）检查充电桩电缆布线是否合理，是否使用软线连接，各接线端子连接紧密无松动。

7）检查充电桩内接地端子是否标有明显的标志，并接地良好。

（3）充电桩配电柜检查

1）配电柜柜门是否上锁；柜体上电源指示灯是否正常；配电柜是否掉落、倾斜；配电柜表面和内部是否有水汽，如图 1-5-17 所示。

 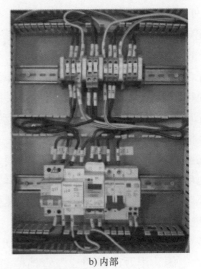

a）外部　　　　　　　　　　　b）内部

图 1-5-17　检查配电柜外部和内部情况

2）配电柜内部是否安装防护网，柜门与柜体之间是否可靠接地。

3）配电柜上方桥架是否松动，桥架盖板有无脱落现象。

4）配电柜内部断路器接线端子是否有烧蚀现象，如图 1-5-18 所示。配电柜内部电流互感器、铜排、接线端子是否有烧蚀现象。

5）断路器下方至充电桩配线是否排列整齐，线缆有无松动现象。

6）配电柜内部接地铜排上的接地线是否有松动，是否牢靠。

（4）充电桩功能检查

1）使用用户卡对每一台充电桩进行功能性检查。

2）充电桩是否供电，指示灯是否亮起。

3）充电桩显示屏是否亮起，如图1-5-19所示。

4）检查刷卡器是否能够正常刷卡。

5）依次选择各种充电模式，检查各种充电模式是否能够正常使用。

6）检查充电接口是否能够正常使用。

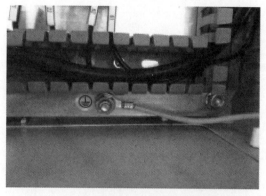

图1-5-18　检查配电柜断路器接线端子情况

图1-5-19　充电桩显示屏正常亮起

（5）外观安全检查

1）充电桩是否破损、变形、掉落。

2）充电枪接口防护罩是否脱落。

3）充电桩充电接口防水保护罩是否掉落、破损。

4）充电桩门锁是否损坏，柜门是否关闭。

5）充电桩内部接地线是否脱落、松动，断路器、防雷器外观是否有损伤。

6）充电桩内部是否有异味，有无烧糊、黑色灰尘。

7）充电桩内部电源、通信接线是否牢靠，有无松动。

8）充电桩外部配电管道或桥架卡扣螺栓是否有松动、脱落。

充电口检测

（6）电气及控制系统检查

1）进线电缆和枪头的选用是否符合充电桩输入电压以及额定电流的要求。检测线路时必须关闭电源，用万用表的二极管档检测防雷器、熔断器是否损坏。

2）充电桩接地良好，端子有明显的标志。

3）充电桩独立电气回路对地，及回路间的绝缘电阻应不低于规定值。

4）电缆的接线端子是否连接紧密、牢固。

5）充电桩配电电线及内部控制线有无老化。

6）检查充电桩控制电路板、内部各个设备有无老化。

7）检查充电桩供电端电压和对地电压，确定其是否在正常值范围内。

8）检查充电桩漏电电压、电流是否在正常值范围内。

（7）按要求填写充电桩巡检记录表

对以上所有项目巡检完毕后，应当按时按规范要求严格填写充电桩巡检记录表（表1-5-1）。

表 1-5-1　充电桩巡查记录表（部分）

站点名称：		检查日期：		检查人：	
序号	检查内容	检查情况		发现问题	处理情况及遗留问题
1	充电桩指示灯功能足否正常	□是　□否			
2	计量计费功能是否正常、精准	□是　□否			
3	充电桩各种历史告警数据、故障数据是否存在异常	□是　□否			
4	充电桩各存储数据、后台管理软件的各种管理功能是否正常	□是　□否			
5	充电桩防雨棚是否完好	□是　□否			
……	……	……		……	……

实训演练

实训工具与准备：

1）工具：绝缘手套。

2）设备：2019 款比亚迪·秦汽车、充电桩。

3）资料及耗材：2019 款比亚迪·秦汽车维修手册、《新能源汽车电气系统检修》教材、抹布等。

交流充电桩检测维修

一、充电桩日常维护

1. 充电桩维护要求

（1）准备工具

维护人员应配备充电桩维护工具：万用表、钳形电流表、低压测电笔、绝缘胶布、螺钉旋具、虎钳、尖嘴钳、套筒、扳手等。

（2）分区域专人管理维护

各区域应指定专职人员进行管理维护，维护人员应了解客户（驾驶员）使用充电桩职责，充分掌握充电桩维护人员的职责。进行现场维护时一人维护操作，一人配合监督，严禁单人操作。

1）客户（驾驶员）维护职责

① 驾驶员将车辆驶入指定充电区域，停好车辆后关闭车辆电源。

② 驾驶员在操作充电桩的时候做到"三看一听"。

三看：看充电桩是否在工作状态，如果不在工作状态联系场站负责人；看充电枪枪头是否完善、无积水，如发现有水，切勿充电并联系技术人员；看充电桩是否进入充电状态。

一听：充电枪在插入车辆充电接口的时候会有"咔嗒"的锁止声音。

具体操作步骤：检查充电桩是否正常工作→取下充电枪插入车辆充电接口的时候会有"咔嗒"的锁止声音→取出该车充电卡，按充电桩充电提示刷卡进行（刷二次卡）→充电时严禁拔枪→充电结束时刷卡停止充电→做好此次充电登记（充电时间、数量、金额）→充电枪放入充电桩。

2）充电桩维护人员职责。每一个充电桩场地均配备有相应的维护人员，以便对充电桩客户维护作业进行查漏补缺，该职责尤为重要，维护人员应当做到以下几点。

① 加强充电桩日常巡检制度，每日一检并登记造册，对各个充电桩的设备状态进行查看及汇总。

② 建立充电桩维修记录表，对充电桩日常工作中出现的维修进行登记，并详细登记种类及维修情况。

③ 将充电桩的故障及时通知售后技术人员，并在完成维修的前后进行时间及反馈登记。

④ 负责一车一卡的充值，并做好每月每车用电量的数据统计。

3）维护物品分类要求。维护所使用的断路器、配电电缆等应按品牌、型号及存放仓库进行编码，并填写维护物品清单，见表1-5-2。电缆线应按三相与单相、长度、线规进行列表管理，并贴好相应长度与线规的标签。

表 1-5-2 充电桩维护物品清单

序号	物品	参数（型号）	品牌	存放仓库	数量
1	断路器	Singk phase、250V、I_n=32A 或 40A、C 型、SC rating 大于 3000A	西门子或施耐德	A3602	1
2	内部导线	$6mm^2$ 黑、浅蓝、黄绿各 1 卷	无	A3602	3
……	……	……	……	……	……
100	门接地导线	$6mm^2$：黄绿色	无	A3602	1

4）维护周期要求。巡检维护视各充电站点的地理位置和使用频繁程度自行制定周期，建议以周/月为单位。

2. 日常维护注意事项

（1）注意事项

1）进行现场维护时一人维护操作，一人配合监督，严禁单人操作。

2）注意维护安全，更换充电桩内部配件需要断电操作，确保安全，以防触电。

3）严格执行日常维护保养充电桩的要求，并按要求填写检查表。具体检查参数可按照各充电桩厂家要求，如发现问题应及时处理，避免造成更大损失。

4）在断电维护时需要在对应断路器下方悬挂"有人工作，禁止合闸"标示牌，确保人身安全。

5）做好安全防护措施，维护时需要穿绝缘鞋，佩戴好绝缘手套、防护眼镜和安全帽等防护装备，注意安全，以防砸伤、电击。

（2）紧急按钮的使用

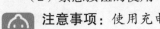**注意事项**：使用充电桩时应按照正常流程充电，如有以下紧急情况时，应按下紧急按钮（图 1-5-20）。

1）如果机器发生漏电，应立即按下紧急按钮。

2）如果发生起火、触电等异常状况，应立即按下紧急按钮。用 A/B/C 通用型灭火器或者二氧化碳灭火器灭火，严禁使用泡沫灭火器和水灭火。

3）桩体发生故障，如发生无法停止充电、内部线路短路等异常状况，应立即按下紧急按钮。

按下紧急按钮后直接切断输入交流电，使桩体断电。作为专业维护人员，当以上危急状况解除时，应旋转紧急按钮，打开桩体侧门，然后手动合上交流输入漏电保护开关（闭合漏电保护开关时需用力往下打到底部再往上闭合）重新上电。充电桩站点的配电闸距离充电桩不能太远，需要有专门的消防通道和消防设施，并定期对消防设施进行检查，确保设施正常，做好安全演练以及应急预案。

图 1-5-20　紧急按钮

3. 充电桩日常维护项目

（1）充电枪

1）不使用充电桩时，尽量避免枪头直接暴露在外面，应插回插座，防止损坏。

2）拔枪时注意枪柄卡扣位置，避免野蛮拖拽。

3）保持枪头干燥，禁止积水存在。如有脏污，应用清洁的干布擦拭，严禁带电时用手触碰充电枪芯。

（2）充电线缆

检查充电线缆或充电枪头，如有外壳破损、线缆裸露等问题存在，不要继续使用。检测线路时必须关闭电源，用万用表二极管档检测防雷器、熔断器是否损坏。由于充电桩电缆线属于高压电缆线，因此在检查充电线缆时应该注意以下几点。

1）定期检查电路绝缘性能。一般情况下质量好的充电桩电缆拥有良好的绝缘效果，但是在长期使用下充电桩电缆可能会出现磨损，为了保障充电桩电缆安全性，应当定期检查电缆绝缘部分是否完整和绝缘效果是否优异，开关和插座的电缆电线绝对不能外露，只有这样才能保证充电桩电缆的安全性和耐用性。

2）远离水源和潮湿位置。充电桩电缆具有一定的防水性，但是在过于潮湿的地方还是会存在一定的安全隐患。因此，在安装充电桩电缆时应当远离水源，避免充电桩电缆由于受潮引发的短路问题。在移动充电桩电缆时，应当避免接触潮湿的地面和水源，这样才能保证充电桩电缆安全使用。

3）避免超负荷。现如今国内专业的充电桩电缆拥有多个不同功率的插口，可以实现不同功率的电动汽车充电要求。但是在日常使用和维护中要注意在一个充电桩上不可同时使用过大功率的车载充电机，避免超负荷使充电桩电缆损坏。

充电桩电缆的日常正确使用和维护是保证安全和充电效率的基础，因此在使用时应当注意定期检查电路绝缘性、远离水源和潮湿地带及避免超负荷这三点，只有在日常使用和维护中做到这三点，才能使充电桩电缆的使用寿命增加，以便更好地保证用电安全。

（3）桩体检测

1）检测桩体外壳是否生锈，漏水。

2）检测显示屏显示信息是否完整，是否花屏。

3）检测指示灯是否正常指示。

4）检测设备门锁是否有损坏，是否上锁。

5）检测急停开关是否损坏。

（4）车载充电机维护

车载充电机是否正常工作，关乎充电系统是否能够正常充电。因此，在维护充电桩的过程中，如有必要，需对电动汽车的车载充电机进行日常维护检查。具体维护流程如下：

1）检查。对车载充电机进行一般的外观、位置和接线牢固程度等检查，如图1-5-21所示。

图1-5-21　检查车载充电机

2）清洁。在日常维护过程中，对于比较脏的车载充电机及其高压线缆，应用干净的抹布及时清理，如图1-5-22所示。

3）润滑。检查完车载充电机后，对电动汽车快充接口和慢充接口进行润滑，防止充电枪在充电过程中卡枪，如图1-5-23所示。

图 1-5-22　清洁车载充电机

图 1-5-23　快充、慢充接口的润滑

4）补给。冷却液没有达到规定液面要进行补给，如图 1-5-24 所示。

5）调整。根据以上检查情况，如出现车载充电机接线位置不当、螺钉松动等情况，应进行适当的调整及紧固，如图 1-5-25 所示。

图 1-5-24　冷却液的补给　　　　　　　图 1-5-25　调整车载充电机

（5）功能检测

1）充电功能。与充电员或驾驶员沟通，询问是否存在充电不正常的现象。

2）后台连接。确定联网的桩体是否连接上服务器。

（6）数据记录

1）电量记录。建议一个月下载一次数据，作为后续运营数据分析。

2）故障记录。针对发现的故障进行记录跟进。

4.充电桩常见故障的排除

1）枪已插入，界面没有显示已连接或没有显示开始充电按钮。

检查充电枪是否连接可靠，充电枪的卡扣是否卡紧，如图1-5-26所示。检查充电枪连接后，车辆仪表是否有电（充电桩会给车辆提供电源）。如已连接可靠，可联系充电桩厂家查看是否硬件或软件通信问题。

图1-5-26　充电枪卡扣检查

2）刷卡进入充电，过了一会儿就停止充电了。

此故障一般为BMS与充电桩的通信问题，故刷卡结束后可重新拔插测试充电。如反复出现该故障，应上报并与充电桩厂家联系解决。

3）锁卡

① 充电结束/停止后一定要记得刷卡进行结算。除非出现故障无法刷卡，否则会锁卡。

② 在充电中不可直接断电，或停止充电后直接拔枪走人。锁卡后需要到指定办公点进行解锁操作。

5.突发事件的应急处理

1）充电站所属公司应设置应急组织，建立突发事件应急预案，包括火灾、车辆故障、动力电池破损燃烧爆炸、供电系统故障、人员触电、设备故障、停电和断网等。

2）充电站内各紧急出口通道应保持畅通。发生灾害时应及时采取有效的处置措施，及时疏散人员，并报告有关部门。

3）应急预案应满足统一指挥、分级负责，组织机构健全，人员和物资配备充足，通信畅通，行动迅速、准确等基本要求。应急预案的主要内容应包括组织机构、人员、物资、事件等级、报告程序、事故处置方法、快速疏散方法、紧急救护措施、现场保护、清理和善后工作等。

4）应急预案中涉及的应急设备应在指定场所存放，专人负责，定期检查应急预案所需物资的有效性，见表1-5-3。

表 1-5-3　某品牌新能源汽车突发事件现场处置器材配备标准

序号	器材名称	用途	规格	数量	存放地点
1	专用车罩	事故车残骸覆盖		2	
2	水基灭火器	现场灭火	35kg	2	
3	服务车	现场施救、接送客户		1	服务站
4	照相机	事故车辆及现场拍照取证		1	
5	大手电	现场勘查照明		2	
6	大扫把	清理现场		2	
7	人员	现场施救		3 人以上	

二、整理清洁

按照 7S 管理标准，整理工具、场地和设备。

任 务 练 习

一、选择题

1. 充电模式是连接电动汽车到电网（电源）给电动汽车供电的方法。电动汽车充电模式有（　　）种。

A. 1　　　　　　　　B. 2　　　　　　　　C. 3　　　　　　　　D. 4

2. 观察充电桩指示灯是否正常：（　　）——充电时亮，充电停止后灭。

A. 绿灯　　　　　　　B. 红灯　　　　　　　C. 黄灯　　　　　　　D. 蓝灯

二、判断题

1. 充电桩的输入端与直流电网直接连接，输出端都装有充电插头，用于为电动汽车充电。（　　）

2. 慢充一般在 5～10h 充满，快充可以在 30～40min 充满 80%，1h 完全充满。（　　）

3. 配电系统接地制式中，I 表示所有带电部分绝缘不接地。（　　）

4. 配电系统接地制式中，N 表示负载采用接零保护。　　　　　　　　（　　）

5. 配电系统接地制式中，C 表示工作零线与保护线是合一的。　　　　（　　）

6. 在 TN 系统中，所有电气设备的外露可导电部分均接到保护线上，并与电源的接地点相连，这个接地点通常是配电系统的中性点。　　　　　　　　　（　　）

7. 可以将 PE 线和 N 线共同接地。　　　　　　　　　　　　　　（　　）

8. TN-S 系统工作正常时 PE 线通过电流。　　　　　　　　　　　（　　）

三、简答题

简述充电桩的分类方式。

项目二 新能源汽车基础电气系统检测维修

　　纯电动汽车及混合动力汽车是在燃油车型的基础上发展而来的，其增加新的驱动形式，改善了汽车的经济性；同时，在日益严峻的环境污染形势下，在减少尾气和噪声污染等方面效果显著。新能源汽车除搭载了高压电力驱动电机部件外，整车基础电气系统依然采用的是传统汽车的低压电气系统。

　　混合动力汽车或纯电动汽车都会大量使用控制模块和电气元件，如传感器、执行器等。为提高这些电气元件在故障诊断时的效率和准确性，在进行故障诊断时我们应遵循严谨的故障诊断流程。

　　本项目主要介绍新能源汽车基础电气系统检测维修，包括前照灯检测维修、仪表灯检测维修、尾灯检测维修、室内灯检测维修、制动灯检测维修、信号灯检测维修、仪表警告灯检测维修、喇叭系统检测维修、刮水器及风窗洗涤器检测维修、车身附属电器检测维修、汽车传感器检测维修。通过以上任务的学习，你将了解到新能源汽车基础电气系统的检测维修方法，并进一步掌握如何运用检测设备对新能源汽车基础电气系统的故障进行分析诊断与排除。

任务一　前照灯检测维修

一辆 2019 款比亚迪 e5 电动汽车，行驶了 30000km。客户李先生反映该车左前远光灯不亮，打开远光灯时仪表远光指示灯点亮。你能够根据客户反映的这一现象，初步判断是哪儿出现了故障吗？请学习相关知识，帮助客户分析故障原因，并在此基础上整理出你后面需要做的具体工作，从而有效处理当前故障。

学习目标

1）能够描述前照灯的组成及工作原理。
2）能够描述汽车前照灯的分类。
3）能够描述比亚迪汽车前照灯的特点。
4）能够独立完成比亚迪 e5 前照灯总成的拆装与检测。
5）能够独立完成比亚迪 e5 前照灯电路检测。
6）能够独立完成比亚迪 e5 灯光组合开关的拆装与检测。

知识储备

一、前照灯系统的组成及工作原理

汽车前照灯电路主要由电源、车灯开关、前照灯继电器、前照灯、仪表指示灯、线路和熔断装置组成，如图 2-1-1 所示。打开前照灯开关，前照灯继电器触点闭合，近光灯点亮。此时，拨动变光灯开关至远光灯位置，远光灯点亮，仪表上面的远光指示灯同时点亮。拨动变光灯开关至闪光灯位置，远光灯也会点亮，松开变光开关后远光灯随之熄灭。

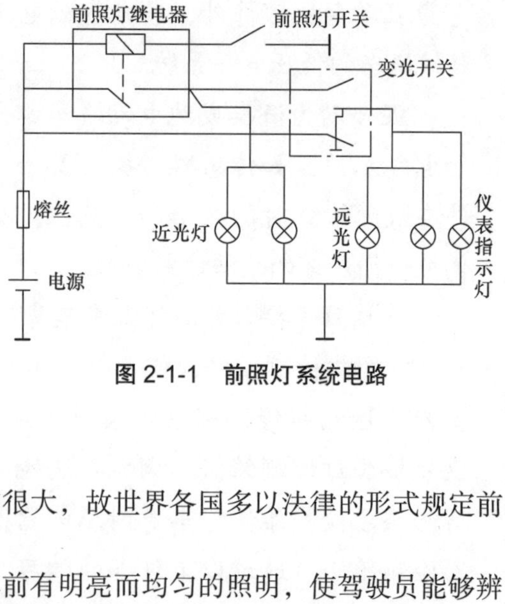

图 2-1-1　前照灯系统电路

二、前照灯概述

1. 汽车前照灯的基本要求

汽车前照灯的照明效果对夜间行车安全影响很大，故世界各国多以法律的形式规定前照灯的照明标准，对前照灯的基本要求如下。

1）照明距离不低于 100m。前照灯应保证车前有明亮而均匀的照明，使驾驶员能够辨明车前 100m 以内路面上的障碍物。随着汽车行驶速度的提高，对前照灯的照明距离要求也越来越远，现代汽车的照明距离应当达到 200～400m。

2）防止眩目功能。前照灯应具有防止眩目功能，即夜间两车迎面相遇时，通过远、近光切换，避免对方驾驶员眩目而造成交通事故。

2.汽车前照灯的结构

汽车前照灯主要由配光镜、灯泡和反射镜三部分组成，如图 2-1-2 所示。

（1）灯泡

目前汽车前照灯的灯泡主要包括白炽灯泡、卤钨灯泡、氙气前照灯灯泡、LED 灯。

白炽灯泡和卤钨灯泡都是用钨丝作为其灯丝。由于钨丝容易蒸发耗损，将玻璃泡中的空气抽出，充入氮、氩混合惰性气体的为白炽灯泡，如图 2-1-3 所示。若充入卤族元素，如碘、氯、氟等的为卤钨灯泡，如图 2-1-4 所示。灯泡点亮时由于高温而蒸发出的气态钨，与卤素反应生成的卤化钨易挥发，当扩散到高温区时，受热会分解为钨重新回到钨丝，仍可以参与下次循环反应，防止了钨的蒸发和灯泡的黑化现象，故卤钨灯泡比普通白炽灯寿命长、亮度大。

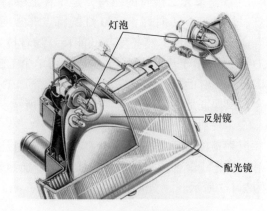

图 2-1-2　汽车前照灯结构

图 2-1-3　白炽灯泡

图 2-1-4　卤钨灯泡

氙气前照灯又称为高亮度弧光灯，这种灯泡里没有传统的灯丝，如图 2-1-5 所示。弧光式前照灯由小型石英灯泡、电子控制器和升压器三部分组成。接通电源后，通过升压器将 12V 电压升高到 20000V 以上，高压脉冲电加在石英灯泡内的两个电极之间，激励灯泡内的氙气、少量水银蒸气及微量金属或金属卤化物在电弧中电离产生光。氙气前照灯光色接近太阳光，为驾驶员创造出更佳的视觉条件，其光照强度比普通卤钨灯泡高两倍以上，耗能却仅为普通卤钨灯泡的三分之二。

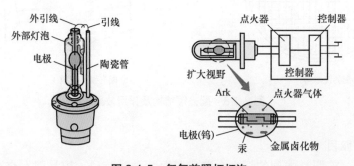

图 2-1-5　氙气前照灯灯泡

LED 是发光二极管的缩写，是一种能够将电能转化为光能的半导体器件，最初用于示宽灯、制动灯、转向灯。LED 灯的特点非常明显，包括寿命长、响应快、高亮度与低能耗。随着技术进步，LED 现已应用于汽车前照灯，但使用单个 LED 灯无法满足前照灯的灯光照射要求，需要多个 LED 灯进行组合，以保证足够的光通量，如图 2-1-6 所示。

图 2-1-6　LED 灯

（2）反射镜

反射镜的表面一般呈抛物面状，其作用是将灯泡发射出的光线聚合成强光束导向前方，增加照射距离，如图 2-1-7 所示。

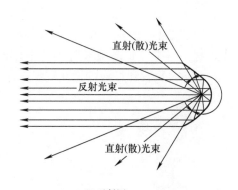

a) 反射镜　　　　　　　　　　　b) 反射图

图 2-1-7　反射镜及反射图

（3）配光镜

配光镜又称散光玻璃，由许多的棱镜和透镜组成。它将从反射镜反射出的平行光束进行折射，使车辆两侧和前方路面的照明更加均匀，如图 2-1-8 所示。

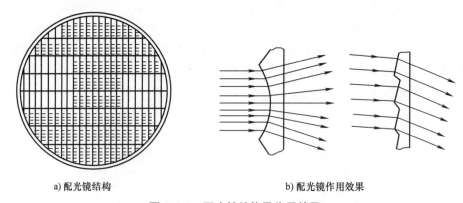

a) 配光镜结构　　　　　　　　　　b) 配光镜作用效果

图 2-1-8　配光镜结构及作用效果

3. 前照灯防眩目

夜间会车时，前照灯强烈的灯光会造成迎面驾驶员眩目，容易引发交通事故，为了避免前照灯的眩目，具体措施见表 2-1-1。

表 2-1-1　前照灯防眩目措施

措　施	图　片
利用交通法规强制约束 我国交通法规规定，夜间会车时，必须在距对面来车 150m 以外互关远光灯，换用防眩目近光灯	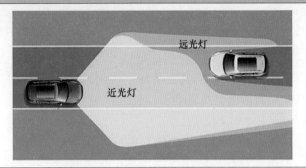
采用双丝灯泡 双丝灯泡是指远光灯丝和近光灯丝并装在一个灯泡内。远光灯丝的功率较大，安装于反射镜的焦点上；近光灯丝的功率较小，安装于反射镜的焦点上方或前方并稍向右倾斜。由于近光灯光线弱，且经反射后光线大部分向下倾斜，从而减少了迎面来车驾驶员的眩目	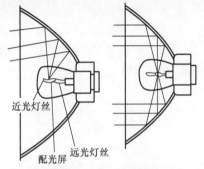 a) 近光灯接通　　b) 远光灯接通
采用带配光屏的灯泡 在双丝灯泡的近光灯丝下方安装有配光屏，从而遮住了近光灯丝射向反射镜下半部的光线，大大减少了反射后射向道路上方可能引起眩目的光线	

4. 汽车前照灯的分类

依据光学组件的结构不同，前照灯可分为半封闭式前照灯、全封闭式前照灯、投射式前照灯等。

（1）半封闭式前照灯

半封闭式前照灯配光镜靠密封胶紧固在反射镜上，两者之间垫有橡胶密封圈，灯泡从反射镜后端装入，其维修方便，使用较广泛，如图 2-1-9 所示。对于半封闭式前照灯，应注意保持反射镜的清洁，若有灰尘，应用压缩空气吹净；若有脏污，反射镜可用清洁的棉

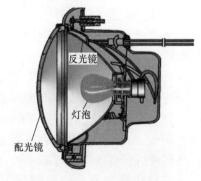

图 2-1-9　半封闭式前照灯

纱蘸上乙醇由内向外呈螺旋状擦拭干净。更换灯泡时，注意不要让湿气及灰尘等进入，并保持灯具良好的密封性。

（2）全封闭式前照灯

全封闭式前照灯又名真空灯，如图 2-1-10 所示。反射镜和配光镜用玻璃制成一体，里面充有惰性气体。灯丝焊在反射镜底座上，反射镜的反射面采用真空镀铝。全封闭式前照灯可防止反射镜被污染，从而反射效率高，照明效果好，使用寿命长。但是当灯丝烧断后需更换整个车灯总成，维修成本高。

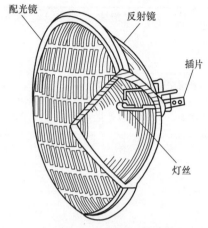

图 2-1-10　全封闭式前照灯

（3）投射式前照灯

投射式前照灯采用卤钨灯泡，有很厚的无刻纹的凸形配光镜和近似于椭圆形状的反射镜。它有两个焦点，第一焦点处放置灯泡，光束经反射后汇聚到第二焦点，凸形配光镜的焦点与第二焦点重合。来自灯泡的光利用反射镜汇聚到第二焦点，再通过配光镜投射到前方。在第二焦点附近设有遮光板，可遮挡上半部分的光，形成明暗分明的配光，如图 2-1-11 所示。

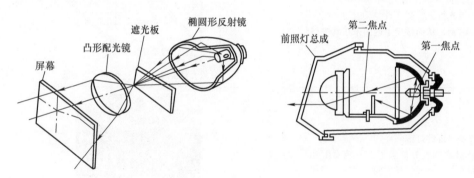

图 2-1-11　投射式前照灯

三、比亚迪汽车前照灯特点

1. 系统概述

下面以比亚迪·唐车型为例介绍比亚迪汽车前照灯特点，前照灯组合开关如图 2-1-12 所示。灯光照明系统为汽车夜间行驶提供照明，白天行驶时昼行灯点亮为迎面车辆提供示宽信号。组合开关置于 ○ 位置，除昼行灯点亮外，其他所有灯光都关闭。组合开关置于 ⫸ 位置，可点亮前组合灯的近光灯和小灯。组合开关置于 AUTO 位置，可根据光照强度传感器采集

图 2-1-12　前照灯组合开关

的外界光照强度，自动控制灯光开启和关闭。将组合开关从原位向前推（背离转向盘侧），远光灯点亮。将组合开关拉回原位，远光灯熄灭。将组合开关左手柄从原位向上拉（靠近转向盘侧），远光灯点亮，松手即自动回到原位，远光灯熄灭。将调光旋钮位于〇位置，可使远光灯闪烁。比亚迪·唐有自动灯光功能，将组合开关调到 AUTO 档，BCM 会根据光照强度传感器采集的外界光照强度进行判定，从而自动控制灯光开启和关闭。前照灯延时退电功能是当前照灯打开，车辆电源从 ON 档退电到 OFF 时，前照灯不会立即熄灭，前舱配电盒自动计时让前照灯再亮一段时间后断开灯光继电器，熄灭前照灯。前照灯延时的时间分 6 档，分别是 10s、20s、30s、40s、50s 和 60s，可自由设定。

2. 控制策略

（1）昼行灯控制

昼行灯控制是根据手柄开关的位置向组合开关 CPU 提供信号，再将不同信号转化为 CAN 信息发送至 CAN 网络，此信息由多路集成控制单元接收，并控制昼行灯光继电器使昼行灯点亮。高配的比亚迪 e5 前组合灯内部有昼行灯，白天行驶时昼行灯点亮为迎面车辆提供示宽信号，从而确保行车安全；前组合灯内部的昼行灯和小灯使用的是两组不同的发光二极管。

（2）远近光灯控制

远近光灯控制是根据变光开关的位置向组合开关 CPU 提供信号，再将不同信号转化为 CAN 信息发送至 CAN 网络，经过多路集成控制单元，由继电器控制单元处理，以提供电源使近光、远光灯工作及实现其他功能。比亚迪·唐汽车前组合灯内的近光灯和远光灯使用的是同一个灯组和同一个氙气灯高压模块。每个前组合灯内部有一个挡板电机，通过控制这个挡板电机来驱动前组合灯内部的挡板动作，从而改变灯光的照射形状，实现了近光灯和远光灯之间的切换，如图 2-1-13 所示。

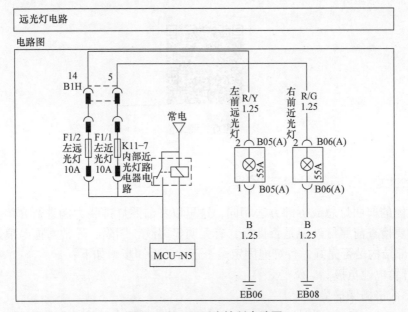

图 2-1-13　远近光控制电路图

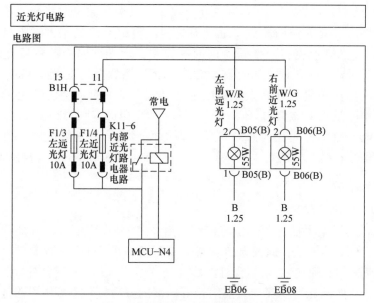

图 2-1-13　远近光控制电路图（续）

实 训 演 练

实训工具与准备：

1）工具：绝缘手套、工具车、万用表、208 接线盒。

2）设备：2019 款比亚迪 e5 汽车。

3）资料及耗材：2019 款比亚迪 e5 汽车维修手册、《新能源汽车电气系统检修》教材、抹布、继电器、熔丝等。

前照灯检测维修

一、比亚迪 e5 前照灯总成拆卸

左右两侧的前照灯总成拆卸方法相同，这里以左前照灯拆装为例进行介绍。拆卸前照灯总成前需要检查前照灯外观是否良好，有无明显裂纹、凹陷、异常磨损等痕迹；检查左侧前照灯内部结构是否完好，各灯泡固定是否正常。拆卸步骤如下：

1）断开蓄电池负极。

2）取下前格栅保护垫。

3）使用 10mm 套筒、接杆、棘轮扳手组合工具，拆卸在前格栅和散热器上横梁上的 4

个固定螺栓。

4）取下前格栅和散热器上横梁上的 4 个固定螺栓。

5）打开车门，拉起充电接口盖手柄，使充电接口盖打开。

6）使用 10mm 套筒、接杆、棘轮扳手组合工具，拆卸前格栅与充电接口安装支架上的 4 个固定螺栓。

7）用 10mm 套筒、接杆，配合取下前格栅与充电接口安装支架上的 4 个固定螺栓。

8）使用卡扣起子拆卸前保险杠左右 2 个固定卡扣。

9）举升车辆至合适位置，并锁止保险。

10）使用棘轮扳手、接杆、8mm 套筒，拆卸前保险杠底部 6 个固定螺栓。

11）取下前保险杠底部的 6 个固定螺栓。

12）降下车辆至车轮着地。

13）两个人配合拆卸保险杠的 14 个固定卡钩。

14）断开前保险杠内相关线束插接器。

15）取下充电接口盖拉索。

16）取下前保险杠总成，并妥善放置。

17）使用 10mm 套筒、接杆、棘轮扳手组合工具拆卸左侧前照灯上部 2 个固定螺栓。

18）依次使用 10mm 套筒、接杆、棘轮扳手组合工具拆卸左侧前照灯侧面 2 个固定螺栓。

19）轻轻晃动前照灯总成，使其与车身逐步分离。

20）断开格栅上的照明灯以及触发器线束插接器。

21）取下前照灯总成，并妥善放置。

二、比亚迪 e5 前照灯灯泡拆装与检测

1. 前照灯灯泡拆卸

1）旋转远光灯灯座，取出远光灯灯泡。

2）按压锁扣打开近光灯保护盖，用手按压近光灯灯泡固定挡圈，取下固定挡圈，取下近光灯。

3）旋转示宽灯灯座，取出示宽灯灯泡。

4）以同样方法旋转转向信号灯灯座，取出转向信号灯灯泡。

2. 灯泡检测

1）目视检查远光灯灯泡和灯座是否有损坏。

2）以同样方法检查近光灯灯泡，示宽灯灯泡和转向信号灯灯泡。

3）取出万用表，并对万用表进行校表操作，检查万用表是否正常。

4）将万用表红黑表笔分别连接远光灯灯泡两接线端子，检测灯泡内灯丝电阻。

5）待万用表数值稳定后读取万用表数值，标准值应小于 1Ω。

6）若测量值与标准值不符，则说明灯泡损坏，需及时更换。

7）以同样方法检测近光灯灯泡、示宽灯灯泡和转向信号灯灯泡内灯丝的电阻，判断灯泡是否正常。

3.前照灯灯泡安装

1）目视检查前照灯外观是否有裂纹，损坏等情况。

2）将远光灯灯泡装入前照灯总成中，旋转灯座，确认灯泡安装到位。

3）将近光灯灯泡装入前照灯总成中，按压灯泡固定挡圈，将近光灯灯泡安装到位，安装近光灯保护盖。

4）将示宽灯灯泡装入前照灯总成中，旋转灯座，确认灯泡安装到位。

5）以同样方法安装转向信号灯灯泡。

三、比亚迪 e5 前照灯电路检测

比亚迪 e5 前照灯电路图如图 2-1-14 所示。根据电路图可知，F1/3 为前照灯熔丝，近光灯电路和远光灯电路组成基本相同，KI1-6 和 KI1-7 分别为近光灯和远光灯继电器。这里以远光灯电路为例介绍前照灯电路检测。在远光灯电路中，B05（B）/2 为左前远光灯供电，B05（B）/1 为左前远光灯的搭铁。

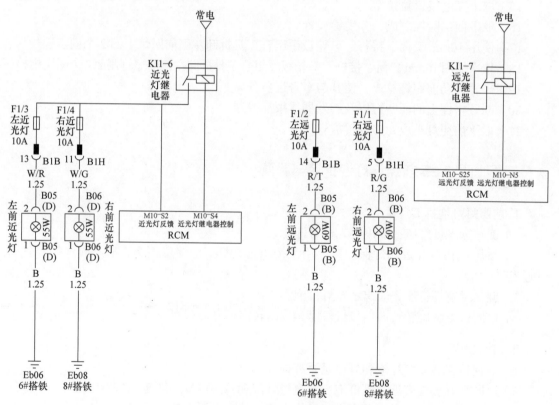

图 2-1-14　比亚迪 e5 前照灯电路图

1.远光灯继电器供电电路检测

1）打开前舱熔丝盒盖，找到远光灯继电器 KI1-7 的位置。

2）拔下远光灯继电器 KI1-7。

3）打开电源开关，打开远光灯开关。

4）取出万用表，并对万用表进行校表操作，检查万用表是否正常。

5）将万用表调至电压测试档。

6）将跨接线连接至继电器底座 3 号接线端子。

7）将万用表红表笔连接跨接线另一端，黑表笔连接车身搭铁，检测远光灯供电电压。

8）待万用表数值稳定后读取万用表数值。标准值为 11～14V。若测量值与标准值不符，则说明继电器触点供电电路损坏，需进行检修。

9）以同样方法测量继电器底座 1 号接线端子位置电压。若测量值与标准值不符，则说明继电器线圈端供电线路损坏，需进行检修。

2. 远光灯继电器检测

1）目视检查继电器外壳是否破损，端子是否正常。

2）取出万用表，并对万用表进行校表操作，检查万用表是否正常。

3）将万用表红黑表笔分别连接继电器线圈两端。

4）待万用表数值稳定后读取万用表数值。标准值为 80～140Ω。若测量值与标准值不符，则说明继电器线圈损坏，需及时更换。

5）将万用表红黑表笔分别连接继电器触点两端。

6）待万用表数值稳定后读取万用表数值，标准值为无穷大。

7）若测量值与标准值不符，则说明继电器损坏，需及时更换。

8）选用合适的跨接线连接继电器线圈两端。

9）将两根跨接线另一端连接蓄电池正负极，感受继电器内部是否有吸合动作。

10）将万用表红黑表笔分别连接继电器触点两端，标准值为小于 1Ω。若测量值与标准值不符，则说明继电器触点损坏，需及时更换。

3. 远光灯熔丝检测

1）将万用表调整至直流电压档。

2）将万用表红表笔连接熔丝一端，黑表笔连接车身搭铁，检测电压。

3）待万用表数值稳定后读取万用表数值，标准电压值为 11～14V。

4）将万用表红表笔连接熔丝另一端，黑表笔连接车身搭铁，检测电压。

5）待万用表数值稳定后读取万用表数值，标准电压值为 11～14V。若测量值与标准值不符，则说明熔丝或熔丝供电损坏，需及时更换或维修。

4. 远光灯工作电路检测

1）将万用表调至直流电压档。

2）将万用表红色表笔接左前远光灯线束插接器 B05（B）的 2 号接线端子，黑表笔连接车身搭铁，检测远光灯供电电路电压。

3）待万用表数值稳定后读取万用表数值，标准电压值为 11～14V。若测量值与标准值不符，则说明远光灯供电线路存在故障，需进一步检修。

4）关闭远光灯开关，关闭电源开关。

5）将万用表调至电阻档。

6）将万用表红表笔连接左前远光灯线束插接器 B05（B）的 1 号接线端子，黑表笔连接车身搭铁，检测搭铁电路电阻。

7）待万用表数值稳定后读取万用表数值，标准值为小于 1Ω。若测量值与标准值不符，则说明远光灯搭铁线路存在故障，需进一步检修。

四、比亚迪 e5 前照灯总成安装

1）取出前照灯总成。

2）安装前照灯所有线束插接器。

3）使用 10mm 套筒、接杆、棘轮扳手组合工具，依次安装前照灯的 4 个固定螺栓。

4）两人配合将前保险杠总成抬至合适位置。

5）安装保险杠内的相关线束插接器，并安装线束卡扣，固定线束。

6）安装充电接口盖拉索至规定卡槽，并将保险杠孔位与车身孔位对齐，安装前保险杠左右 14 个固定卡钩。

7）举升车辆至合适位置，并锁止保险。

8）使用 8mm 套筒、接杆、棘轮扳手组合工具，安装保险杠下方 6 个固定螺栓。

9）降下车辆至车轮着地。

10）安装前保险杠左右 2 个固定卡扣。

11）用 10mm 套筒、接杆配合安装前格栅与充电接口安装支架上的 4 个组合螺栓。

12）使用 10mm 套筒、接杆、棘轮扳手组合工具，拧紧前格栅与充电接口安装支架上的 4 个组合螺栓。

13）盖好充电接口盖板。

14）用手旋入前格栅和散热器上横梁上的 4 个固定螺栓，并带入 3 圈以上。

15）使用 10mm 套筒、接杆、棘轮扳手组合工具，安装在前格栅和散热器上横梁上的 4 个固定螺栓。

五、比亚迪 e5 灯光组合开关拆装

1. 灯光组合开关拆卸

1）使用 T25 套筒、接杆、棘轮扳手组合工具，拧松安全气囊 2 个固定螺栓。

2）取出安全气囊模块。

3）使用一字螺钉旋具翘起安全气囊插接器卡扣，断开安全气囊与螺旋电缆之间的安全气囊的线束插接器。

4）断开喇叭线束插接器。

5）断开多功能方向盘线束插接器。

6）两人配合操作，一人扶住方向盘，另一人使用 14mm 套筒、接杆、扭力扳手组合工具，预松方向盘的固定螺栓。

7）使用 14mm 套筒、接杆、棘轮扳手组合工具，拆卸方向盘的固定螺栓。

8）使用记号笔在方向盘和转向管柱上做装配标记。

9）使用方向盘专用拉马工具拆卸方向盘。

10）拆卸仪表板下护板，并断开相关线束插接器，拆下仪表板下护板，放至合适位置。

11）使用十字槽螺钉旋具拆卸方向盘下护板下部 1 个固定螺栓。

12）使用十字槽螺钉旋具拆卸方向盘下护板顶部 2 个自攻螺钉。

13）取下方向盘的上、下护板。

14）使用胶带固定螺旋电缆，确保其固定牢靠。

15）断开螺旋电缆与安全气囊控制单元之间的安全气囊线束插接器。

16）使用一字槽螺钉旋具撬松螺旋电缆上部固定卡扣，用手松开螺旋电缆左右两侧固定卡扣。

17）取下螺旋电缆，并妥善放置。

18）使用十字槽螺钉旋具拆卸组合开关左右 2 个自攻螺钉。

19）使用梅花套筒、棘轮扳手组合工具拆卸组合开关顶部 1 个固定螺钉。

20）拿起组合开关总成，断开组合开关线束插接器。

21）取下组合开关总成，并妥善放置。

2.灯光组合开关安装

1）安装组合开关线束插接器。

2）将组合开关放置于转向柱上。

3）用手旋进组合开关顶部 1 个固定螺钉。

4）使用 T25 套筒、棘轮扳手组合工具，安装组合开关顶部 1 个固定螺钉。

5）使用十字槽螺钉旋具安装组合开关左右 2 个自攻螺钉。

6）将螺旋电缆放置于转向柱上。

7）安装螺旋电缆与安全气囊控制单元之间的安全气囊线束插接器，并将线束固定在指定位置。

8）连接螺旋电缆背部线束插接器。

9）按压螺旋电缆，使其卡扣安装到位。

10）取下固定螺旋电缆胶带。

11）安装方向盘上护板。

12）安装方向盘下护板。

13）使用十字槽螺钉旋具安装方向盘下护板顶部 2 个自攻螺钉。

14）使用一字槽螺钉旋具安装方向盘下护板下部 1 个自攻螺钉。

15）安装仪表板下护板线束插接器，安装仪表板下护板。

16）将方向盘对准拆卸时做的标记装入转向柱，确保其安装到位。

17）用手安装方向盘固定螺栓，并旋进 3 圈以上。

18）使用 14mm 套筒、接杆、棘轮扳手组合工具，拧紧方向盘固定螺栓。

19）使用 14mm 套筒、接杆、扭力扳手组合工具紧固方向盘固定螺栓至 40N·m。

20）安装多功能方向盘开关线束插接器。

21）安装喇叭线束插接器。

22）连接安全气囊与螺旋电缆之间的安全气囊线束插接器。

23）将安全气囊装入方向盘内。

24）使用 T25 套筒、接杆、棘轮扳手组合工具，拧紧安全气囊 2 个固定螺栓。

六、整理清洁

按照 7S 管理标准，整理工具、场地和设备。

任务练习

一、选择题

1. 夜间在道路上会车时，距离对向来车多远将远光灯改用近光灯（　　　）。
　　A. 不必变换灯光　　　　B. 150m 以外　　　C. 100m 以内　　　D. 50m 以内
2. 现代汽车的照明距离应当达到（　　　）m。
　　A. 50～100　　　　　　B. 100～200　　　　C. 200～400　　　　D. 400～600

二、判断题

1. 汽车前照灯的照明效果对夜间行车安全影响很大，故世界各国多以法律的形式规定前照灯的照明标准。　　　　　　　　　　　　　　　　　　　　　　　　　（　　　）
2. 目前汽车前照灯的灯泡主要包括白炽灯泡、卤钨灯泡、氙气前照灯灯泡、LED 灯。
　　　　　　　　　　　　　　　　　　　　　　　　　　　　　　　　　　　（　　　）
3. 白炽灯泡和卤钨灯泡都是用钨丝作为其灯丝，由于钨丝不容易蒸发耗损，将玻璃泡中的空气抽出，充入氮、氩混合惰性气体的为白炽灯泡。若充入卤族元素，如碘、氯、氟等，为卤钨灯泡。　　　　　　　　　　　　　　　　　　　　　　　　　　（　　　）
4. 由于蒸发出的气态钨，与卤素反应生成的卤化钨不易挥发，当扩散到高温区时，受热会分解为钨重新回到钨丝，仍可以参与下次循环反应，防止了钨的蒸发和灯泡的黑化现象，故卤钨灯泡比普通照明白炽灯寿命长、亮度大。　　　　　　　　　　　　（　　　）
5. 氙气前照灯接通电源后，通过升压器，将 12V 电压升高到 20000V 以上，高压脉冲电加在石英灯泡内的两个电极之间，激励灯泡内的氙气、少量水银蒸气及微量金属（或金属卤化物）在电弧中电离产生光。　　　　　　　　　　　　　　　　　　（　　　）
6. 氙气前照灯光色接近太阳光，为驾驶员创造出更佳的视觉条件。　　　（　　　）
7. LED 是发光二极管缩写，是一种能够将电能转化为光能的半导体器件。　（　　　）
8. 近光灯丝的功率较大，安装于反射镜的焦点上方或前方并稍向右倾斜。　（　　　）

三、简答题

简述汽车前照灯的基本要求。

任务二　仪表灯检测维修

一辆 2017 款比亚迪 e5 汽车，行驶了 43000km。客户李先生反映车辆仪表能正常显示，但背景灯不能调亮。你能够根据客户反映的这一现象，初步判断是哪儿出现了故障吗？请学习相关知识，帮助客户分析故障原因，并在此基础上整理出你后面需要做的具体工作，从而有效处理当前故障。

学习目标

1）能够描述汽车仪表的组成及工作原理。
2）能够说出常见的汽车电子仪表类型。
3）能够描述比亚迪·秦汽车仪表特点。
4）能够独立完成比亚迪 e5 汽车组合仪表拆装。
5）能够独立完成仪表背光灯调节开关电路检测。

知识储备

一、汽车电子仪表的概述

汽车仪表是汽车与驾驶员进行信息交流的界面，为驾驶员提供必要的汽车运行信息，同时也是维修人员发现和排除故障的重要装置。

1. 发展历程

总结汽车仪表的发展过程，可将其归纳为三种类型：传统仪表、单个电子仪表和电子仪表系统。

（1）传统仪表

传统仪表是一种机械式仪表，现已逐渐被电子仪表取代，如图 2-2-1 所示。

图 2-2-1　传统仪表

（2）单个电子仪表

单个电子仪表已在汽车上得到了广泛的使用，如图 2-2-2 所示，如发动机转速表、车速里程表、燃油表、温度表等。仪表显示方式有指针偏摆、发光二极管和液晶显示器显示。

（3）电子仪表系统

电子仪表系统可使驾驶员更加方便、全面地掌握汽车运行状况，如图2-2-3所示。电子仪表系统以微处理器为核心，不仅能精确显示机油压力、冷却液温度、车速、油箱燃油储量，还具有记忆、运算处理功能，经过计算可显示瞬时油耗量、平均油耗、平均车速、续驶里程、行驶时间等参数。电子仪表系统的显示形式可多样化，如数字化显示、条线图形显示、声光显示与报警等。

图 2-2-2 单个电子仪表

图 2-2-3 电子仪表系统

2. 电子仪表系统发展趋势

电子仪表系统与无线传输设备结合，还可与车外进行信息交互，使仪表系统具有通信和导航等功能。例如，电子仪表储存电子地图并装备车载 GPS，可随时了解车辆行驶的具体位置、到达目的地的行驶路线等信息。电子仪表及车载无线通信系统可通过交通管理中心、汽车救助中心等获得城市交通状况信息，选择最佳行驶路线或及时得到求助等。随着汽车电子技术、车载无线通信技术及电子显示技术的进一步发展，指示准确、信息量大、高度智能化的电子仪表系统将在汽车上有越来越多的应用。例如，为使驾驶员更加方便省时地观察仪表的显示，在汽车上已应用了风窗玻璃映像显示技术，如图 2-2-4 所示。

图 2-2-4 风窗玻璃映像显示技术

二、汽车电子仪表的组成及工作原理

汽车电子仪表系统的基本组成如图 2-2-5 所示，包括传感器与开关、电子控制器、显示器与报警装置等。

在电子仪表系统中，传感器的作用是将发动机的转速、温度、机油压力、燃油箱储油量、汽车行驶速度等参数转换为电信号，输送给仪表系统的控制单元。控制单元对输入的信号进行分析与计算后输出控制信号，控制相关的显示器或报警装置工作，显示发动机转速、温度、燃油量、汽车行驶速度等信息，也可以显示油耗、加速度、续驶里程等。通过计算得到的信息有模拟、数字、图形等多种显示方式。

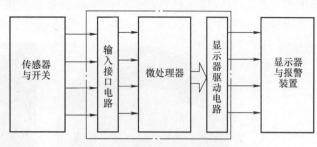

图 2-2-5　电子仪表系统的基本组成

三、常见汽车电子仪表

1. 发动机转速表

在汽车上普遍装有发动机转速表，如图 2-2-6 所示，用于显示发动机的转速，驾驶员可根据发动机转速表的数值了解发动机的工作情况。转速表按其结构不同可以分为机械式和电子式，其中应用较广泛的是电子式。

2. 车速表

车速表用来指示汽车当前的行驶速度，如图 2-2-7 所示，按其工作原理可以分为磁感应式和电子式两种。

图 2-2-6　发动机转速表

图 2-2-7　车速表

3. 里程表

里程表用来显示汽车累计行驶里程，按其工作原理可以分为磁感应式和电子式两种，如图 2-2-8 所示。

4. 冷却液温度表

冷却液温度表俗称水温表，由仪表上的温度指示表和安装在发动机气缸盖水套上的温度传感器组成，用于指示发动机冷

图 2-2-8　里程表

却液的工作温度。驾驶员可根据冷却液温度表的数值了解发动机的温度情况，并判断发动机及冷却系统工作是否正常。冷却液温度表有电热式和电子式两种，如图 2-2-9 所示。

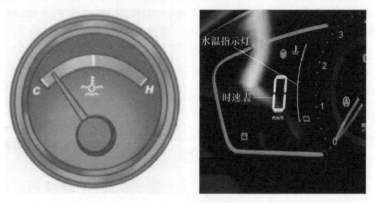

图 2-2-9　冷却液温度表

5. 燃油表

燃油表可以实时监测并显示汽车油箱内的燃油量，它与装在油箱内的燃油液位传感器配合工作。燃油表分电磁式和电热式两种，如图 2-2-10 所示。燃油液位传感器一般为滑动可变电阻的形式。

图 2-2-10　燃油表

四、比亚迪·秦汽车仪表

该车仪表是全液晶仪表，主要用于显示整车的各种状态和警示信息，包括车速、发动机转速、燃油储量、冷却液温度、功率、电量、里程、能量流程图、档位、时间、室外温度、行车信息、故障提示信息等。

比亚迪·秦组合仪表电路图如图 2-2-11 所示。根据电路图可知，组合仪表供电线束接线端子号是 38 和 39 号，搭铁线束接线端子号是 11 和 12 号。仪表作为一个负载电器，当打开起动按钮后，38 和 39 号接线端子有正常电压输入。在 11 和 12 号接线端子接地正常情况下，仪表就能正常工作。通过灯光开关的背光调节按钮调节在 18 和 21 号接线端子之间的电压，可实现对仪表照明亮度的调整。

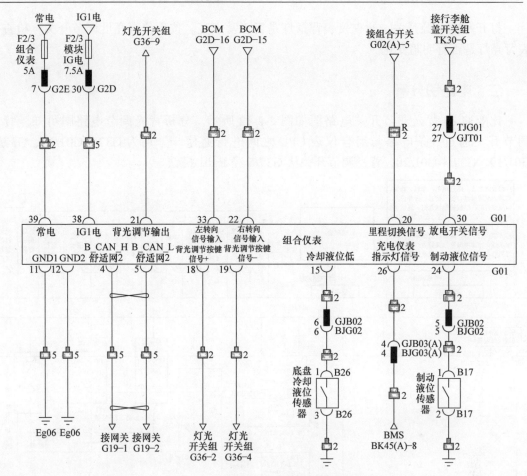

图 2-2-11　比亚迪·秦组合仪表电路图

实 训 演 练

实训工具与准备：

1）工具：绝缘手套、万用表、工具车。

2）设备：2019 款比亚迪 e5 汽车。

3）资料及耗材：2019 款比亚迪 e5 汽车维修手册、《新能源汽车电气系统检修》教材、抹布、熔丝、继电器等。

仪表灯检测维修

一、仪表基本检查

打开车辆电源开关，检查仪表背景灯是否正常点亮。按下仪表亮度调节开关，检查仪表背光灯是否有明暗变化。

二、电路图分析

比亚迪 e5 背光调节开关电路图如图 2-2-12 所示。分析背光调节电路图可知，背光调节开关通过 3 条电路与组合仪表 CPU 之间进行通信，分别为 G37/2-G01/18、G37/2-G01/19、G37/4-G01/20，背光调节开关从 G37/5 经 Eg01 搭铁。

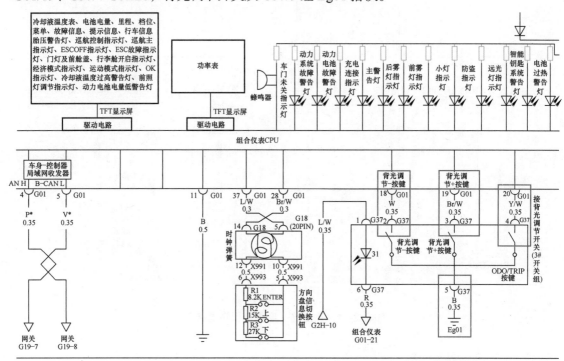

图 2-2-12　比亚迪 e5 背光调节开关电路图

三、背光灯调节开关电源电路检测

1）断开蓄电池负极线缆。

2）将跨接线连接组合仪表线束插接器 G01 的 18 号接线端子。

3）将跨接线连接仪表灯调节开关 G37 线束插接器的 2 号接线端子。

4）将万用表红黑表笔分别连接两根跨接线的两端，检测电路电阻。

5）待万用表数值稳定后记录万用表数值，标准值应小于 0.5Ω。

6）以同样方法测量线束插接器 G01 的 19 号接线端子到线束插接器 G37 的 3 号接线端子的电路电阻。

7）以同样方法测量线束插接器 G01 的 20 号接线端子和线束插接器 G37 的 4 号接线端子的电路电阻。若测量值与标准值不符，则说明背光灯调节供电电路线束损坏，需及时更换或维修。

四、背光灯调节开关搭铁电路检测

1）将跨接线连接仪表灯调节开关 G37 线束插接器的 5 号接线端子。

2）将万用表红表笔连接跨接线另一端，黑表笔连接车身搭铁，检测搭铁电路电阻。

3）待万用表数值稳定后记录万用表数值，标准值为小于 1Ω。若测量值与标准值不符，则说明背光灯调节搭铁线束损坏，需及时更换或维修。

五、组合仪表拆装

1.组合仪表拆卸

1）断开蓄电池负极线缆。

2）使用内饰撬板拆卸组合仪表下护板固定卡扣。

3）断开组合仪表下护板线束插接器，取下仪表下护板。

4）拆卸方向盘下护板固定螺栓。

5）取下方向盘下护板。

6）取下方向盘上护板。

7）使用内饰撬板拆卸组合仪表罩板的固定卡扣，并取下组合仪表罩盖。

8）拆卸组合仪表的固定螺栓，并拉出组合仪表。

9）断开组合仪表线束插接器，取出组合仪表。

2.组合仪表安装

1）安装组合仪表线束插接器。

2）安装组合仪表至规定位置，并安装组合仪表的固定螺栓。

3）安装组合仪表罩盖。

4）依次安装方向盘上护板和下护板，并安装固定螺栓。

5）安装组合仪表下护板线束插接器。

6）安装组合仪表下护板，并将卡扣安装到位。

7）安装蓄电池负极电缆。

六、整理清洁

按照 7S 管理标准，整理工具、场地和设备。

任务练习

一、选择题

1.仪表显示方式不包括（　　　）

　A.指针偏摆　　　　　　　　　　　　B.发光二极管

　　C.液晶显示器　　　　　　　　　　　　D.模拟显示器

2.汽车仪表上的指示灯现多采用 LED 光源，以下不是其优点的是（　　　）。

　　A.结构复杂　　　　　　　　　　　　　B.使用寿命长

　　C.耗电少　　　　　　　　　　　　　　D.易于识别

二、判断题

1.汽车仪表是汽车与驾驶员进行信息交流的界面，为驾驶员提供必要的汽车运行信息，同时也是维修人员发现和排除故障的重要装置。（　　　）

2.单个电子仪表已在汽车上得到了广泛的使用，如发动机转速表、车速里程表、燃油表、温度表等。仪表显示方式有指针偏摆、发光二极管和液晶显示器显示。（　　　）

3.电子仪表系统的显示形式不可以多样化，只有数字化显示。（　　　）

4.电子仪表储存电子地图并可以装备车载 GPS，可随时了解车辆行驶的具体位置、到达目的地的行驶路线等信息。（　　　）

5.电子仪表及车载无线通信系统可通过交通管理中心、汽车救助中心等获得城市交通状况信息、选择最佳行驶路线、及时得到求助等。（　　　）

6.驾驶员可根据发动机转速表的数值监测发动机的转速。（　　　）

7.转速表按其结构不同可以分为机械式和电子式，其中应用较广泛的是机械式。（　　　）

8.里程表用来指示汽车累计行驶里程。（　　　）

9.燃油表可以实时监测并显示汽车油箱内的燃油量，它与装在油箱内的燃油液位传感器配套工作。（　　　）

10.冷却液温度表俗称水温表，由安装在仪表盘上的温度指示表和安装在发动机气缸盖水套上的温度传感器组成。（　　　）

三、简答题

1.简述背光灯调节开关电源电路检测的方法。

2.简述背光灯调节开关搭铁电路检测的方法。

任务三 尾灯检测维修

一辆 2019 款比亚迪 e5 汽车，行驶了 60000km。客户李先生反映该车减速或停车时制动灯不亮。你能够根据客户反映的这一现象，初步判断是哪儿出现了故障吗？请学习相关知识，帮助客户分析故障原因，并在此基础上整理出你后面需要做的具体工作，从而有效处理当前故障。

学习目标

1）能够描述驻车灯的作用。
2）能够描述后雾灯的工作要求。
3）能够描述尾灯的作用。
4）能够描述比亚迪·秦尾灯的特点。
5）能够独立完成比亚迪 e5 尾灯电路检测。
6）能够独立完成比亚迪 e5 尾灯总成的拆装检查。

知识储备

汽车尾灯总成主要包括示宽灯、制动灯、后尾灯、转向信号灯、倒车灯等。现代汽车为了结构的优化，去除了过多的硬线和灯泡等冗余消耗，将部分车灯进行组合，由控制单元根据不同信号和行车需求，通过输出不同工作时长或者功率大小的信号来控制不同车灯的点亮。

一、驻车灯

驻车灯也称作停车灯，用来确保其他车辆和行人能看到夜间停放在路边的车辆。驻车灯左右两侧各一个，可以标示出车辆的宽度，有关法规规定车辆宽度超过 1600mm 必须安装车侧标志灯，宽度超过 2100mm 必须安装示廓灯。驻车灯通常使用 5W 的小功率白炽灯灯泡，在灯光开关 I 档的时候工作，如图 2-3-1 所示。

图 2-3-1 驻车灯开关

二、后雾灯

后雾灯是汽车的标配部件，用于在能见度差的情况下告知后面车辆的驾驶员前面有车。后雾灯采用白色或红色，相关法规规定后雾灯必须和前照灯或前雾灯同时工作，而且前雾灯工作时可以关闭后雾灯，所以在车上有前雾灯开关和后雾灯开关，如果只有一个开关，说明该车只装配了后雾灯。雾灯开关如图 2-3-2 所示。

后雾灯档
前雾灯档
雾灯关闭

图 2-3-2 后雾灯开关

三、尾灯

尾灯主要用来帮助夜间行车时后方车辆看清前方车辆，灯光为红色，起到警示的作用。尾灯由灯光开关控制，只要打开灯光开关，无论开关在什么档位，尾灯一直点亮。停车时打开尾灯起到停车灯的作用，同时还可以显示车辆的宽度，所以尾灯还被称为示宽灯。尾灯通常和制动灯装在一起，制动灯的亮度要大于尾灯的亮度，可以使用双丝的白炽灯。尾灯工作时用功率小的灯丝，制动灯工作时用功率大的灯丝。也有的车辆共用一个灯泡，直接通过车灯控制单元调节单侧灯泡的亮度，安装 LED 灯的尾灯 / 制动灯也是这样控制。

四、比亚迪·秦汽车尾灯

随着技术发展，车灯由以前的开关硬线控制发展到现在的集成模块控制。比亚迪·秦示宽灯和后雾灯就是采用这种方式控制的，如图 2-3-3 所示。

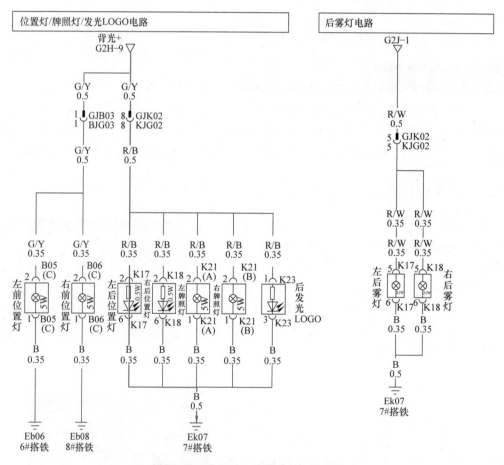

图 2-3-3　比亚迪·秦尾灯控制电路图

从电路图上分析，示宽灯开关激活后，控制单元使继电器吸合，熔丝后面常电经由继电器负载端到达示宽灯灯泡，与灯泡接地线构成完整的工作回路。后雾灯电源经由 BCM 输出，由 K2B-1 直接到达后雾灯灯泡，与搭铁端子形成完整的工作回路。

实训演练

实训工具与准备：

1）工具：绝缘手套、万用表、工具车、208 接线盒。

2）设备：2019 款比亚迪 e5 汽车。

3）资料及耗材：2019 款比亚迪 e5 汽车维修手册、《新能源汽车电气系统检修》教材、抹布等。

尾灯检测维修

一、尾灯电路检测

在进行尾灯电路检测之前，首先完成尾灯工况检查。打开车辆电源开关，将车辆灯光组合开关旋至小灯档位置，检查后示宽灯是否点亮。将车辆灯光组合开关旋至小灯档位置，再旋至后雾灯位置，检查后雾灯是否点亮。踩下制动踏板，将车辆挂入倒档，检查倒车灯是否点亮。

车辆尾灯电路图如图 2-3-4 所示。根据电路图分析，左侧尾灯总成 K17 共有 6 个接线端子，2 号连后示宽灯电源线；4 号连后倒车灯电源线；5 号连后雾灯电源线；6 号为尾灯搭铁线，连在 EK07。

1. 断开后尾灯线束插接器

1）关闭车辆电源。

2）拉起行李舱开关手柄，打开行李舱盖。

3）使用卡扣起子拆卸行李舱左护板 4 个固定卡扣。

4）断开左后尾灯线束插接器。

5）拆卸后尾灯线束固定卡扣。

2. 示宽灯供电电路检测

1）打开车辆电源开关。

2）取出万用表，并对万用表进行校表操作，检查万用表是否正常。

3）打开小灯开关。

4）将合适的跨接线连接至左后尾灯插接器 K17/2 号接线端子。

5）将万用表调至直流电压档。

6）将万用表红表笔接跨接线另一端，黑表笔连接车身搭铁，检测左后示宽灯的工作电压。

7）待万用表数值稳定后记录万用表数值，标准电压值为 11～14V。若测量值与标准值不符，则说明左后示宽灯供电线路损坏，需进行检修。

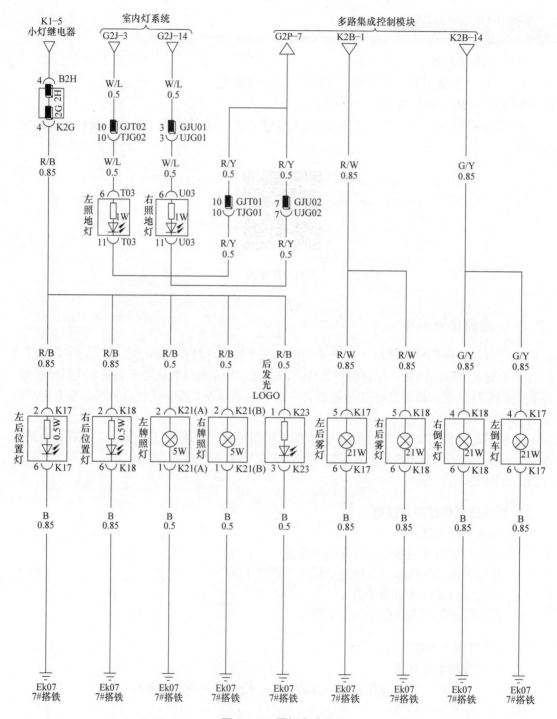

图 2-3-4 尾灯电路图

3. 倒车灯供电电路检测

1）踩下制动踏板，将车辆挂入倒档。

2）将合适的跨接线连接至左后尾灯插接器 K17/4 号接线端子。

3）将万用表红表笔接跨接线另一端，黑表笔连接车身搭铁，检测左后倒车灯的工作电压。

4）待万用表数值稳定后记录万用表数值，标准电压值为 11～14V。若测量值与标准值不符，则说明左后倒车灯供电线路损坏，需进行检修。

4. 后雾灯供电电路检测

1）打开后雾灯开关。

2）将合适的跨接线连接至左后尾灯插接器 K17/5 号接线端子。

3）将万用表红表笔接跨接线另一端，黑表笔连接车身搭铁，检测左后雾灯的工作电压。

4）待万用表数值稳定后记录万用表数值，标准电压值为 11～14V。若测量值与标准值不符，则说明左后雾灯供电线路损坏，需进行检修。

5. 后尾灯搭铁电路检测

1）断开蓄电池负极电缆。

2）将万用表调至电阻测试档。

3）将跨接线连接至左后尾灯插接器 K17/6 号接线端子。

4）将万用表红表笔接跨接线另一端，黑表笔连接车身搭铁，测量搭铁线电阻值。

5）待万用表数值稳定后记录万用表数值，标准值为小于 1Ω。若测量值与标准值不符，则说明左后尾灯搭铁线路损坏，需进一步检修。

二、尾灯总成拆装与检测

1. 尾灯总成拆卸

1）使用 10mm 套筒、棘轮扳手组合工具，拆卸后尾灯总成 3 个固定螺母。

2）用手取出尾灯总成的 3 个固定螺母和垫片。

3）轻轻向外取出后尾灯总成，并妥善放置。

2. 尾灯基本检查

1）目视检查后尾灯外观是否有裂纹，损坏等情况。

2）取出雾灯灯泡，检查灯泡和灯座是否有损坏。

3）取出倒车灯灯泡，检查灯泡和灯座是否有损坏。

4）取出尾灯总成内的其他灯泡，并检查灯泡和灯座是否有损坏。

3. 尾灯灯泡检测

1）取出万用表，并对万用表进行校表操作，检查万用表是否正常。

2）将万用表红黑表笔分别连接倒车灯灯泡灯丝两端，检测灯泡电阻。

3）待万用表数值稳定后记录万用表数值，标准值为小于 1Ω。若检测值与标准值不一致，需要更换灯泡。

4）以同样的方法检测尾灯总成内的其他灯泡。

5）将倒车灯灯泡装入倒车灯灯座中。

6）再将倒车灯灯泡和灯座一起装入灯座总成中。

7）以同样方法安装尾灯总成的其他灯泡。

4.尾灯总成安装

1）将后尾灯总成与车身孔位对齐装入车身上。

2）用手旋入后尾灯总成 3 个固定螺母。

3）使用 10mm 套筒、棘轮扳手组合工具，拧紧后尾灯总成 3 个固定螺母。

4）连接后尾灯总成线束插接器。

5）安装后尾灯总成线束固定卡扣。

6）安装行李舱左护板。

7）安装行李舱左护板 4 个固定卡扣。

8）关闭行李舱盖。

三、整理清洁

按照 7S 管理标准，整理工具、场地和设备。

任务练习

一、选择题

1.尾灯主要用来帮助夜间行车时后方车辆看清前方车辆，灯光为（   ），起到警示的作用。

    A. 红色   B. 黄色   C. 绿色   D. 橙色

2.有关法规规定车辆宽度超过（   ）mm 必须安装侧标志灯。

    A. 2800   B. 2400   C. 2000   D. 1600

3.制动灯的亮度通常要（   ）尾灯的亮度，可以使用双丝的白炽灯。

    A. 小于   B. 大于   C. 等于   D. 以上都是

二、判断题

1.汽车灯组颜色都是由车灯外壳的颜色决定的。（   ）

2.有关法规规定车辆宽度超过 2600mm 必须安装侧标志灯，宽度超过 3100mn 必须安装示廓灯。（   ）

3.侧标志灯和示廓灯装在车辆的侧面，可以代替作为前驻车灯使用，驻车灯通常使用 50W 的大功率白炽灯灯泡，所以又称为前小灯。（   ）

4.相关法规规定后雾灯必须和前照灯或前雾灯同时工作，而且前雾灯工作时可以关断后雾灯。（   ）

5.尾灯由灯光开关控制，打开灯光开关，在 I 档尾灯才能亮。（   ）

6.在车上有前雾灯开关和后雾灯开关，如果只有一个开关。说明该车只装配了后雾灯，前雾灯需加装。（   ）

7. 灯光总成取下后应轻拿轻放，以免损坏灯罩和其他部件。　　　（　　　）

8. 车灯组的控制由以前的开关硬线控制发展到现在的集成控制单元信号控制。（　　　）

9. 汽车尾灯总成主要包括示宽灯、制动灯、后尾灯、转向信号灯、倒车灯等。（　　　）

10. 尾灯工作时用功率大的灯丝，制动灯工作时用功率小的灯丝。　　（　　　）

三、简答题

简述如何拆装后尾灯总成。

任务四　室内灯检测维修

　　一辆 2019 款比亚迪 e5 电动汽车，行驶了 40000km，客户李先生反映车辆后室内灯不亮。你能够根据客户反映的这一现象，初步判断是哪儿出现了故障吗？请学习相关知识，帮助客户分析故障原因，并在此基础上整理出你后面需要做的具体工作，从而效处理当前故障。

学习目标

　　1）能够描述顶灯、阅读灯的作用及其控制特点。

　　2）能够描杂物箱灯和行李舱灯作用。

　　3）能够描述比亚迪 e5 门控灯的控制特点。

　　4）能够独立完成比亚迪 e5 后室内灯检修。

　　5）能够独立完成比亚迪 e5 行李舱灯的拆装检测。

知识储备

　　室内灯的作用主要是在车内光线不足时用于车内照明。例如，为了在夜间上下车方便安全、行驶时看地图、在车内寻找存放物品、临时整理仪容仪表等，都需要借助室内灯。室内灯主要包括前后阅读灯、顶灯、化妆镜灯、杂物箱灯、行李舱灯、脚部照明灯、迎宾灯、门灯、氛围灯等。

一、顶灯

　　乘用车的室内顶灯一般装在室内的中央，能均匀地照亮整个驾驶室。室内灯开关一般有 ON、OFF、与车门联动三个位置。为减小灯的厚度，一般采用 5～10W 的管球灯泡。顶灯如图 2-4-1 所示。

二、阅读灯

车内阅读灯是为了能看清地图和看书而设计的照明灯。为在行驶中不影响驾驶员开车，阅读灯配光呈点状，只照射在需要的部位上。后排阅读灯是后排乘客专用阅读灯，用比较大的点光照明。阅读灯一般有 OFF、DOOR、ON 三个位置开关，如图 2-4-2 所示。

图 2-4-1　顶灯　　　　　　　　　图 2-4-2　阅读灯

三、杂物箱灯和行李舱灯

杂物箱灯和行李舱灯分别安装在杂物箱和行李舱内，主要作用是用于照亮整个储物空间。为了不直接照射驾乘人员的眼睛，又不被货物遮光，杂物箱灯和行李舱灯在设计安装位置时应充分考虑，如图 2-4-3 所示。

图 2-4-3　杂物箱灯和行李舱灯

四、其他室内灯光

1. 门灯
门灯是当车门开启时，为照亮车内乘员脚下和室外落脚处而安装在车门上的照明灯。该灯无专用开关，而是与车门联动。

2. 踏步灯
踏步灯可在上下车时照亮驾乘人员的踏脚处，亮度不需太高。因与车门联动，故它无专用的开关，车门关闭后由定时器控制关灯，如图 2-4-4 所示。

图 2-4-4　踏步灯

3. 氛围灯

　　车内氛围灯是一种起到装饰作用的照明灯，常见的氛围灯表现形式主要是单色、多色、呼吸律动、音乐律动等形式。车内氛围灯通常可设置在汽车的方向盘、中控、杯架、迎宾踏板、车门、行李舱等位置。灯光营造出来的效果会给人一种温馨、舒适感，同时也会给人一种科技、奢华的美感。氛围灯可以提高夜间行车的安全性，舒缓驾驶员的疲劳，营造轻松愉悦的氛围。氛围灯如图 2-4-5 所示。

图 2-4-5　氛围灯

五、比亚迪 e5 内饰灯

　　比亚迪 e5 门控灯电路图如图 2-4-6 所示。根据电路图分析可知，当开启前门时，车门锁解锁信号进入多路集成控制单元 G2P，控制前门灯灯泡接地端导通；同时，仪表配电盒的供电经由熔丝 F2/24 输送给前门控灯灯泡，门控灯灯泡点亮。

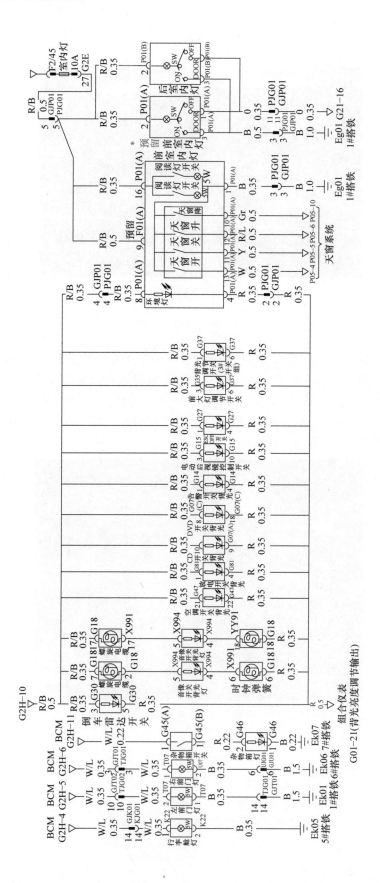

图 2-4-6 比亚迪 e5 门控灯控制电路

实训演练

实训工具与准备：

1）工具：万用表、工具车、内饰撬板。

2）设备：2019 款比亚迪 e5 汽车。

3）资料及耗材：2019 款比亚迪 e5 汽车维修手册、《新能源汽车电气系统检修》教材、抹布等。

室内灯检测维修

一、室内灯检修

检修前需进行室内灯工况检查。将灯光组合开关调至小灯档位，检查车内氛围灯和按键指示灯是否正常点亮；将汽车后室内阅读灯开关打开至 ON 位置，检查阅读灯是否正常点亮；将开关推至 OFF 位置，查看室内阅读灯是否正常关闭；将后室内灯开关打开至 DOOR 位置，打开车门检查门灯是否正常点亮；关闭车门，检查门灯是否正常熄灭。

1. 后室内灯拆装

（1）后室内灯拆卸

1）关闭车辆电源。

2）使用小一字槽螺钉旋具翘起后室内灯灯罩卡扣，并取下后室内灯灯罩。

3）使用十字槽螺钉旋具拆卸后室内灯 2 个固定螺栓。

4）断开后室内灯线束插接器。

5）取下后室内灯，并妥善放置。

（2）后室内灯安装

1）连接后室内灯线束插接器。

2）将后室内灯放至规定位置。

3）使用十字槽螺钉旋具安装后室内灯 2 个固定螺栓。

4）安装后室内灯灯罩。

2. 后室内灯检测

比亚迪 e5 后室内灯电路图如图 2-4-7 所示。通过分析电路图可知，后室内灯工作时，常电经 F2/45 熔丝，给后室内灯 P01（B）/2 号接线端子供电，通过 P01（B）/1 或者 P01（B）/3 号接线端子与车身搭铁形成回路。

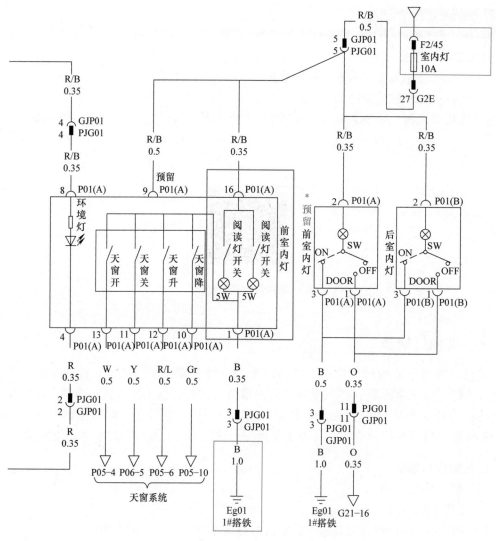

图 2-4-7　室内灯电路图

（1）后室内灯熔丝检测

1）取出万用表，对万用表进行校表操作，并将万用表调至电压档。

2）将万用表红色表笔连接至 F2/45 熔丝进端，黑色表笔连接车身搭铁，检测室内灯工作电压。

3）待万用表数值稳定后读取万用表数值，标准电压值为 11 ~ 14V。若检测值与标准值不一致，则需要检测 F2/45 熔丝之前的供电电路。

4）将万用表红色表笔连接至 F2/45 熔丝出端，黑色表笔连接车身搭铁，检测室内灯工作电压。

5）待万用表数值稳定后读取万用表数值，标准电压值为 11 ~ 14V。若测得的熔丝出端电压与进端电压不一致，则需要更换熔丝。

（2）后室内灯供电电路检测

1）打开万用表并校表。

2）选用合适的跨接线。

3）将红色跨接线连接至室内灯插接器 P01（B）/2 号接线端子，黑色跨接线连接至室内灯插接器 P01（B）/1 号接线端子。

4）将万用表红黑表笔分别连接至红黑跨接线的引出端，检测室内灯的工作电压。

5）待万用表数值稳定后读取万用表数值，标准值为 11～14V。若测量值与标准值不符，则需要检修阅读灯供电电路。

6）以同样方法测量 P01（B）/2 号接线端子和 P01（B）/3 之间的电压，来判断电路是否正常。

（3）后室内灯搭铁电路检测

1）将跨接线连接至 P01（B）/1 号接线端子。

2）将万用表红表笔连接跨接线另一端，黑表笔连接车身搭铁，测量电路电阻。

3）待万用表数值稳定后读取万用表数值，标准电阻值为小于 1Ω。

4）以同样方法测量 P01（B）/3 号接线端子与车身搭铁之间的电阻，来判断搭铁电路是否正常。

（4）后室内灯灯泡检测

1）目视检查室内灯总成，查看其是否有破损变形等损坏情况。

2）对万用表进行校表操作，确认万用表是否正常。

3）将万用表红黑表笔分别连接室内灯灯泡电极两端，测量灯泡电阻。

4）待万用表数值稳定后读取万用表数值，标准电阻值为 3.5Ω。若测量值与标准值不符，则说明室内灯灯泡损坏，需及时更换。

（5）后室内灯开关检测

1）确认室内灯开关位于 OFF 位置。

2）将万用表红黑表笔分别连接室内灯总成 1 号端子和 2 号端子，测量电阻。

3）待万用表数值稳定后读取万用表数值，标准值为无穷大。

4）将室内灯开关推至 DOOR 位置。

5）将万用表红黑表笔分别连接室内灯总成 1 号端子和 2 号端子，测量电阻。

6）待万用表数值稳定后读取万用表数值，标准值为 4Ω 左右。

7）将室内灯开关打开至 ON 档位。

8）将万用表红黑表笔分别连接室内灯总成 2 号端子和 3 号端子，测量电阻。

9）待万用表数值稳定后读取万用表数值，标准值为 4Ω。若测量值与标准值不符，则说明室内灯开关损坏，需更换。

二、行李舱灯检修

分析比亚迪 e5 汽车室内灯电路图可知，行李舱灯工作时，常电经行李舱灯 K22/1 号接线端子供电，通过 K22/2 号接线端子与车身搭铁形成回路。

1. 行李舱灯供电电路检测

1）取出万用表并对万用表进行校表操作，将万用表调到电压档。

2）将跨接线连接至行李舱灯线束插接器 K22/1 号接线端子。

3）将万用表红表笔连接跨接线另一端，黑表笔连接车身搭铁，测量行李舱灯的工作电压。

4）待万用表数值稳定后读取万用表数值，标准电压值为 11～14V。若测量值与标准值不符，则说明行李舱灯供电电路损坏，需进一步维修。

2. 行李舱搭铁电路检测

1）将跨接线连接至行李舱灯线束插接器 K22/2 号接线端子。

2）将万用表调至电阻测试档。

3）将万用表红表笔连接跨接线另一端，黑表笔连接车身搭铁，测量电阻。

4）待万用表数值稳定后读取万用表数值，标准值为小于 1Ω。

5）若测量值与标准值不符，则说明行李舱灯搭铁线路损坏，需及时更换。

3. 行李舱灯检测

1）目视检查行李舱灯有无损坏。

2）打开万用表，并对万用表进行校表操作。

3）将万用表红黑表笔分别连接行李舱灯的两个接线端子，测量电阻。

4）待万用表数值稳定后读取万用表数值，标准值为小于 1Ω。

5）若测量值与标准值不符，则说明行李舱灯损坏，需及时更换。

三、整理清洁

按照 7S 管理标准，整理工具、场地和设备。

任务练习

一、选择题

1. 乘用车的室内顶灯一般装在室内的（　　　）。

　　A. 驾驶位　　　　　　　　　　　　B. 右侧

　　C. 左侧　　　　　　　　　　　　　D. 中央

2. 汽车室内灯光检查时我们主要检查哪些？（　　　）

　　A. 开关是否损坏

　　B. 按钮是否能回弹

　　C. 灯泡是否正常发光

　　D. 灯泡是否常亮

二、判断题

1. 室内灯的作用主要是在车内光线不足时用于车内照明。　　　　　　　　　　（　　　）

2. 操作灯开关一般有 ON、OFF、与车门联动等 10 个位置。为减小灯的厚度，一般多采用 10～20W 的管球灯泡。　　　　　　　　　　　　　　　　　　　　　（　　　）

3. 车内阅读灯是为了能看清地图和看书设计的照明灯。　　　　　　　　（　　）

4. 为在行驶中不影响驾驶员开车，阅读灯配光呈点状，只照射在需要的部位上。
　　　　　　　　　　　　　　　　　　　　　　　　　　　　　　　　（　　）

5. 后排阅读灯是后排乘客专用阅读灯，不能用比较大的点光照明。　　　（　　）

6. 为满足宽敞室内的照明要求，使用的灯泡功率一般为 8～30W。　　　（　　）

7. 由 LED 做成的车内阅读灯，具有无污染、无辐射、使用寿命长的特点。（　　）

8. LED 车内阅读灯价格较低。　　　　　　　　　　　　　　　　　　（　　）

9. 门灯是当车门开启时，为照亮室内脚下部分和室外落脚部分而安装在车门上的照明灯。　　　　　　　　　　　　　　　　　　　　　　　　　　　　　（　　）

10. 门灯有专用开关，还与车门联动。　　　　　　　　　　　　　　（　　）

11. 一般车内氛围灯通常可设置在汽车的方向盘、中控、脚灯、杯架、顶灯、迎宾灯、迎宾踏板、车门、行李舱、车灯等位置。　　　　　　　　　　　　　　　（　　）

12. 氛围灯与夜间行车的安全性无关。　　　　　　　　　　　　　　（　　）

三、简答题

简述行李舱灯检测步骤。

任务五　制动灯检测维修

　　一辆 2019 款比亚迪 e5 电动汽车，行驶了 40000km，客户李先生反映车辆左侧制动灯不亮。你能够根据客户反映的这一现象，初步判断是哪儿出现了故障吗？请学习相关知识，帮助客户分析故障原因，并在此基础上整理出你后面需要做的具体工作，从而有效处理当前故障。

学习目标

1）能够正确叙述制动灯的作用。

2）能够识读制动灯电路并能进行故障原因分析。

3）能够完成比亚迪 e5 制动灯开关拆装与检测。

4）能够完成比亚迪 e5 制动灯拆装与检测。

5）能够完成比亚迪 e5 高位制动灯拆装与检测。

一、制动灯概述

制动灯俗称刹车灯，一般安装在车辆尾部两侧，当驾驶员踩下制动踏板时制动灯即亮起，并发出红色光提醒后面的车辆注意防止追尾事故发生。当驾驶员松开制动踏板时，制动灯即熄灭。由于汽车上已有左右两个制动灯，因此人们习惯上也把装在车辆尾部上方的高位制动灯称为第三制动灯，如图 2-5-1 所示。

制动灯由制动灯开关控制，常见的制动灯开关有以下几种类型。

1）液压式制动灯开关。用于采用液压制动系统的汽车，装在液压制动主缸的前端或制动管路中。

2）气压式制动灯开关。用于采用气压制动系统的汽车，通常安装在制动系统的气压管路上。制动时，制动压缩空气推动橡胶膜片向上弯曲，使触点闭合接通制动灯电路。

图 2-5-1　高位制动灯

3）触点式制动灯开关。这是一种较为常用的制动灯开关，装在制动踏板的后面。当踏下制动踏板时开关闭合，制动灯点亮。

二、制动灯电路

1. 制动灯电路识读

当踩下制动踏板时，电流从蓄电池正极，经过熔丝至制动灯开关，然后到达制动灯，再经搭铁回到蓄电池负极形成一个回路。当松开制动踏板时，制动灯开关断开，制动灯熄灭。制动灯电路原理如图 2-5-2 所示。

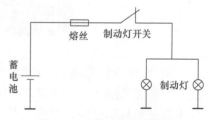

图 2-5-2　制动灯电路原理

2. 制动灯故障现象

踩下制动踏板制动灯会亮起，以警示后方车辆保持安全车距。制动灯常见故障如下：

1）踩下制动踏板，左、右两侧制动灯均不亮。

2）踩下制动踏板，左、右制动灯只有一只亮。

3）不踩下制动踏板，左、右制动灯长亮或时亮时不亮。

制动灯不亮的常见故障原因有熔丝烧坏、电路中存在开路或搭铁不良、开关损坏、灯泡损坏等。对应的故障排除方法分别是更换熔丝、检修电路、更换开关和更换相同的灯泡。

3. 制动灯电路故障警告灯

制动灯电路故障警告灯用于指示制动灯灯泡或电路的工作状况，正常情况下熄灭。当制动灯灯泡故障或电路有断路时，该灯点亮，如图 2-5-3 所示。

图 2-5-3 制动灯电路故障警告灯

实训演练

实训工具与准备：

1）工具：万用表、工具车。

2）设备：2019 款比亚迪 e5 汽车。

3）资料及耗材：2019 款比亚迪 e5 汽车维修手册、《新能源汽车电气系统检修》教材、抹布等。

制动灯检测维修

一、制动灯工况检查

检测与维修制动灯前，需要先检查制动灯工作情况。车内人员踩下制动踏板，车外人员观察制动灯能否正常点亮；车内人员松开制动踏板，车外人员观察制动灯能否正常熄灭。

二、制动灯开关拆装与检测

1. 制动灯开关拆卸

1）关闭车辆电源。

2）用手旋出制动灯开关。

3）断开制动灯开关线束插接器。

4）取出制动灯开关。

2. 制动灯开关安装

1）安装制动灯开关线束插接器。

2）将制动灯开关安装至制动踏板合适位置。

3）用手旋入制动灯开关，确认其安装到位。

3. 制动灯开关检测

比亚迪 e5 制动灯电路如图 2-5-4 所示。根据电路图可知，制动灯开关 G28 由两个开关组成，即连接常电和 MICU 的 11 号接线端子组成的常开开关，连接 MICU 和搭铁组成的常闭开关。当踩下制动踏板时常开开关闭合，常闭开关打开。制动灯开关的四个接线端子中，G28/4 为常电，G28/3 和 G28/1 与车身控制单元（MICU）相连，G28/2 为搭铁线。

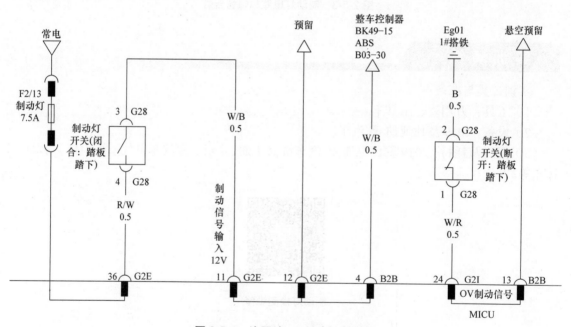

图 2-5-4　比亚迪 e5 制动灯电路图

（1）制动灯开关供电电路检测

1）取出万用表并对万用表进行校表操作，检查万用表是否正常。

2）将万用表调整至直流电压档。

3）将万用表红表笔连接制动灯开关插接器 G28/4、G28 的 4 号接线端子，黑表笔连接车身搭铁，检测供电电压。

4）待万用表数值稳定后读取万用表数值，标准电压值为 11 ~ 14V。

（2）制动灯开关搭铁电路检测

1）将万用表档位调整至电阻测试档。

2）将万用表红表笔连接制动灯开关插接器 G28 的 2 号接线端子，黑表笔连接车身搭铁，检测电路电阻。

3）待万用表数值稳定后读取万用表数值，标准电阻值为小于 1Ω。若测量值与标准值不符，则说明制动灯开关搭铁电路损坏，需维修。

（3）制动灯开关检测

1）目视检查制动灯开关外观是否良好。

2）确认万用表在电阻档。

3）将万用表的红黑表笔分别连接制动灯开关的 3 号接线端子和 4 号接线端子，测量电阻值。

4）待万用表数值稳定后读取万用表数值，标准电阻值为小于 1Ω。

5）用手按下制动灯开关。

6）用同样的方法测量制动灯开关 3 号、4 号端子的电阻值，标准电阻值为无穷大。

7）将万用表的红黑表笔分别连接制动灯开关的 1 号接线端子和 2 号接线端子，测量电阻值。

8）待万用表数值稳定后读取万用表数值，标准电阻值为无穷大。

9）用手按下制动灯开关。

10）用同样的方法测量制动灯开关 1 号、2 号端子的电阻值，标准电阻值小于 1Ω。若测量值与标准值不一致，说明制动灯开关损坏，需要更换。

三、高位制动灯拆装与检测

1. 高位制动灯拆卸

1）按下行李舱开关按钮，打开行李舱。

2）断开高位制动灯线束插接器。

3）使用十字槽螺钉旋具拆卸高位制动灯的 2 个自攻螺钉。

4）取下高位制动灯。

2. 高位制动灯安装

1）安装高位制动灯至车身规定位置。

2）使用十字槽螺钉旋具安装高位制动灯的 2 个自攻螺钉。

3）安装高位制动灯线束插接器。

3. 高位制动灯检测

高位制动灯电路如图 2-5-5 所示。根据电路图可知，高位制动灯 K20 共有两个接线端子，1 号与 BCM 相连，为电源线；2 号为搭铁线，连在 Ek05。

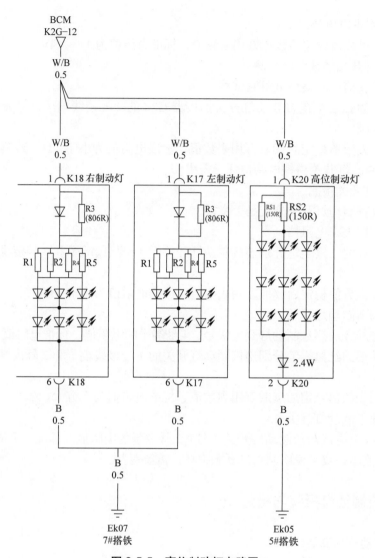

图 2-5-5　高位制动灯电路图

（1）高位制动灯供电电路检测

1）对万用表校表，确认万用表正常，将万用表调整至直流电压档。

2）将跨接线连接高位制动灯插接器 K20/1 号接线端子。

3）将万用表红表笔连接跨接线另一端，黑表笔连接车身搭铁。

4）踩下制动踏板，测量供电电压。

5）待万用表数值稳定后读取万用表数值，标准电压为 11 ~ 14V。

6）若测量值与标准值不符，则说明高位制动灯供电线路损坏，需进一步维修。

（2）高位制动灯搭铁电路检测

1）将跨接线连接高位制动灯插接器 K20/2 号接线端子，万用表红表笔连接跨接线另一端。

2）将万用表调整至电阻测试档。

3）黑表笔连接车身搭铁，检测搭铁电路电阻。

4）待万用表数值稳定后读取万用表数值，标准电阻值为小于1Ω。若测量值与标准值不符，则说明高位制动灯搭铁电路损坏，需进一步维修。

（3）高位制动灯检测

1）目视检查高位制动灯外观是否良好，连接线束是否有破损。

2）对万用表进行校表操作，检查万用表是否正常可用。

3）将万用表红黑表笔连接高位制动灯线束插头两个端子，检测电阻。

4）待万用表数值稳定后读取万用表数值，标准电阻值为小于1Ω。若测量值与标准值不符，则说明高位制动灯损坏，需进一步维修。

四、制动灯拆装与检测

比亚迪e5制动灯包括左侧制动灯和右侧制动灯，其拆装与检测方法相同，这里以左侧制动灯为例介绍制动灯拆装与检测。

1. 左侧制动灯拆装

（1）左侧制动灯拆卸

1）使用卡扣起子拆卸行李舱左护板4个固定卡扣。

2）拆卸行李舱左护板。

3）断开后尾灯线束插接器。

4）取下后尾灯线束固定卡扣。

5）使用10mm套筒、接杆、棘轮扳手组合工具拆卸后尾灯总成3个固定螺母。

6）轻轻向外取出后尾灯总成，并妥善放置。

（2）左侧制动灯安装

1）将后尾灯总成与车身孔位对齐，安装在车身上的规定位置。

2）用手旋入后尾灯总成3个固定螺母。

3）使用10mm套筒、接杆、棘轮扳手组合工具，安装后尾灯总成3个固定螺母。

4）连接后尾灯总成线束插接器。

5）安装后尾灯总成线束固定卡扣，安装行李舱左护板及4个固定卡扣。

6）关闭行李舱。

2. 左侧制动灯检测

左侧制动灯K17共有6个接线端子，1号与BCM相连，为左侧制动灯的电源线；6号为制动灯搭铁线，连接在Ek07。

（1）左侧制动灯供电电路检测

1）将万用表调整至直流电压档。

2）将跨接线连接制动灯插接器K17/1号接线端子。

3）将万用表红表笔连接跨接线另一端，黑表笔连接车身搭铁。

4）踩下制动踏板，检测制动灯供电电压。

5）待万用表数值稳定后读取万用表数值，标准电压值为11～14V。若测量值与标准值不符，则说明制动灯供电电路损坏，需进一步维修。

（2）左侧制动灯搭铁电路检测

1）将万用表调整至电阻测试档。

2）将跨接线连接制动灯插接器 K17/6 号接线端子。

3）将万用表红表笔连接跨接线另一端，黑表笔连接车身搭铁，检测搭铁电路电阻。

4）待万用表数值稳定后读取万用表数值，标准电阻值为小于 1Ω。若测量值与标准值不符，则说明制动灯搭铁电路损坏，需进一步维修。

五、整理清洁

按照 7S 管理标准，整理工具、场地和设备。

任务练习

一、选择题

1. 汽车制动灯开关根据（   ）不同，可分为机械式、液压式和气压式。
   - A. 信号灯的结构
   - B. 行车制动系统
   - C. 驻车制动系统
   - D. 信号灯原理
2. 汽车尾灯和制动灯为双丝灯泡，其中功率较大的灯丝为（   ）。
   - A. 制动灯
   - B. 尾灯
   - C. 不能确定
   - D. 以上都不对

二、判断题

1. 断开制动灯线束插接器时，需断开蓄电池正极电缆。　　　　　　　　　（　　）
2. 安装高位制动灯线束插接器时，需断开蓄电池负极电缆。　　　　　　　（　　）
3. 断开左制动灯线束插接器时，需断开蓄电池正极电缆。　　　　　　　　（　　）
4. 取下灯光总成后应轻拿轻放，以免损坏灯罩和其他部件。　　　　　　　（　　）
5. 制动灯俗称刹车灯，一般安装在车辆尾部两边。　　　　　　　　　　　（　　）
6. 当驾驶员松开制动踏板时，制动灯即熄灭。　　　　　　　　　　　　　（　　）
7. 制动灯的工况检查需要两人协作进行，一人踩制动踏板，一人观察制动灯。

（　　）

8. 安装制动灯开关线束插接器时，不需要在断开蓄电池负极电缆的情况下进行。

（　　）

9. 弹簧式制动灯开关是一种不常用的制动灯开关，装在制动踏板的后面。　（　　）
10. 高位制动灯又称为第三制动灯或者高位刹车灯。　　　　　　　　　　（　　）

三、简答题

简述制动灯拆卸步骤。

任务六　信号灯检测维修

一辆 2019 款比亚迪 e5 电动汽车，行驶了 55000km。客户李先生反映打开左转向灯时，仪表转向指示灯快速闪烁，左后转向灯不亮。你能够根据客户反映的这一现象，初步判断是哪儿出现了故障吗？请学习相关知识，帮助客户分析故障原因，并在此基础上整理出你后面需要做的具体工作，从而有效处理当前故障。

学习目标

1）能够正确叙述转向信号灯的组成。
2）能够正确叙述转向信号灯闪光器的类型。
3）能够正确分析危险警告灯电路。
4）能够正确分析倒车灯电路。
5）能够独立完成比亚迪 e5 危险警告灯开关的拆检。
6）能够独立完成比亚迪 e5 转向信号灯的拆检。
7）能够独立完成比亚迪 e5 倒车灯的拆检。

知识储备

一、转向信号灯的组成

转向信号灯电路主要由转向灯、闪光器、转向开关、转向指示灯、熔丝及线路等组成，如图 2-6-1 所示。当汽车要驶离原方向时，在接通左转或右转信号灯开关后，通过闪光器使左侧或右侧的转向信号灯和仪表转向指示灯闪烁发光。当遇到危险情况时接通危险警告灯开关，两侧的转向信号灯同时闪烁，作为危险报警信号提示周边的车辆和行人。

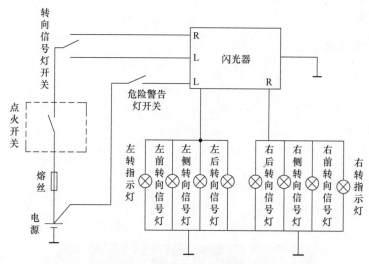

图 2-6-1　转向信号灯电路原理图

二、转向信号灯闪光器

转向信号灯按一定时间间隔闪烁是由闪光器实现的。汽车上使用的闪光器主要有热线式、电容式和电子式。热线式和电容式闪光器的闪光频率不够稳定，寿命短，信号明暗不明显，现已被淘汰。电子式闪光器具有结构简单、体积小、性能稳定、可靠性高、使用寿命长等特点，获得广泛应用。电子式闪光器分为有触点电子闪光器与无触点电子闪光器两种。

1. 有触点电子闪光器

有触点电子闪光器如图 2-6-2 所示。当接通转向灯开关时，电流由蓄电池正极→点火开关→R_1→闪光器常闭触点→转向灯开关→转向信号灯及转向指示灯→搭铁→蓄电池负极。由于 R_1 的电阻较小，电路电流较大，故转向灯亮。同时因电阻 R_1 上的电压降使晶体管 VT 的发射极由于正向偏置而导通，继电器线圈有电流通过，使常闭触点张开，转向灯迅速变暗。

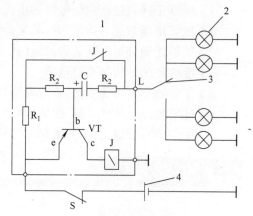

图 2-6-2　有触点电子闪光器

1—电子闪光器　2—转向信号灯

3—转向灯开关　4—蓄电池

触点打开后电容器被充电，充电电流从蓄电池正极→点火开关→R_1→R_2→C→R_3→转向灯开关→转向灯及转向指示灯→搭铁→蓄电池负极。由于充电电流很小，故转向灯仍很暗。随着电容器充电的进行，晶体管 VT 的基极电位逐渐提高，当晶体管 VT 发射极和基极两端电压小于晶体管 VT 导通电压时，晶体管 VT 截止，通过继电器线圈的电流截止，触点闭合，转向灯又重新变亮。

触点闭合后，电容 C 通过 R_3 放电，随着电容 C 放电的进行，晶体管 VT 的基极电位不断下降，当达到晶体管 VT 导通电压时，晶体管 VT 导通，继电器线圈又有电流通过，触点打开，转向灯再次变暗。随着电容 C 的充电、放电，晶体管 VT 不断地导通、截止，周而复始，使转向灯闪烁。

2. 无触点电子闪光器

无触点电子闪光器如图 2-6-3 所示。当接通转向灯开关，VT_1 通过 R_2 得到正向电压而导通，VT_2、VT_3 则截止。由于 VT_1 的发射极电流很小，故转向灯较暗。同时，电源通过 R_1 对 C 充电，使 VT_1 的基极电位下降，当低于导通电压时，VT_1 截止。VT_1 截止后，VT_2 通过 R_3 得到正向偏置电压而导通，VT_3 也随之导通饱和，转向灯变亮。此时，C 经 R_1、R_2 放电，使 VT_1 仍保持截止，转向信号灯继续发亮。随着 C 放电电流减小，VT_1 基极电位又逐渐升高，当高于其正向导通电压时，VT_1 又导通，VT_2、VT_3 又截止，

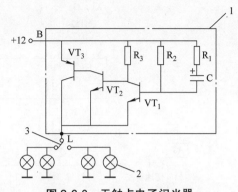

图 2-6-3　无触点电子闪光器

1—闪光器　2—转向灯　3—转向灯开关

转向信号灯又变暗，随着电容的充电、放电。VT_3 不断地导通、截止，如此反复，使转向灯闪烁。

三、危险警告灯电路

危险警告灯电路一般由左、右转向灯，闪光器和危险警告灯开关组成。当危险警告灯开关闭合时，左、右转向灯同时闪烁，其电路如图 2-6-4 所示。当危险警告灯开关闭合时，危险警告灯电路为蓄电池正极→点火开关→闪光器→危险警告灯开关→左、右转向灯及转向指示灯→搭铁。这样左、右转向灯及仪表板上的转向指示灯同时闪烁。

四、倒车灯

倒车灯用来在倒车时照亮车后的区域。手动变速器车型通常将倒车灯开关安装在变速杆倒档的位置，当挂上倒档时变速杆顶开倒车灯开关。

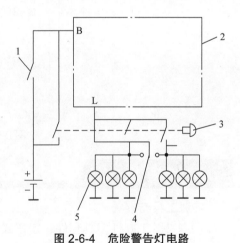

图 2-6-4　危险警告灯电路

1—点火开关　2—闪光器　3—危险警告灯开关
4—转向灯开关　5—转向信号灯及指示灯

自动变速器车型通常通过多功能开关给控制单元发送倒档信号，由控制单元接通倒车灯电路。倒车灯只有在倒车的时候才工作，控制电路如图 2-6-5 所示。

当变速杆置于倒车档时，倒车灯开关闭合。发动机控制单元（ECM）发送信息给车身控制单元（BCM），该信息表示变速杆处于倒车档的位置。BCM 向倒车灯提供工作电压，倒车灯点亮。当驾驶员将变速杆移出倒车档位置时，BCM 发送信息请求 BCM 断开倒车灯控制电路。

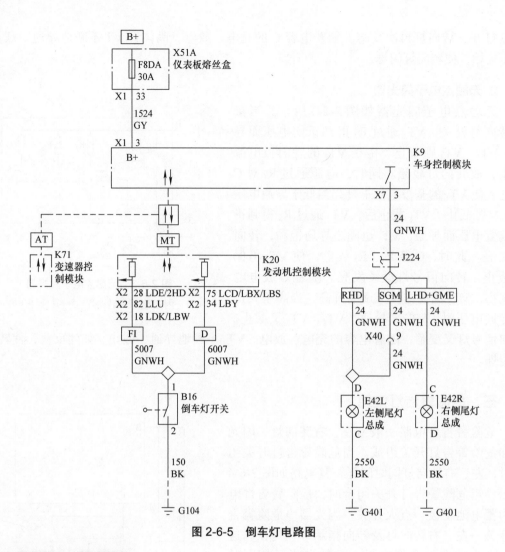

图 2-6-5　倒车灯电路图

实训演练

实训工具与准备：

1）工具：150 件工具套件、定扭式扭力扳手、208 接线盒、万用表、内饰撬板。

2）设备：2019 款比亚迪 e5 汽车、工作台。

3）资料及耗材：2019 款比亚迪 e5 汽车维修手册、《新能源汽车电气系统检修》教材、抹布等。

4）个人防护用品：劳保鞋。

信号灯的检测与维修

　　检测与维修信号灯前，需要先检查信号灯工作情况。打开车辆电源开关，打开左转向灯，检查左侧转向灯是否正常闪烁；打开右转向灯，检查右侧转向灯是否正常闪烁；按下危险警告灯开关，检查两侧转向灯是否正常闪烁；将车辆挂入倒档，检查倒车灯是否正常点亮。

一、危险警告灯开关的拆检

1. 危险警告灯开关的拆卸
1）打开前舱盖，安装车外防护三件套。
2）关闭车辆电源。
3）使用内饰撬板拆卸仪表板罩盖。
4）使用内饰撬板拆卸危险警告灯开关和空调出风口。
5）断开危险警告灯开关线束插接器。
6）取下危险警告灯开关，并妥善放置。

2. 危险警告灯开关检查
1）危险警告灯开关为普通触点开关，可直接用测量电阻的方式判断其是否损坏。
2）取出万用表，将万用表调整至电阻测试档，并对万用表进行校表操作，检查万用表是否正常。
3）将万用表红黑表笔连接危险警告灯开关 2 号和 3 号接线端子，测量危险警告灯开关的电阻值。标准值为大于 10kΩ，若测量值与标准值不符，说明开关损坏，需更换。
4）按下危险警告灯开关，再次测量危险警告灯开关的电阻值，标准值为小于 1Ω。若测量值与标准值不符，则说明开关损坏，需更换。

3. 危险警告灯电路检测
　　危险警告灯电路如图 2-6-6 所示。当按下危险警告灯开关时电路导通，工作电源经供电熔丝 F2/38，经危险警告灯开关至 BCM。其中 G14-2 为信号线，G14-3 为电源线。
　　（1）检查蓄电池电压
　　将万用表调至直流电压档，使用万用表测量蓄电池电压，标准值为 11 ~ 14V。若电压过低，则需为蓄电池充电或更换新的蓄电池。
　　（2）检查熔丝
　　1）取下驾驶员侧隔声板，使用内饰撬板拆卸仪表板下护板。
　　2）断开仪表板下护板三个线束插接器，取下仪表板下护板，取下仪表板熔丝盒盖。
　　3）将万用表黑表笔连接车身搭铁，红表笔连接熔丝一端；测

图 2-6-6　危险警告灯电路

量熔丝供电电压，标准值为 11～14V。若所测值与标准值不符，可初步判断熔丝供电线路存在故障，需对熔丝供电线路进行检修。

4）以同样方法测量熔丝另一端，标准值为 11～14V。若所测值与标准值不符，需进一步测量熔丝本身。

5）断开蓄电池负极电缆，取下熔丝 F2/38。

6）使用万用表检测熔丝两端的电阻，标准值为应小于 1Ω。若与标准值不符，则可判断熔丝损坏，需更换。

7）将 F2/38 熔丝安装至熔丝盒内，安装仪表板熔丝盒盖，安装仪表板下护板三个线束插接器，安装仪表板下护板，安装驾驶员侧隔声板。

（3）检查 G14 电源电压

1）借助 208 接线盒中的引线，将万用表红表笔连接危险警告灯开关插接器的 3 号接线端子，黑表笔连接车身搭铁。

2）测量 G14 的供电电压，标准值为 11～14V。若测量值不符合标准，需进一步检查熔丝与 G14 之间的线束通断。

（4）检查 G14 信号电压

使用万用表检测 BCM G2H-21 号接线端子的信号电压，标准值为 11～14V。若所测值与标准值不符，需进一步测量 G14 与 BCM 之间线束通断。

4. 危险警告灯开关的安装

1）安装危险警告灯开关线束插接器。

2）将危险警告灯开关和空调出风口总成装入中央仪表板内，并将卡扣安装到位。

3）安装仪表板罩盖。

二、转向灯的拆检

1. 转向灯灯泡的拆卸

比亚迪 e5 上共有 6 个转向灯，下面以左前转向灯为例进行拆检。

1）取下前格栅保护垫。

2）拆下前保险杠，断开左前转向灯插接器。

3）逆时针旋出左前转向灯灯座，取下转向灯灯泡和灯座。

4）逆时针旋出转向灯灯泡，并妥善放置。

2. 转向灯灯泡的检测

1）转向灯灯泡可采用测量电阻的方式判断是否损坏。

2）将万用表调整至电阻测试档。

3）使用万用表测量转向灯灯泡电极两端的电阻，标准值小于 1Ω。

4）若测量值与标准值不符，则说明灯泡损坏，应更换。

3. 转向灯电路检测

转向灯电路如图 2-6-7 所示。F2/4 为转向灯的供电熔丝，左前侧转向灯插接器 B05（A）

的 2 号接线端子为左前转向灯灯泡供电，1 号接线端子为左前转向灯灯泡的搭铁，使用万用表即可测量其供电和搭铁是否正常。

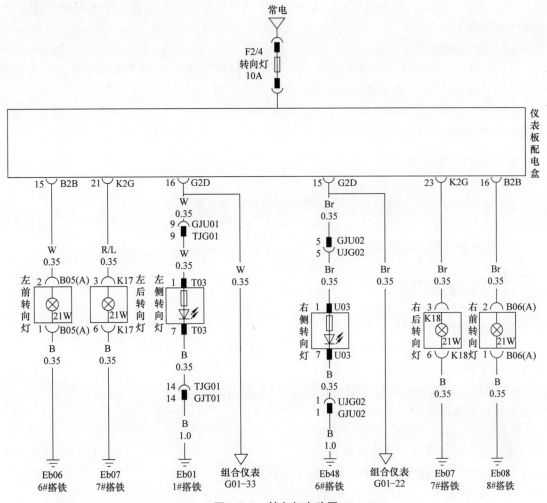

图 2-6-7　转向灯电路图

（1）检查熔丝

1）将万用表红表笔连接熔丝一端，黑表笔连接车身搭铁。

2）测量熔丝供电电压，标准值为 11~14V。若所测值与标准值不符，可初步判断熔丝供电线路存在故障，需对熔丝供电线路进行检修。

3）以同样方法测量熔丝另一端，标准值为 11~14V。若所测值与标准值不符，需进一步测量熔丝本身。

4）断开蓄电池负极电缆，取下熔丝 F2/4。

5）使用万用表检测熔丝两端的电阻，标准值为小于 1Ω。若与标准值不符，则可判断熔丝本体损坏，需更换。

（2）检查供电电压

1）打开车辆电源开关。

2）借助 208 接线盒中的合适引线，将万用表红表笔连接左前转向灯线束插接器 B05

（A）的 2 号接线端子，黑表笔连接车身搭铁。

3）打开左转向灯，检测转向灯供电电压，标准值为 11 ~ 14V。若测量值与标准值不符，需进一步检查转向灯 B05（A）的 2 号接线端子与仪表板配电盒 B2B 5 号接线端子之间的线束通断。

（3）检查搭铁

1）借助 208 接线盒中的合适引线，将万用表红表笔连接左前转向灯线束插接器 B05（A）的 1 号接线端子，黑表笔连接车身搭铁。

2）待万用表数值稳定后读取万用表数值，标准值为小于 1Ω。若测量值不符合标准，则说明线束断路，需修复或更换线束。

4. 转向灯灯泡的安装

1）顺时针旋转转向灯灯泡，将灯泡装入灯座内。

2）顺时针旋转转向灯灯座，将灯泡和灯座一同装入左前前照灯内。

3）连接插接器，安装前保险杠。

三、倒车灯的拆检

1. 倒车灯灯泡的拆卸

车辆尾部左右两侧共有两个倒车灯，其拆检方法一样，下面以左侧倒车灯为例进行介绍。

1）使用卡扣起子拆卸行李舱左护板 4 个固定卡扣，拆卸行李舱左护板，断开倒车灯线束插接器。

2）使用 10mm 套筒、棘轮扳手组合工具，拆卸尾灯的 3 个固定螺栓，取下尾灯总成，并妥善放置。

3）逆时针旋出倒车灯灯座，取下倒车灯灯泡和灯座。

4）逆时针旋出倒车灯灯泡，并妥善放置。

2. 倒车灯灯泡检测

1）倒车灯灯泡可采用测量电阻的方式判断是否损坏。

2）将万用表调整至电阻测试档。

3）使用万用表测量灯泡电极两端电阻。若测量值与标准值不符，则说明灯泡损坏，应更换。

3. 倒车灯电路检测

倒车灯电路如图 2-6-8 所示。左侧倒车灯插接器 K17 的 4 号接线端子为左侧倒车灯灯泡供电，6 号接线端子为左侧倒车灯搭铁。使用万用表测量供电和搭铁是否正常。

（1）检测倒车灯供电电压

1）打开车辆电源开关，踩下制动踏板，将车辆挂入倒档。

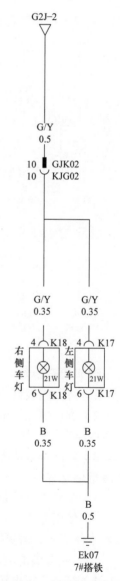

图 2-6-8　倒车灯电路图

2）将万用表调整至直流电压档，借助 208 接线盒中的引线，将万用表红表笔连接左倒车灯线束插接器 K17 的 4 号接线端子，黑表笔连接车身搭铁。

3）检测倒车灯供电电压，标准值为 11～14V。若测量值不符合标准，需进一步检查倒车灯 K17-4 与 G2J-2 之间的线束通断。

（2）检查倒车灯搭铁

1）将万用表调整至电阻测试档，借助 208 接线盒中的引线，将万用表红表笔连接左倒车灯线束插接器 K17 的 6 号接线端子，黑表笔连接车身搭铁。

2）测量倒车灯搭铁，标准值应小于 1Ω。若测量值不符合标准，则说明线束断路，需修复或更换线束。

3）测量完毕，取出引线和万用表。

4. 倒车灯灯泡的安装

1）顺时针旋转倒车灯灯泡，将灯泡装入灯座内。

2）顺时针旋转倒车灯灯座，将灯泡和灯座一同装入后尾灯总成内。

3）将尾灯总成放置在合适位置，用手旋入 3 个固定螺栓，使用 10mm 套筒、棘轮扳手组合工具，安装尾灯的 3 个固定螺栓。

4）连接尾灯插接件，安装行李舱左侧护板，安装行李舱左护板 4 个固定卡扣，安装蓄电池负极电缆。

四、整理清洁

按照 7S 管理标准，整理工具、场地和设备。

任务练习

一、选择题

1. 转向信号灯系统电路主要由（　　）等组成。
  A. 转向信号灯、闪光器、开关、转向指示灯、熔断装置及线路
  B. 转向信号灯、闪光器、转向指示灯、熔断装置及线路
  C. 转向信号灯、开关、转向指示灯、熔断装置及线路
  D. 闪光器、开关、转向指示灯、熔断装置及线路

2. 关于闪光器的主要类型，常用的类型是（　　）。
  A. 热线式　　　　　B. 电容式　　　　　C. 电子式　　　　　D. 电热式

二、判断题

1. 转向信号灯按一定时间间隔闪烁是由闪光器实现的。　　　　　　　　　　（　　）

2. 转向灯灯泡可采用测量电阻的方式，判断是否损坏。　　　　　　　　　　（　　）

3. 当遇到危险情况时，接通危险警告灯开关，所有转向信号灯同时闪烁，作为危险报警信号。　　　　　　　　　　　　　　　　　　　　　　　　　　　　　　　　（　　）

4. 电子式闪光器具有结构简单、体积小、性能稳定、可靠性高、使用寿命长等特点。

（　　）

5. 电子式闪光器分为有触点电子闪光器与无触点电子闪光器两种。　　（　　）

6. 危险警告灯控制电路一般由左、右转向灯，闪光器以及危险警告灯开关组成。

（　　）

7. 危险警告灯控制电路为蓄电池正极→点火开关→危险警告灯开关→左、右转向灯及转向指示灯→闪光器→搭铁。　　（　　）

8. 倒车灯用来在倒车时照亮车后的区域。　　（　　）

9. 手动变速器车型通常将倒车灯开关装在变速杆的倒档位置。　　（　　）

10. 倒车灯灯泡可采用测量电阻的方式，判断是否损坏。　　（　　）

三、简答题

简述倒车灯灯泡的拆卸步骤。

任务七　仪表警告灯检测维修

一辆 2019 款比亚迪 e5 电动汽车，行驶了 40000km，客户李先生反映车辆仪表不工作。你能够根据客户反映的这一现象，初步判断是哪儿出现了故障吗？请学习相关知识，帮助客户分析故障原因，并在此基础上整理出你后面需要做的具体工作，从而有效处理当前故障。

学习目标

1）能够正确叙述仪表警告灯的作用。
2）能够正确分辨不同颜色仪表警告灯的含义。
3）能够独立完成比亚迪 e5 组合仪表拆装。
4）能够独立完成比亚迪 e5 组合仪表电路检测。

知识储备

仪表警告灯用来指示车辆各系统和设备的工作状况。其中红色警告灯通常代表发生严重故障，需要立即靠边停车检修；黄色警告灯通常表示车辆有异常，需要找个安全的地方进行检修；绿色则表示是正常的行驶状况。常见汽车警告灯、指示灯图形符号及含义见表 2-7-1。

表 2-7-1　常见汽车警告灯、指示灯图形符号及含义

名称	符号	含义	名称	符号	含义
雾灯指示灯		指示前后雾灯的工作状态	清洗液指示灯		指示风窗玻璃清洗液容量情况
远光指示灯		指示远光灯的工作状态	制动器磨损警告灯		指示行车制动器的磨损情况
示宽指示灯		指示汽车示宽灯的工作状态	冷却液温度指示灯		指示发动机冷却液的温度情况
转向指示灯		指示转向信号灯的工作状态	ABS 指示灯		指示防抱死制动系统的工作情况
车门未关指示灯		指示车门的关闭状况	燃油量指示灯		指示燃油量储备情况
安全带指示灯		指示安全带是否处于锁止状态	充电指示灯		指示汽车电源系统的工作情况
驻车制动器指示灯		指示驻车制动器的工作状态	机油压力指示灯		指示汽车机油压力情况
气囊系统指示灯		指示安全气囊系统的工作状态	发动机故障指示灯		指示发动机电子控制系统的工作情况

实训演练

实训工具与准备：

1）工具：150 件工具套件、定扭式扭力扳手、208 接线盒、万用表、内饰撬板。

2）设备：2019 款比亚迪 e5 汽车、工作台。

3）资料及耗材：2019 款比亚迪 e5 汽车维修手册、《新能源汽车电气系统检修》教材、抹布等。

4）个人防护用品：劳保鞋。

组合仪表拆装与检测

一、比亚迪 e5 汽车组合仪表拆装

在拆卸组合仪表前，需要检查仪表基本状况。打开车辆电源开关，检查仪表背景灯是否正常点亮。按下仪表板亮度调节开关，检查仪表背光灯是否有明暗变化。

1. 比亚迪 e5 汽车组合仪表拆卸

1）断开蓄电池负极电缆。

2）使用内饰撬板拆卸组合仪表下护板固定卡扣，轻轻拉出下护板。

3）断开组合仪表线束插接器，取下仪表板下护板，放置在合适位置。

4）使用十字槽螺钉旋具拆卸方向盘下护板下部 1 个固定螺栓。

5）使用十字槽螺钉旋具拆卸方向盘下护板顶部 2 个自攻螺钉。

6）取下方向盘下护板，取下方向盘上护板。

7）使用内饰撬板拆卸组合仪表罩板的固定卡扣，使仪表罩盖与组合仪表分离。

8）取下组合仪表罩盖，并妥善放置。

9）使用十字槽螺钉旋具拆卸组合仪表下部的 2 个自攻螺钉。

10）使用梅花套筒、接杆、棘轮扳手组合工具，拆卸组合仪表上部 1 个自攻螺钉。

11）轻轻拉出组合仪表，并调整组合仪表至合适位置。

12）断开组合仪表线束插接器，取出组合仪表。

2. 比亚迪 e5 汽车组合仪表安装

1）安装组合仪表线束插接器。

2）将组合仪表安装至规定位置。

3）使用梅花套筒、接杆、棘轮扳手组合工具，安装组合仪表上部的 1 个自攻螺钉。

4）使用十字槽螺钉旋具依次安装组合仪表下部 2 个自攻螺钉。

5）安装组合仪表罩盖，并将卡扣安装到位。

6）依次安装方向盘上护板和下护板，并将卡扣安装到位。

7）安装方向盘下护板上部的 2 个固定螺栓，必要时转动方向盘。

8）使用十字槽螺钉旋具拆卸方向盘下护板下部的 1 个固定螺栓。

9）安装组合仪表下护板线束插接器。

10）安装组合仪表下护板，并将卡扣安装到位。

11）安装蓄电池负极电缆。

二、完成比亚迪 e5 仪表 CPU 工作电路检测

比亚迪 e5 组合仪表 CPU 的电路图如图 2-7-1 所示。组合仪表 CPU 有两路电源，分别为常电电源和 IGI 电源。常电电源经 F2/42 熔丝，通过组合仪表 G01/39 给仪表 CPU 提供工作电压。IGI 电源在电源开关打开时，经 F2/33 熔丝，通过组合仪表 G01/38 给仪表 CPU 提供工作电压。同时仪表 CPU 经 G01/11 和 G01/12 两个接线端子搭铁与车身相连。

1. 熔丝检测

1）取出万用表，并对万用表进行校表操作，检查万用表是否正常。

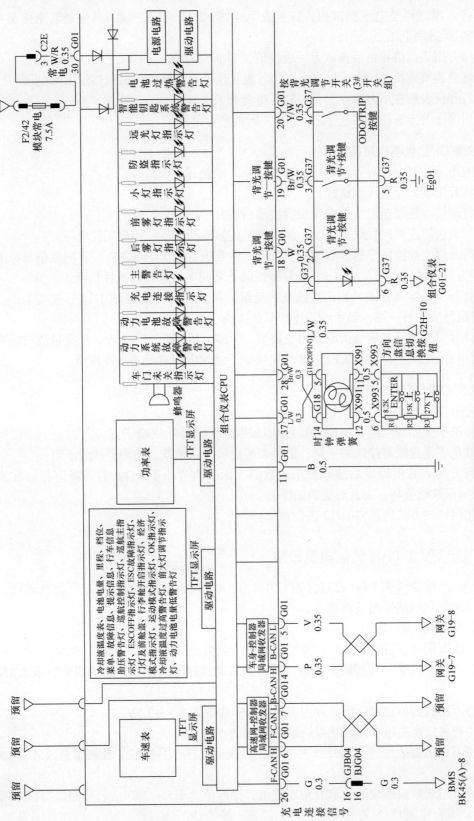

图 2-7-1　比亚迪 e5 组合仪表 CPU 电路图

2）将万用表调至电压测试档，红色表笔连接 F2/42 熔丝进端，黑色表笔连接车身搭铁，检测熔丝进端电压。

3）待万用表数值稳定后读取万用表数值，标准值为 11～14V。

4）红色表笔连接 F2/42 熔丝出端，黑色表笔连接车身搭铁，检测熔丝出端电压。

5）打开仪表板左下方熔丝盒盖，打开电源开关。

6）用同样的方法检测熔丝 F2/33，并判断其是否正常。

2. 仪表 CPU 供电电路检测

1）取出万用表，并对万用表进行校表操作，检查万用表是否正常。

2）将万用表调至电压测试档。

3）将跨接线连接至组合仪表线束插接器的 G01/39 号接线端子。

4）红色表笔连接跨接线另一端，黑色表笔连接车身搭铁，检测工作电压。

5）待万用表数值稳定后读取万用表数值，标准电压值为 11～14V。若测量值与标准值不符，则需对熔丝输出端至 G01 的 39 号接线端子之间电路进行通断性检测。

6）打开车辆电源开关，将跨接线连接至组合仪表线束插接器 G01/38 号接线端子。红色表笔连接跨接线另一端，黑色表笔连接车身搭铁，检测供电电压。

7）待万用表数值稳定后读取万用表数值，标准电压值为 11～14V。若测量值与标准值不符，则需对熔丝输出端至 G01 的 38 号接线端子之间电路进行通断性检测。

3. 仪表 CPU 搭铁电路检测

1）将万用表调至电阻测试档。

2）将跨接线连接至组合仪表 G01 线束插接器的 11 号接线端子。

3）红色表笔连接跨接线另一端，黑色表笔连接车身搭铁，检测搭铁线电阻。

4）待万用表数值稳定后读取万用表数值，标准值为小于 1Ω。若测量值与标准值不符，则说明搭铁线损坏，需及时更换或维修。

5）用同样的方法检测 G01/12 搭铁情况。

三、组合仪表 CAN 通信电路检测

比亚迪 e5 组合仪表 CPU 通过仪表 G01/4 和 G01/5 接线端子与网关进行信息通信。组合仪表 CAN 通信电路检测步骤如下：

1）打开车辆电源开关。

2）确认万用表在直流电压档，将跨接线连接至组合仪表线束插接器 G01/4。

3）将万用表红表笔连接跨接线另一端，黑表笔连接车身搭铁，检测组合仪表 CAN-H 信号电压。

4）待万用表数值稳定后读取万用表数值，标准值为 2.5～3.5V。

5）将跨接线连接组合仪表线束插接器 G01 的 5 号接线端子。

6）将万用表红表笔连接跨接线另一端，黑表笔连接车身搭铁，检测组合仪表 CAN-L 信号电压。

7）待万用表数值稳定后读取万用表数值，标准值为 1.5～2.5V。若检测值与标准值不符，可能是组合仪表 CAN 存在相关故障，需进一步检修。

四、仪表背光灯调节开关电路检测

背光灯调节开关通过三条电路与组合仪表 CPU 之间进行信息通信,分别为 G37/2-G01/18、G37/2-G01/19、G37/4-G01/20;背光灯调节开关从 G37/5 经 Eg01 搭铁。

1. 背光灯调节开关电源电路检测

1)断开蓄电池负极电缆。

2)将跨接线连接组合仪表线束插接器 G01 的 18 号接线端子。

3)将跨接线连接仪表灯调节开关 G37 线束插接器的 2 号接线端子。

4)将万用表红黑表笔分别连接两根跨接线的两端,检测电路电阻。

5)待万用表数值稳定后读取万用表数值,标准值为小于 0.5Ω。

6)以同样方法测量线束插接器 G01 的 19 号接线端子到线束插接器 G37 的 3 号接线端子的电路电阻。

7)以同样方法测量线束插接器 G01 的 20 号接线端子和线束插接器 G37 的 4 号接线端子的电路电阻。若测量值与标准值不符,则说明背光灯调节供电电路线束损坏,需及时更换或维修。

2. 背光灯调节开关搭铁电路检测

1)将跨接线连接仪表灯调节开关 G37 线束插接器的 5 号接线端子。

2)将万用表红表笔连接跨接线另一端,黑表笔连接车身搭铁,检测搭铁电路电阻。

3)待万用表数值稳定后读取万用表数值,标准值为小于 1Ω。

4)若测量值与标准值不符,则说明背光灯调节搭铁线束损坏,需及时更换或维修。

五、整理清洁

按照 7S 管理标准,整理工具、场地和设备。

任务练习

一、选择题

1.( )的仪表警告灯通常表示车辆发生严重故障,需要立即靠边停车检修。

　A. 黄色　　　　　　　　B. 红色　　　　　　　　C. 绿色　　　　　　　　D. 蓝色

2.( )的仪表警告灯通常表示车辆有一般故障,需要在安全的地方停车进行检修。

　A. 黄色　　　　　　　　B. 红色　　　　　　　　C. 绿色　　　　　　　　D. 蓝色

3.( )的仪表警告灯通常表示车辆处于正常工作状态。

　A. 黄色　　　　　　　　B. 红色　　　　　　　　C. 绿色　　　　　　　　D. 蓝色

二、判断题

1. 在拆卸组合仪表前,需要检查仪表基本状况。打开车辆电源开关,检查仪表背景灯是否正常点亮。　　　　　　　　　　　　　　　　　　　　　　　　　　　( )

2. 按下仪表板亮度调节开关，检查仪表背光灯是否有明暗变化。　　　（　　）

3. 组合仪表 CPU 供电电压的检测，需要在蓄电池正极电缆连接的情况下进行。（　　）

4. 检测电路电阻时，需要断开蓄电池的负极电缆。　　　　　　　　　（　　）

5. 驾驶员信息系统的主要作用是为驾驶员及前排乘员提供重要的信息。　（　　）

6. 拆卸过程中，需要适当调整方向盘位置，以便自攻螺钉拆卸。　　　（　　）

7. 若测量值与标准值不符，可能是熔丝损坏，需要进一步检测熔丝电阻。（　　）

8. 将万用表红表笔连接跨接线另一端，黑表笔连接车身搭铁，检测搭铁电路电阻。

（　　）

三、简答题

简述组合仪表 CAN 通信线路的检测。

任务八　喇叭系统检测维修

一辆 2019 款比亚迪 e5 电动汽车，行驶了 35000km。客户李先生反映按下喇叭按钮时，喇叭有响声，但是响声不正常、很单一。你能够根据客户反映的这一现象，初步判断是哪儿出现了故障吗？请学习相关知识，帮助客户分析故障原因，并在此基础上整理出你后面需要做的具体工作，从而有效处理当前故障。

学习目标

1）能够正确叙述喇叭的作用及其分类。

2）能够描述喇叭的工作原理。

3）能够正确分析喇叭的电路图。

4）能够独立完成比亚迪 e5 高低音喇叭的拆装检测。

5）能够独立完成比亚迪 e5 喇叭按钮的拆装检测。

知识储备

喇叭是汽车的声音信号装置。在汽车的行驶过程中，驾驶员根据需要和规定发出必需的声音信号，提醒行人和引起其他车辆注意，保证行车安全，同时还用于催行与传递信号。

一、喇叭的类型

汽车喇叭主要有电喇叭和气喇叭两种。电喇叭按外形不同，可以分为螺旋形、盆形、筒形三类。图 2-8-1 为螺旋形电喇叭，图 2-8-2 为盆形电喇叭，图 2-8-3 为筒形电喇叭。

图 2-8-1　螺旋形电喇叭

图 2-8-2　盆形电喇叭

图 2-8-3　筒形电喇叭

按喇叭的声频不同可以分为高音和低音两种。其中高音喇叭发声膜片厚、扬声筒短，低音喇叭则相反。图 2-8-4 为低音喇叭，图 2-8-5 为高音喇叭。按喇叭音质分为单音喇叭、双音喇叭和三音喇叭。按喇叭有无触点分为有触点式喇叭和无触点式喇叭。按喇叭的接线方式分为单线制喇叭和双线制喇叭。

图 2-8-4　低音喇叭

图 2-8-5　高音喇叭

二、喇叭工作原理

1. 气喇叭工作原理

气喇叭的工作原理是利用压缩空气的气流使金属膜片振动而发出声音，因此必须在带有空气压缩机的汽车上方能使用。因为气喇叭音量大、余音好、声音悦耳且传播较远，一般在大客车和重型货车上装有气喇叭。特别是长途运输车辆在山区或弯道等地段行驶时，用气喇叭鸣叫能有效地提醒行人和对方来车驾驶员的注意。气喇叭一般采用筒形，并使用高音与低音两个喇叭配合工作。

2. 电喇叭工作原理

电喇叭的工作原理是利用电磁吸力使金属膜片振动而发出声音。触点式电喇叭利用触点的闭合与断开控制电磁线圈中励磁电流的通断，从而使铁心或衔铁以一定频率做上下移动，并带动金属膜片振动而产生声音。无触点式电喇叭利用电子线路来控制电磁线圈中励磁电流的通断，使铁心以一定频率移动，并带动金属膜片振动而产生声响。

三、喇叭电路分析

电喇叭控制电路主要由电源、熔丝、喇叭继电器、喇叭按钮、喇叭及连接线路组成，如图 2-8-6 所示。当按下喇叭按钮时，喇叭继电器线圈电路接通，继而继电器触点闭合接通喇叭电路，使喇叭发声。松开喇叭按钮后继电器线圈断电，触点在自身弹力作用下张开，切断喇叭电路，喇叭停止发声。

图 2-8-7 为比亚迪·秦汽车喇叭电路图。当喇叭按钮向 MCU 提供信号时，此信号由多路集成控制单元接收，并控制喇叭继电器工作使喇叭发出声响。电喇叭声音的大小与通过喇叭线圈的电流大小有关。当触点预压力增大时，流经喇叭线圈的电流增大，使喇叭产生的音量增大，反之音量减小。

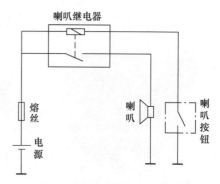

图 2-8-6　电喇叭控制电路图

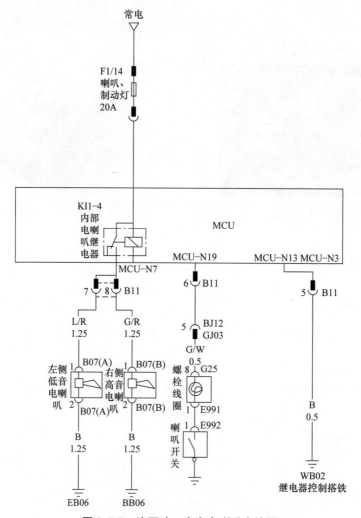

图 2-8-7　比亚迪·秦汽车喇叭电路图

实 训 演 练

实训工具与准备：

1）工具：150 件工具套件、208 接线盒、万用表、内饰撬板。

2）设备：2019 款比亚迪 e5 汽车、工作台。

3）资料及耗材：2019 款比亚迪 e5 汽车维修手册、《新能源汽车电气系统检修》教材、抹布等。

4）个人防护用品：劳保鞋。

喇叭系统检测维修

一、高低音喇叭的拆装检测

比亚迪 e5 高低音喇叭的电路图如图 2-8-8 所示。蓄电池电压经 F1/26 熔丝和 K4-3 为喇叭继电器供电，B07（A）的 1 号接线端子为低音喇叭供电线，2 号接线端子为低音喇叭搭铁线；B07（B）的 1 号接线端子为高音喇叭供电线，2 号接线端子为高音喇叭搭铁线。如果喇叭出现异常，可以推测出可能存在的故障有蓄电池电压不足、熔丝故障、继电器故障、B07（A）和 B07（B）线路故障、喇叭损坏等。

1. 蓄电池电压检测

取出万用表，并对万用表进行校表操作，检查万用表是否正常。使用万用表测量蓄电池电压，标准值为 11 ～ 14V。若电压过低，则需为蓄电池充电或更换新的蓄电池。

2. 熔丝检测

1）将万用表红表笔连接 F1/26 熔丝的一端，黑表笔连接车身搭铁。

2）测量熔丝供电电压，标准值为

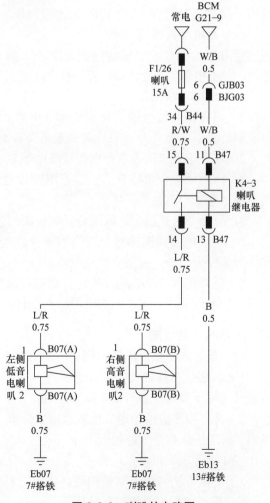

图 2-8-8　喇叭的电路图

11～14V。若所测值与标准值不符，可初步判断熔丝供电线路存在故障，需对熔丝供电线路进行检修。

3）以同样方法检测F1/26熔丝的另一端，标准值为11～14V。若所测值与标准值不符，需进一步测量熔丝本体。

4）断开蓄电池负极，取下熔丝F1/26，使用万用表检测熔丝两端的电阻，标准电阻值为小于1Ω。若与标准值不符，则可判断熔丝损坏，需更换。

3. 喇叭继电器检查

（1）继电器供电电路检测

1）打开继电器盒，找到喇叭继电器，并拔掉继电器。

2）将万用表的红表笔接继电器底座B47的15号端子，黑表笔接蓄电池负极，检测供电电压，标准值为11～14V。若检测值不在标准范围以内，需要检测继电器座B47的11号端子到BCM之间的供电电路或连接导线。

3）将万用表的红表笔接继电器底座B47的11号端子，黑表笔接蓄电池负极，检测供电电压，标准值为11～14V。若检测值不在标准范围以内，需要检测继电器座B47的11号端子到BCM之间的供电电路或连接导线。

（2）继电器搭铁线检测

将万用表的红表笔接继电器底座B47的16号端子，黑表笔接车身搭铁，检测搭铁线电阻，标准电阻值小于1Ω。若不符合标准需要更换搭铁线束。

（3）继电器检测

1）将万用表红黑表笔分别连接继电器线圈两端，检测线圈电阻，待万用表数值稳定后读取数值，标准值为85Ω。若测量值与标准值不符，则说明继电器线圈损坏。

2）将万用表红黑表笔分别连接继电器触点两端，检测其电阻。

3）待万用表数值稳定后读取万用表数值，标准值为无穷大，若测量值与标准值不符，则说明继电器内部触点损坏。

4）打开208接线盒，取出合适的连接线连接继电器线圈两端。

5）将继电器线圈端两个接线端子分别连接蓄电池正负极，检查继电器是否有吸合动作。若无吸合动作，则需更换继电器。

6）将万用表红黑表笔分别连接继电器触点端，测量电阻值，标准值为小于1Ω。若测量值与标准值不符，则说明继电器触点工作不良，需要更换继电器。

4. 喇叭电路检测

（1）低音喇叭供电电压检测

1）检测过程需要两个人配合操作，一个人坐在驾驶室按下喇叭按钮，另一个人将万用表红表笔连接低音喇叭线束插接器B07（A）的1号接线端子，黑表笔连接车身搭铁。

2）待万用表数值稳定后读取万用表数值，标准值为11～14V。若检测值不在标准范围以内，需进一步检查线路的通断。

（2）高音喇叭供电电压检测

1）测量方法与低音喇叭相同，将万用表红表笔连接高音喇叭线束插接器B07（B）的1号接线端子，黑表笔连接车身搭铁。

2）待万用表数值稳定后读取万用表数值，标准值为 11 ~ 14V。若检测值不在标准范围以内，需进一步检查线路的通断。

5. 高低音喇叭的拆卸

1）关闭车辆电源，取下前格栅保护垫。

2）使用 10mm 套筒、接杆、棘轮扳手组合工具，拆卸前格栅和散热器上横梁上的 4 个固定螺栓，打开车门，拉起充电接口盖板。

3）使用 10mm 套筒、接杆、棘轮扳手组合工具，拆卸前格栅与充电接口安装支架上的 4 个组合螺栓。

4）使用内饰撬板拆卸前保险杠左右 2 个固定卡扣。

5）举升车辆至合适位置。

6）使用棘轮扳手、接杆、8mm 套筒拆卸前保险杠 6 个固定螺栓，并取下。

7）降下车辆，两个人配合拆卸保险杠的 14 个卡扣。

8）断开照明灯线束、充电接口盖拉索、充电接口盖开关线束，取下前保险杠总成，并妥善放置。

9）断开高低音喇叭线束插接器。

10）使用 10mm 扳手拆卸高音喇叭 1 个固定螺栓，取下高音喇叭，并妥善放置。

11）使用 10mm 扳手拆卸低音喇叭 1 个固定螺栓，取下低音喇叭，并妥善放置。

6. 喇叭器件检查

1）使用万用表检测低音喇叭电磁线圈的电阻，标准值为 1.5Ω。若测量值与标准不符，则说明低音喇叭电磁线圈损坏，需更换低音喇叭。

2）以同样方法检测高音喇叭电磁线圈的电阻，标准值为 1.5Ω。若测量值与标准不符，则说明高音喇叭电磁线圈损坏，需更换高音喇叭。

3）打开 208 接线盒，取出合适的连接线连接高音喇叭的 2 个接线端子。

4）将高音喇叭 2 个接线端子分别连接蓄电池正负极，检查高音喇叭是否鸣响，若无鸣响，则说明高音喇叭损坏，需更换。

5）用连接线连接低音喇叭的 2 个接线端子。

6）将低音喇叭 2 个接线端子分别连接蓄电池正负极，检查低音喇叭是否鸣响，若无鸣响，则说明低音喇叭损坏，需更换。

7. 高低音喇叭安装

1）使用 10mm 套筒、接杆、棘轮扳手组合工具，安装低音喇叭 1 个固定螺栓，安装低音喇叭线束插接器。

2）使用 10mm 套筒、接杆、棘轮扳手组合工具，安装高音喇叭 1 个固定螺栓，安装高音喇叭线束插接器。

3）安装前保险杠总成至合适位置，安装前格栅上的充电接口拉索、照明灯线束、充电接口盖开关线束，并将保险杠孔位与车身孔位对齐。

4）举升车辆至合适位置，使用 10mm 套筒、接杆、棘轮扳手组合工具，安装保险杠下方 6 个固定螺栓。

5）降下车辆至合适位置，安装保险杠左右 2 个固定卡扣。

6）使用 10mm 套筒、接杆、棘轮扳手组合工具，安装前格栅与充电接口安装支架上的 4 个固定螺栓，盖上充电接口盖。

7）使用 10mm 套筒、接杆、棘轮扳手组合工具，安装前格栅和散热器上横梁上的 4 个固定螺栓，安装前格栅保护垫。

二、喇叭按钮的拆装检测

1. 喇叭按钮拆检

 注意事项：检查喇叭按钮前，需拆下安全气囊组件。

（1）安全气囊模块拆卸

1）确保车辆点火开关处于 OFF 位置，断开蓄电池负极。

2）使用 T30 套筒、接杆、棘轮扳手拧松安全气囊 2 个固定螺栓，螺栓不可取出。

3）断开安全气囊线束插接器，取出安全气囊组件，并妥善放置。

4）断开喇叭线束插接器。

注意事项：在拆卸安全气囊前应先将点火开关退至 OFF 位置，并拆下蓄电池负极搭铁线，等待 90s 以上，方可进行拆卸操作，否则可能导致安全气囊意外展开。安全气囊组件不可置于无人看管的地方，可放置到专门的工具车保存。存放时，应将安全气囊组件正面朝上。

（2）喇叭按钮检测

喇叭按钮电路图如图 2-8-9 所示。喇叭线束插接器是通过搭铁来传输信号的，所以可以将喇叭按钮线束插接器进行搭铁来检查喇叭按钮是否正常。打开 208 接线盒，取出合适的连接线连接喇叭线束插接器，将喇叭线束插接器与车身搭铁相连，检查喇叭是否鸣响。

2. 喇叭按钮拆装

（1）喇叭按钮拆卸

1）使用棘轮扳手、接杆、5mm 内六角套筒，依次拆卸喇叭的 3 个固定螺栓，依次取下固定螺栓和橡胶垫圈。

2）取出喇叭按钮，取下喇叭按钮背部 3 个弹簧。

3）取下喇叭按钮，并妥善放置。

（2）喇叭按钮安装

1）将喇叭按钮背部 3 个弹簧安装至合适位置，将喇叭按钮对准孔位，安装至方向盘内。

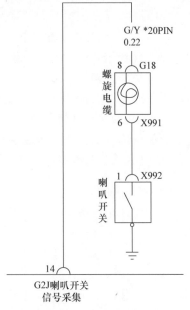

图 2-8-9　喇叭按钮电路图

2）安装喇叭按钮固定螺栓橡胶垫圈，使用棘轮扳手、接杆、5mm 内六角套筒，安装喇叭 3 个固定螺栓。

3）安装喇叭线束插接器，将安全气囊模块安装至方向盘内。

4）使用 T30 套筒、接杆、棘轮扳手组合工具，安装安全气囊 2 个固定螺栓。

三、整理清洁

按照 7S 管理标准，整理工具、场地和设备。

任务练习

一、选择题

1. 电喇叭配用电喇叭继电器的目的是（　　）。

  A. 使电喇叭能通过较大的电流　　　　　　B. 保护电喇叭按钮触点

  C. 使电喇叭的声音更响　　　　　　　　　D. 以上说法均正确

2. 电喇叭控制电路组成不包括（　　）。

  A. 电源　　　　　　　　　　　　　　　　B. 喇叭按钮

  C. 喇叭继电器　　　　　　　　　　　　　D. 喇叭控制器

3. 气喇叭的工作原理是利用压缩空气的气流使（　　）而发出声音。

  A. 金属膜片振动　　　　　　　　　　　　B. 连接管路振动

  C. 控制开关振动　　　　　　　　　　　　D. 喇叭外壳振动

二、判断题

1. 电喇叭按外形不同，可以分为螺旋形、盆形、筒形三类。　　　　　　（　　）

2. 一般在大客车和重型货车上都装有气喇叭，特别是长途运输车在山区或弯道等地段行驶时，用气喇叭鸣叫，能有效地提醒行人和对方来车驾驶员的注意。　　（　　）

3. 气喇叭音量大、余音好、声音悦耳但是传播不远。　　　　　　　　　（　　）

4. 喇叭是汽车的音响信号装置。在汽车的行驶过程中，驾驶员根据需要和规定发出必需的音响信号，警告行人和引起其他车辆注意，保证行车安全，同时还用于催行与传递信号。　　　　　　　　　　　　　　　　　　　　　　　　　　　　　　　　（　　）

5. 无触点式电喇叭利用电子线路来控制电磁线圈中励磁电流的通断，使铁心以一定频率移动，并带动金属膜片振动而产生音响。　　　　　　　　　　　　　　　（　　）

6. 当喇叭按钮松开时，继电器线圈中的电流中断，触点打开，喇叭即停止发声。

                                           （　　）

7. 电喇叭声音的大小与通过喇叭线圈的电流大小无关。　　　　　　　　（　　）

8 当喇叭触点预压力增大时，流过喇叭线圈的电流增大，使喇叭产生的音量增大，反之音量减小。　　　　　　　　　　　　　　　　　　　　　　　　　　　　　（　　）

三、简答题

简述电喇叭的工作原理。

任务九 刮水器及风窗洗涤器检测维修

一辆 2019 款比亚迪 e5 电动汽车，行驶了 70000km。客户李先生反映打开车辆刮水器喷水开关时，喷淋装置不工作，但此时洗涤液充足。你能够根据客户反映的这一现象，初步判断是哪儿出现了故障吗？请学习相关知识，帮助客户分析故障原因，并在此基础上整理出你后面需要做的具体工作，从而有效处理当前故障。

学习目标

1）能够正确叙述刮水器和风窗洗涤器的组成。
2）能够描述刮水器和风窗洗涤器的工作原理。
3）能够独立完成风窗洗涤器工作电路检测。
4）能够独立完成风窗洗涤器电动机拆装与检测。

知识储备

一、刮水器和风窗洗涤器组成

1. 刮水器组成

刮水器主要由直流电动机、传动机构、刮水臂、刮水片等组成，系统结构如图 2-9-1 所示。电动机产生刮水器的动力，传动机构由蜗杆、蜗轮和若干个连杆、摆杆组成，蜗轮蜗杆将直流电动机的动力通过连杆传递至刮水臂，使其带动刮水片摆动。刮水臂及刮水片如图 2-9-2 所示。

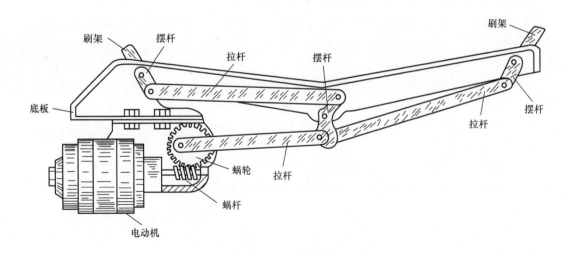

图 2-9-1 刮水器的结构

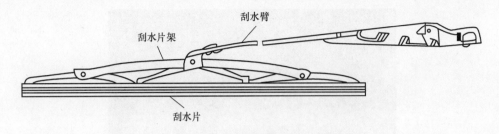

图 2-9-2　刮水臂及刮水片

2. 风窗洗涤器的组成

刮水器与风窗洗涤器配合使用可以更好地消除附着在风窗玻璃上的灰尘污物，获得更好的刮水效果。风窗洗涤器的组成如图 2-9-3 所示，主要有储液罐、洗涤泵、软管和喷嘴等。洗涤泵由直流电动机和离心叶片泵组成，其作用是将洗涤液加压，一般安装在储液罐内，也有安装在管路内的。喷嘴的安装一般有两种形式，一种是在前围板总成的左右两侧各安装一个喷嘴，各自冲洗规定区域。另一种是安装在刮水臂内，当刮水臂作弧形刮水运动时，喷嘴即可向风窗玻璃喷射洗涤液。洗涤液一般为硬度不超过 205×10^{-6} 的清水或由水与添加剂混合而成，为了能刮掉风窗玻璃上的油、蜡等物质，可在水中添加少量的去垢剂和防锈剂。冬季使用洗涤器时，为防止洗涤液冻结，应添加甲醇、异丙醇、甘醇等防冻剂，再添加少量的去垢剂和防锈剂。

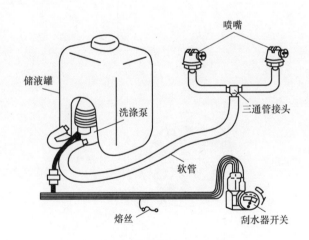

图 2-9-3　风窗洗涤器的组成

二、刮水器和风窗洗涤器的工作原理

（1）刮水器开关

刮水器开关为组合开关的一部分，如图 2-9-4 所示，一般安装于方向盘的右下侧，上下拨动可实现间歇、低速、高速和点动刮水，驾驶员可根据需要选择高速或低速刮水。向方向盘的方向拉动操纵杆，将启动风窗清洗刮水功能。

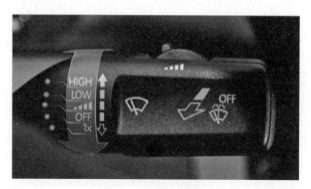

图 2-9-4　刮水器开关

（2）变速原理

永磁式刮水器电动机是利用三个电刷通过改变正、负电刷之间串联线圈的匝数来实现变速的。工作原理如图 2-9-5 所示。

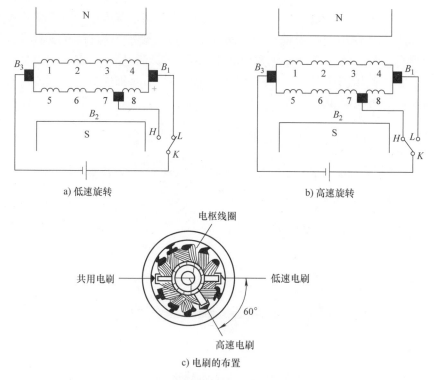

图 2-9-5　永磁式刮水器电动机工作原理

（3）复位原理

当驾驶员关闭刮水器开关时，如果刮水片停留在风窗玻璃中间，将会影响驾驶员视线。因此当刮水片未停留在初始位置时，刮水器电动机将在刮水器开关关闭的状态下，继续运转直至刮水片到达初始位置，即风窗玻璃最下端处静止。此功能为复位功能，常见的有铜环式和凸轮式两种。

铜环式刮水器复位装置在蜗轮上嵌有铜环，如图 2-9-6 所示。此铜环由两部分组成，其中一部分与电动机外壳相连（即搭铁）。触点臂具有弹性，当蜗轮转动时，触点、蜗轮的端面和铜环保持接触。开关在 OFF 位置时，如果刮水片没有停止到规定的位置，如图 2-9-6b 所示。由于触点与铜环相接触，则电流继续流入电枢，电动机仍以低速运转直至蜗轮旋转至图 2-9-6a 的位置，控制电路中断。

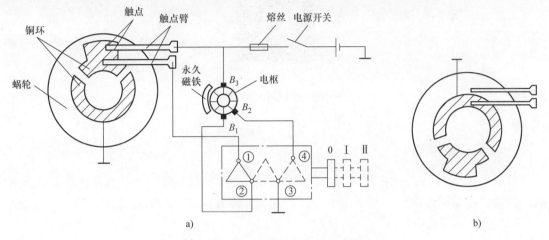

a)　　　　　　　　　　　　　　　　　　　b)

图 2-9-6　铜环式刮水器复位控制电路

凸轮式刮水器复位控制电路如图 2-9-7 所示。凸轮与电枢轴连动，复位开关触点由凸轮控制。当断开刮水器开关时，刮水片没有停在规定位置，触点继续闭合电动机持续运动，直到刮水器回到初始位置为止。

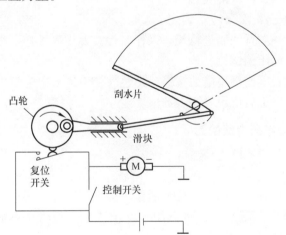

图 2-9-7　凸轮式刮水器复位控制电路

实训演练

实训工具与准备：

1）工具：万用表、工具车。

2）设备：2019 款比亚迪 e5 汽车。

3）资料及耗材：2019 款比亚迪 e5 汽车维修手册、《新能源汽车电气系统检修》教材、抹布等。

风窗洗涤器检测维修

一、实训前准备

打开车辆电源开关，将刮水器控制开关朝驾驶员方向拉起，查看风窗洗涤器是否喷水，且刮水片要同时动作。松开刮水器控制开关，查看风窗洗涤器是否停止喷水，且刮水片在摆动三次后停止。

二、风窗洗涤器工作电路检测

1. 蓄电池电压检测

1）拉起前舱盖手柄，打开前舱盖。

2）安装车外防护三件套。

3）取出万用表，并对万用表进行校表操作，检查万用表工作是否正常。

4）将万用表调至电压测试档。

5）将万用表红色表笔连接蓄电池正极，黑色表笔连接蓄电池负极。

6）待万用表数值稳定后记录万用表数值。

2. 洗涤器电动机继电器电路检测

1）关闭车辆电源，拔下前洗涤继电器 K1-1。

2）打开车辆点火开关。

3）取出万用表，并对万用表进行校表操作，检查万用表是否正常可用。

4）将万用表调至电压测试档，将万用表红色表笔连接继电器底座 B44 的 44 号接线端子。

5）黑色表笔连接蓄电池负极，待万用表数值稳定后记录万用表数值，标准值为 11 ~ 14V。若检测电压值不在标准范围内，则需要检查熔丝。

6）以同样方法检测继电器底座 B44 的 42 号接线端子的电压值。

3. 洗涤器电动机继电器静态检测

1）取出万用表，校表检查万用表工作是否正常。

2）将万用表红黑表笔分别连接洗涤器电动机继电器的 85 号、86 号端子，测量洗涤器电动机继电器线圈电阻值。

3）等待数值稳定后读取测量值，若测量值与标准值不符，则需更换洗涤器电动机继电器。

4）将万用表红黑表笔分别连接洗涤器电动机继电器的 87 号、30 号端子，检测洗涤器电动机继电器内部常开触点是否闭合。

5）等待数值稳定后读取测量值，若测量值与标准值不符，则需更换洗涤器电动机继电器。

4. 洗涤器电动机继电器动态测试

1）选用红色跨接线连接继电器的 85 号端子，黑色跨接线连继电器的 86 号端子。

2）将跨接线另一端分别连接至 12V 蓄电池正负极两端。

3）将万用表红黑表笔分别连接洗涤器电动机继电器的 87 号、30 号端子，检测洗涤器电动机继电器内部常开触点是否闭合。

4）等待数值稳定后读取测量值，若测量值与标准值不符，则需更换洗涤器电动机继电器。

5. 洗涤器电动机熔丝检测

1）取出万用表，并对万用表进行校表操作，检查万用表工作是否正常。

2）将万用表调至直流电压测试档。

3）将万用表红表笔连接 F1 的 29 号熔丝输入端，黑表笔连接蓄电池负极。

4）待万用表数值稳定后读取万用表数值，若测量值与标准值不符，则需检查供电电路。

5）以同样方法检测 F1/29 熔丝的输出端。若测量值与标准值不符，则需更换新的熔丝。

三、洗涤器电动机拆装与检测

风窗洗涤器在长期使用后会出现管路堵塞、电动机不工作等情况，从而导致风窗洗涤器不喷水故障，因此要对风窗洗涤器进行拆装检测。拆装与检测前洗涤器电动机，需要将洗涤液排放干净，由两人配合操作。拆卸前保险杠总成，断开洗涤液软管，将洗涤液软管固定至合适位置，选用合适的容器排放洗涤液壶内的洗涤液。

比亚迪 e5 洗涤器电动机电路如图 2-9-8 所示。洗涤器电动机插接器 B16 有两个接线端子，其中 1 号接线端子为供电端，2 号接线端子为搭铁端。

1. 洗涤器电动机电路检测

1）使用卡扣起子拆卸前照灯线束两个固定卡扣。

2）使用一字槽螺钉旋具拆卸洗涤器电动机线束插接器固定卡扣，取下洗涤器电动机线束插接器。

3）打开车辆电源开关。

4）将刮水器控制开关朝驾驶员方向拉起。

5）将万用表调至电压测试档，将万用表红表笔连接洗涤器电动机线束插接器 B16 的 1 号接线端子，黑色表笔连接车身搭铁，检测洗涤器电动机供电电压。

6）等待数值稳定后读取测量值，若测量值与标准值（11 ~ 14V）不符，则需检测电路电阻。

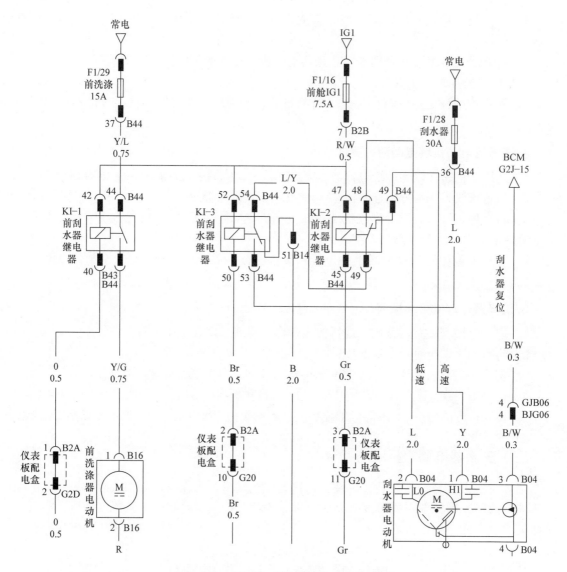

图 2-9-8 比亚迪 e5 洗涤器电动机电路图

7）松开刮水器控制开关，关闭车辆电源开关，断开低压蓄电池负极。

8）将万用表调至电阻测试档，将万用表红表笔连接洗涤器电动机线束插接器 B16 的 2 号接线端子，黑色表笔连接车身搭铁，检测洗涤器电动机搭铁线。

9）待万用表数值稳定后记录万用表数值，若测量值与标准值（小于 1Ω）不符，则说明洗涤器电动机搭铁线束存在断路故障，需进一步维修或更换。

2. 洗涤液壶拆卸

1）使用 10mm 套筒、接杆、棘轮扳手组合工具，拆卸洗涤液壶上面 1 个固定螺栓。

2）用手旋出洗涤液壶上面 1 个固定螺栓。

3）以同样方法拆卸洗涤液壶剩余 4 个固定螺栓。

4）取下洗涤液壶，并妥善放置。

3.洗涤器电动机拆装与检查

1）轻轻晃动洗涤器电动机，将洗涤器电动机从洗涤液壶上取出。

2）目视检查洗涤器电动机外观是否良好，连接端子有无损坏。

3）选用合适跨接线连接洗涤器电动机本体两端子。

4）将跨接线另外两端分别连接蓄电池正负极，检查洗涤器电动机是否工作。

5）取下跨接线，将洗涤器电动机装入洗涤液壶。

4.洗涤液壶安装

1）检查洗涤液壶是否有破损和老化痕迹，如果有破损和老化应立即进行更换。

2）将洗涤液壶安装至车身合适位置，使其卡扣安装到位。

3）用手旋入洗涤液壶右侧 2 个固定螺栓。

4）使用 10mm 套筒、接杆、棘轮扳手组合工具，拧紧洗涤液壶右侧 2 个固定螺栓。

5）以同样方法安装洗涤液壶剩余 3 个固定螺栓。

6）安装洗涤器电动机线束插接器，安装前照灯线束 2 个固定卡扣，安装洗涤液软管。

7）两人配合安装车辆的前保险杠总成。

四、整理清洁

按照 7S 管理标准，整理工具、场地和设备。

任务练习

一、选择题

1.刮水器开关为组合开关，一般安装于方向盘的（　　　）。

　　A.左下侧　　　　　　　B.右下侧　　　　　　C.左上侧　　　　　　D.右上侧

2.永磁式刮水器电动机是利用（　　　）个电刷，通过改变正、负电刷之间串联线圈的个数来实现变速的。

　　A.3　　　　　　　　　B.4　　　　　　　　C.5　　　　　　　　D.6

二、判断题

1.洗涤液盛放于储液罐中，一般为硬度不超过 205×10^{-6} 的清水或由水与添加剂制成。
（　　　）

2.为了能刮掉风窗玻璃上的油、蜡等物，可在水中添加少量的去垢剂和防锈剂。（　　　）

3.冬季使用喷水器时，为防止洗涤液冻结，应添加甲醇、异丙醇、甘醇等防冻剂，再添加少量的去垢剂和防锈剂，即成为低温洗涤液。
（　　　）

4.驾驶员可根据雨量大小选择高速或低速刮水。
（　　　）

5.当驾驶员关闭刮水器开关，而刮水片停留在风窗玻璃中间，不会影响驾驶员视线。
（　　　）

6. 当刮水片未停留在固定位置时，刮水器电动机将在刮水器开关关闭的状态下，继续运转直至刮水片到达固定位置，即风窗玻璃最下端处静止。　　　　　　　（　　）

7. 触点臂具有弹性，蜗轮转动时，触点、蜗轮的端面和铜环保持接触。　（　　）

8. 当断开刮水器开关时，刮水片没有停在规定位置，触点不会继续闭合。　（　　）

9. 风窗洗涤器在长期使用后会出现管路堵塞，电动机不工作等情况，从而导致风窗洗涤器不喷水故障。　　　　　　　　　　　　　　　　　　　　　　　　（　　）

10. 拆卸洗涤器电动机时不要损坏密封圈，若密封圈破损，应立即进行更换。　（　　）

11. 拆装与检测前洗涤器电动机，不需要将洗涤液排放。　　　　　　　　（　　）

三、简答题

简述洗涤器电动机的电路检测方法。

任务十　车身附属电器检测维修

一辆 2019 款比亚迪 e5 电动汽车，行驶了 40000km。客户李先生反映操作驾驶员侧主开关时，不能控制左后车窗的升降。你能够根据客户反映的这一现象，初步判断是哪儿出现了故障吗？请学习相关知识，帮助客户分析故障原因，并在此基础上整理出你后面需要做的具体工作，从而有效处理当前故障。

学习目标

1）能够正确叙述汽车车窗的组成及工作原理。
2）能够描述电动后视镜的组成及工作原理。
3）能够描述电动座椅的组成及工作原理。
4）能够描述中控门锁的组成及工作过程。
5）能够描述音响和导航的组成及工作过程。
6）能够独立完成比亚迪 e5 车窗开关拆装与检测。
7）能够独立完成比亚迪 e5 车窗升降器拆装与检测。

知识储备

一、汽车车窗系统

汽车车窗系统就是通过车载电源来驱动玻璃升降器的电动机，使升降器运动，带动车窗玻璃升降的装置，达到车窗开闭的目的。汽车车窗系统主要由车窗玻璃、玻璃升降器、电动机、车窗控制开关等部件组成，如图 2-10-1 所示。

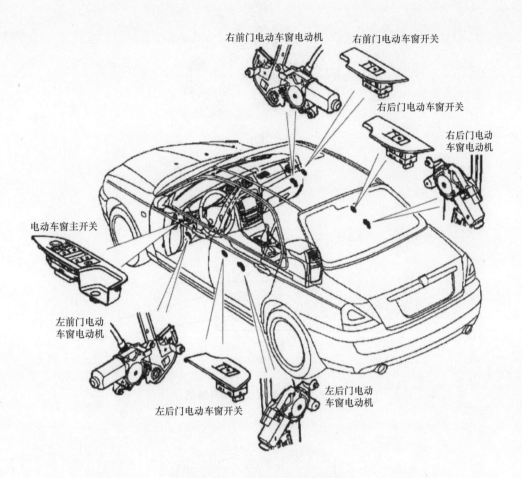

右前门电动车窗电动机 右前门电动车窗开关

右后门电动车窗开关

右后门电动车窗电动机

电动车窗主开关

左前门电动车窗电动机

左后门电动车窗开关

左后门电动车窗电动机

图 2-10-1 汽车车窗系统组成

（1）车窗电动机

每个汽车车窗上均安装有一个车窗电动机，如图 2-10-2 所示。车窗电动机为双向电动机，既可正转又可反转，用以驱动车窗玻璃升降器。

（2）车窗玻璃升降器

车窗玻璃升降器将电动机的旋转运动转换为直线运动，带动玻璃上升或下降。常见的车窗玻璃升降器有两种类型，一种是齿扇式玻璃升降器，如图 2-10-3 所示。另一种是齿条式玻璃升降器，如图 2-10-4 所示。

（3）汽车车窗控制开关

汽车车窗控制开关包括驾驶员侧主开关和各个乘员侧的分控开关。驾驶员侧控制主开关如图 2-10-5 所示，一般安装在左前车门把手上或变速杆附近，用于驾驶员对四个车窗的操纵。分控开关安装在每个车门的把手或车门内饰板上，用于乘员对单个车窗的操作。

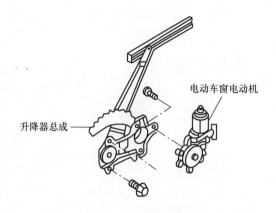

图 2-10-2　车窗电动机

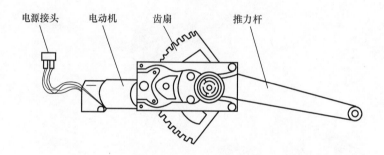

图 2-10-3　齿扇式玻璃升降器

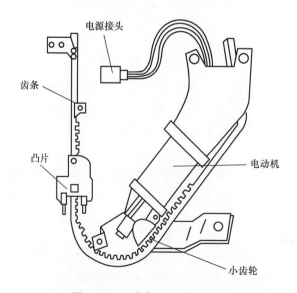

图 2-10-4　齿条式玻璃升降器

一般驾驶员侧控制主开关可以实现手动控制和自动控制两种功能。手动控制是指拉动或按下开关，车窗玻璃可以上升或下降，若中途松开开关，上升或下降动作即停止。自动控制是指拉动或按下开关，然后松开，车窗玻璃会自动升起或下降，若想让车窗停止移动，再次按照相同或相反方向操作开关，即可停止。

电动车窗工作原理如图 2-10-6 所示。电动车窗使用双向电动机，通过开关控制通过电动机的电流方向，从而控制玻璃的升降。

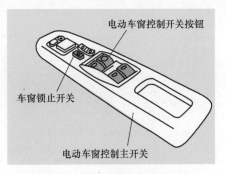

图 2-10-5　汽车车窗控制主开关

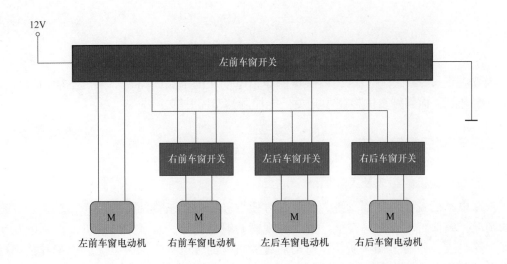

图 2-10-6　电动车窗工作原理图

下面以前乘员侧车窗为例，介绍电动车窗工作原理，如图 2-10-7 所示。

当按下驾驶员侧控制主开关上的前乘员侧开关时，电流的通路为：蓄电池→点火开关→驾驶员侧控制主开关（下）→前乘员侧分开关（下）→电动机端子 2→电动机端子 1→前乘员侧分开关（上）→驾驶员侧控制主开关（上）→搭铁，此时电动机转动，车窗打开。当驾驶员拉起驾驶员侧控制主开关上的前乘员侧开关时，电流的通路为：蓄电池→点火开关→驾驶员侧控制主开关（上）→前乘员侧分开关（上）→电动机端子 1→电动机端子 2→前乘员侧分开关（下）→驾驶员侧控制主开关（下）→搭铁，此时电动机反转，车窗关闭。

当前乘员按下其分开关时，电流的通路为：蓄电池→锁止开关→前乘员侧分开关（下）→电动机端子 2→电动机端子 1→前乘员侧分开关（上）→驾驶员侧控制主开关（上）→搭铁，此时电动机转动，车窗打开。当前乘员拉动其分开关时，电流的通路为：蓄电池→锁止开关→前乘员侧分开关（上）→电动机端子 1→电动机端子 2→前乘员侧分开关（下）→驾驶员侧控制主开关（下）→搭铁，此时电动机反转，车窗关闭。

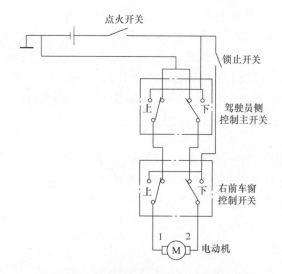

图 2-10-7 前乘员侧电动车窗工作原理图

当驾驶员按下锁止开关后，前乘员侧车窗电动机的电路断路，前乘员不能通过分开关控制车窗升降，而驾驶员侧控制主开关仍能控制其车窗升降。

二、电动后视镜系统

1. 电动后视镜的组成及工作原理

汽车电动后视镜俗称倒车镜，主要是方便驾驶员观察车辆两侧的行人、车辆后方障碍物的情况，确保行车或倒车安全。电动后视镜一般由镜片、永磁式电动机、控制电路及控制开关等组成，如图 2-10-8 所示。电动后视镜包含两个电动机，由电动后视镜开关进行控制，可以实现水平方向和垂直方向的调节。

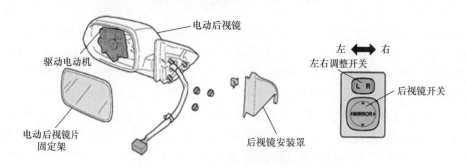

图 2-10-8 电动后视镜组成

2. 电动后视镜工作原理

电动后视镜工作原理如图 2-10-9 所示。当驾驶员选择左侧后视镜向上调节时，此时电流的通路为：电源→点火开关→熔断器→后视镜开关接线柱 B →后视镜开关接线柱 H_1 →电动机 M_1 →后视镜开关接线柱 C →后视镜开关接线柱 E →搭铁。此时电动机 M_1 通电产生转矩，带动左侧后视镜向上倾斜。

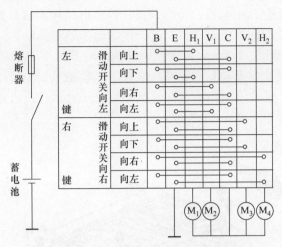

图 2-10-9　电动后视镜控制电路原理图

当驾驶员选择左侧后视镜向下调节时，电流的通路为：电源→点火开关→熔断器→后视镜开关接线柱 B →后视镜开关接线柱 C →电动机 M_1 →后视镜开关接线柱 H_1 →后视镜开关接线柱 E →搭铁。此时电动机 M_1 通电电流方向相反，反转带动左侧后视镜向下倾斜。

三、电动座椅系统

为了给驾驶员和乘员提供不易疲劳、安全舒适的乘坐位置，现在很多汽车都安装了座椅调节装置。按照调节方式的不同，座椅调节装置可以分为手动调节式和电动调节式两种。电动座椅因操作方便、结构简单而被广泛使用。按照座椅电动机的数目和调节方向的不同，电动座椅一般有两向、四向、六向、八向和多向可调式，电动座椅组成如图 2-10-10 所示。

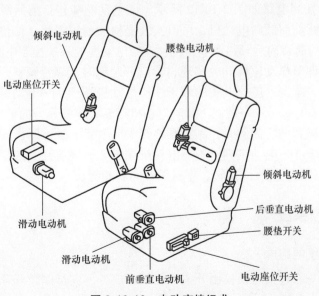

图 2-10-10　电动座椅组成

1. 电动座椅系统的组成

电动座椅系统主要包括电动机、传动装置、控制电路和控制开关等。电动座椅中使用的电动机一般为永磁式双向直流电动机，其产生的动力通过传动装置传至座椅，实现座椅不同方向的调节。控制开关改变流经电动机内部的电流方向，从而实现转动方向的改变。

电动座椅的传动装置主要包括齿轮箱、联轴节、软轴及齿轮传动机构等。电动机轴通过软轴和齿轮箱相连，动力经过齿轮箱降速增矩后，经过蜗杆或齿轮带动座椅支架产生位移。电动座椅传动机构如图 2-10-11 所示。

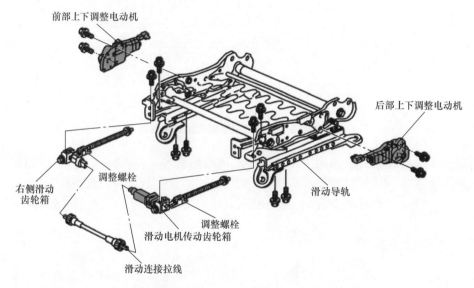

图 2-10-11　电动座椅传动机构

2. 电动座椅系统的工作原理

电动座椅系统控制电路如图 2-10-12 所示。该电动座椅包括前后滑动调节电动机、上下调节电动机、靠背前后倾斜电动机，可以实现座椅的前后滑移、椅垫高度调节和靠背倾斜调节。下面以座椅靠背前后倾斜调节为例，介绍电动座椅系统控制电路的工作原理。

当驾驶员通过调节电动座椅开关实现靠背向前倾斜时，靠背倾斜开关向"前"触点闭合，电流的通路为：电源→座椅开关的端子 3→电动机端子 2→电动机端子 1→座椅开关的端子 2→座椅开关的端子 4→搭铁，此时电动机运转，座椅靠背向前倾斜。

当驾驶员调节靠背向后倾斜时，靠背倾斜开关向"后"触点闭合，电流的通路为：电源→座椅开关的端子 2→电动机端子 1→电动机端子 2→座椅开关的端子 3→座椅开关的端子 4→搭铁，此时电动机反向运转，座椅靠背向后倾斜。

四、中控门锁系统

1. 中控门锁系统的组成

中控门锁系统一般包括门锁控制开关、门锁总成、驾驶员侧微开开关、行李舱门锁及门锁控制器等，如图 2-10-13 所示。

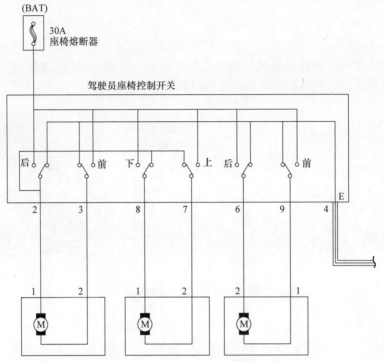

图 2-10-12 电动座椅控制电路原理图

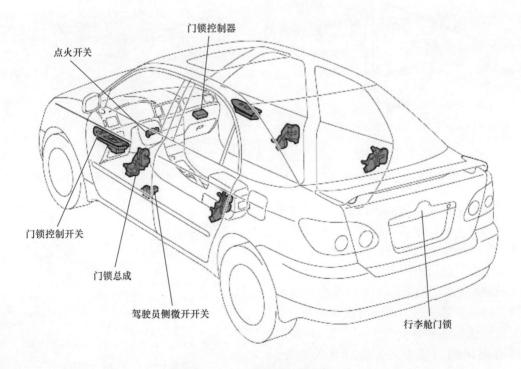

图 2-10-13 中控门锁系统的组成

（1）控制开关

门锁控制开关可以同时锁止和解锁所有车门和行李舱盖，一般安装在驾驶员侧车门上，如图 2-10-14a 所示。微开开关检测车门开或关的状态，一般安装在四个车门侧门柱上。钥匙操纵开关装在前门的钥匙锁孔，如图 2-10-14b 所示。行李舱盖开关一般安装在便于驾驶员操作的仪表台下方内饰板上，如图 2-10-14c 所示。

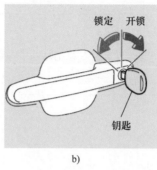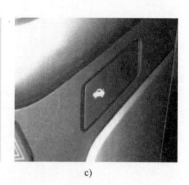

图 2-10-14　门锁控制开关

（2）门锁总成

门锁总成如图 2-10-15 所示，主要由门锁传动机构（图 2-10-16）、门锁位置开关、门锁控制电动机和外壳等部件组成。

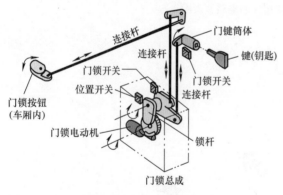

图 2-10-15　门锁总成

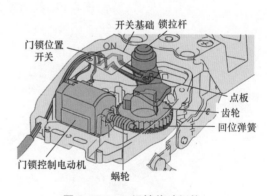

图 2-10-16　门锁传动机构

门锁电动机是门锁的执行器，当门锁电动机转动时，蜗杆带动蜗轮转动，蜗轮推动锁杆，车门被锁止或打开，然后蜗轮在回位弹簧的作用下返回原位置。

门锁位置开关位于门锁总成内，用来检测车门的锁紧状态，由一个触点片和一个开关底座组成。锁杆处于开门位置时接通，当锁杆推向锁门位置时，位置开关断开。图 2-10-17 所示为门锁位置开关的工作状态。

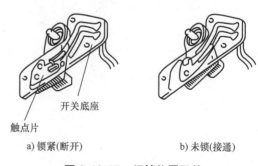

图 2-10-17　门锁位置开关

（3）门锁控制器

门锁控制器接收来自各门锁开关的锁止或解锁信号并驱动各车门的门锁电动机工作，常见的有继电器式、集成电路式、控制单元式。

2. 中控门锁工作原理

中控门锁工作原理如图 2-10-18 所示。当门锁控制开关或钥匙操作开关置于开锁／闭锁侧时，车门开锁／闭锁信号被传输到门锁控制器，门锁控制器收到信号后，使门锁控制电动机沿开锁／闭锁方向旋转，从而打开／锁止所有车门门锁。但如果车门微开开关检测到某个车门未关，此时驾驶员执行锁门操作，门锁控制器收到锁门信号后，门锁控制电动机会先闭锁然后再开锁，以提醒驾驶员车门未关闭。

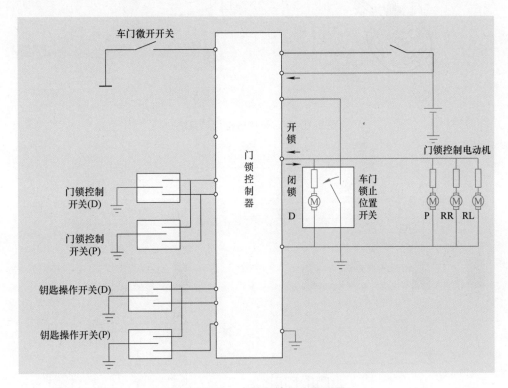

图 2-10-18 中控门锁工作原理图

3. 无线遥控门锁系统

无线遥控门锁是指驾驶员在距离车辆一定范围内，可以通过无线遥控器对汽车门锁进行开锁和闭锁操作的系统。此系统由钥匙发射器、车门控制接收器、门锁控制器、车门门锁总成等组成，如图 2-10-19 所示。

无线遥控门锁系统工作原理，如图 2-10-20 所示，钥匙发射器发送电波信号，车门控制接收器接收此信号后发送到门锁控制器。门锁控制器收到信号后控制各个车门门锁电动机开锁或锁止。除这一功能外，系统还可以实现打开行李舱、寻车应答等功能。

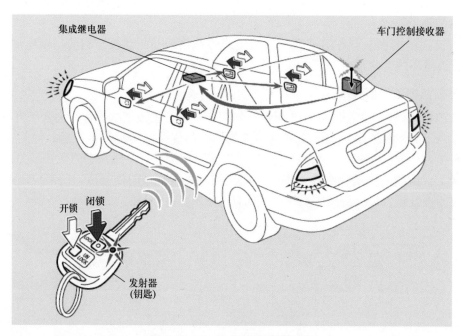

图 2-10-19　无线遥控门锁系统

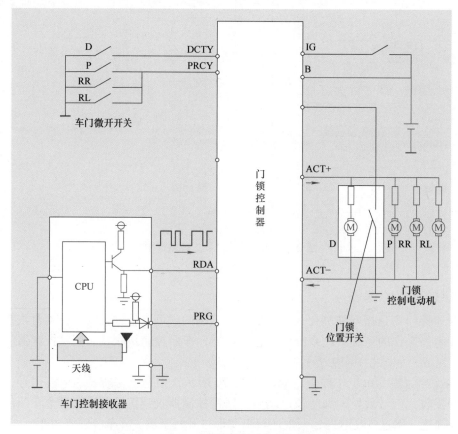

图 2-10-20　无线遥控门锁工作原理图

五、汽车音响系统

1. 汽车音响系统的组成

汽车音响系统已从最早单一功能的收音机，发展到现在具有收音机、CD 放音、数码音响、影视系统的综合装置，已演变成集视听娱乐、通信导航、辅助驾驶等多种功能于一身的综合性车载多媒体系统，是汽车上一个不可或缺的组成部分。

汽车音响系统组成如图 2-10-21 所示，主要包括主机（收音机和 CD 播放机）、功率放大器、扬声器、天线及安装连接附件等。

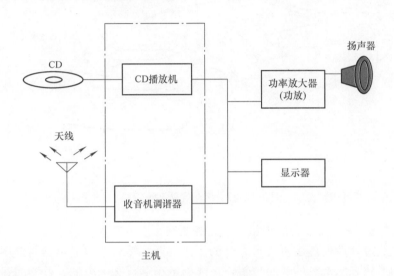

图 2-10-21　音响系统组成

2. 汽车音响系统的工作原理

驾驶员通过音响控制面板（图 2-10-22）进行信号源选择与音量和音调控制等，控制开关将信号发送到主机（CD 播放机和调谐器），由主机计算和处理天线及 CD 等音频或视频信号。不同信号源的音频信号经功率放大后，最终通过扬声器还原为声音；不同信号源的视频信号则通过液晶显示器播放。

图 2-10-22　音响控制面板

六、导航系统

1.汽车导航系统的组成及工作过程

汽车导航系统主要组成部件包括导航主机、GPS 接收天线、GPS 接收机、可视显示器等，如图 2-10-23 所示。

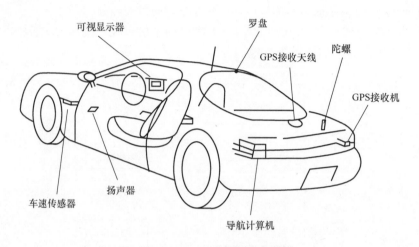

图 2-10-23　汽车导航系统组成

导航主机根据 GPS 接收到的卫星信号，和装在车上的车速传感器输入信号及存储器中的地图数据，经过计算处理后再进行综合的图像协调，然后通过显示器将地图显示在屏幕上，并以光标形式表示汽车的实时位置。还能指示车辆行驶的方向，并实时显示与目的地的距离。导航系统的工作过程如图 2-10-24 所示。

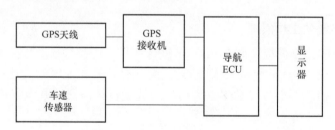

图 2-10-24　导航系统工作过程

2.汽车导航系统的使用

1）导航功能是指驾驶员首先选择行车路线的起点和终点，然后导航系统根据当前位置和交通状况自动规划出一条最优的行车线路，如图 2-10-25 所示。

2）电子地图覆盖全国大中小城市，可随时查看城市交通、周边建筑物等情况。

3）语音提示功能可用语音提前提示驾驶员路口转向、车速限制、导航路线状态等行车信息。

4）GPS 通过接收卫星信号准确定位车辆的所在位置，并在地图上做出标记，同时还可以显示方向、海拔等信息，如图 2-10-26 所示。导航系统的定位误差通常会小于 10m。

图 2-10-25　导航路线规划　　　　　　图 2-10-26　定位功能

实训演练

实训工具与准备：

1）工具：万用表、工具车。

2）设备：2019 款比亚迪 e5 汽车。

3）资料及耗材：2019 款比亚迪 e5 汽车维修手册、《新能源汽车电气系统检修》教材、抹布等。

电动车窗拆装与检修

一、比亚迪 e5 汽车车窗开关拆装与检修

在进行电动汽车车窗检测前，首先进行车窗工况检查。打开点火开关按下车窗下降按钮，检查车窗玻璃是否正常下降；拉起车窗上升按钮，检查车窗玻璃是否正常升起；检查完成后关闭点火开关。

1. 车窗开关拆卸

1）断开蓄电池负极电缆。

2）使用内饰撬板撬开车窗升降开关总成固定卡扣，取下车窗开关总成。

3）断开左前车窗开关总成线束插接器。

4）取下车窗开关，并妥善放置。

2. 车窗开关检测

车窗开关检测以左前车窗开关为例进行介绍，左前车窗开关电路如图 2-10-27 所示。左前车窗开关插接器 T05 共有 23 个接线端子，其中 T05/1 为连接仪表常电的电源线，T05/1 为连接 IGI 电的电源线，T05/9 和 T05/10 为连接 EG01 的搭铁线，T05/17 和 T05/18 为与网关相连的 CAN 通信线路。

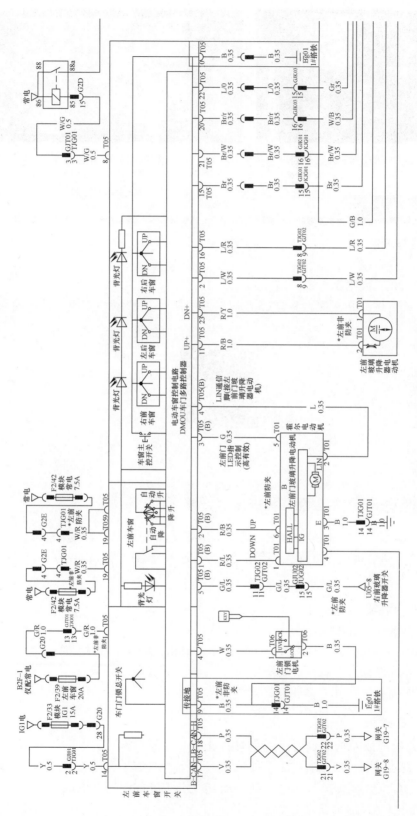

图 2-10-27 左前车窗开关电路图

（1）左前车窗开关供电电路检测

1）打开车辆点火开关。

2）取出万用表，并对万用表进行校表操作，检查万用表是否正常。

3）将万用表调至直流电压测试档。

4）将跨接线连接至车窗升降开关插接器 T05 的 14 号接线端子。

5）将万用表红表笔接跨接线另一端，黑表笔连接车身搭铁，检测左前车窗开关工作电压。

6）待万用表数值稳定后读取万用表数值，标准电压值为 11～14V。若检测值与标准值不符，应检修左前车窗开关 IGI 供电电路。

7）将跨接线连接至车窗升降开关插接器 T05 的 1 号接线端子。

8）将万用表红表笔接跨接线另一端，黑表笔连接车身搭铁，检测左前车窗开关工作电压。

9）待万用表数值稳定后读取万用表数值，标准电压值为 11～14V。若检测值与标准值不符，应检修左前车窗开关常电电路。

（2）左前车窗开关搭铁电路检测

1）将万用表调至电阻测试档。

2）将跨接线连接至车窗升降开关插接器 T05 的 9 号接线端子。

3）将万用表红表笔连接跨接线另一端，黑表笔连接车身搭铁，检测搭铁电路电阻。

4）待万用表数值稳定后读取万用表数值，标准值为小于 1Ω。若检测值与标准值不符，应检修左前车窗开关搭铁电路。

5）以同样方法测量 T05 的 10 号接线端子。

（3）车窗开关通信电路检测

1）打开车辆点火开关。

2）将万用表调至直流电压测试档。

3）将跨接线连接至车窗升降开关插接器 T05/18 号接线端子。

4）将万用表红表笔连接跨接线另一端，黑表笔连接车身搭铁，测量车窗开关 CAN-H 信号电压。

5）待万用表数值稳定后读取万用表数值，标准值为 2.5～3.5V。

6）将跨接线连接至车窗升降开关插接器 T05/17 号接线端子。

7）将万用表红表笔连接跨接线另一端，黑表笔连接车身搭铁，测量车窗开关 CAN-L 信号电压。

8）待万用表数值稳定后读取万用表数值。标准值为 1.5～2.5V。若测量值与标准值不符，可能车窗开关 CAN 通信存在问题，需要进一步检修。

3. 车窗开关安装

1）连接车窗升降开关总成线束插接器。

2）将车窗开关总成对准安装点用力按下锁紧卡扣。

3）打开车辆点火开关，按下左前车窗升降按钮，检查车窗是否能正常升降。按下右前车窗升降按钮，检查车窗是否能正常升降。按下左后车窗升降按钮，检查车窗是否能正常升降。按下右后车窗升降按钮，检查车窗是否能正常升降。

二、比亚迪 e5 车窗升降器拆装与检修

1. 车窗升降总成拆卸

（1）车门内饰板拆卸

1）断开蓄电池负极电缆。

2）使用内饰撬板撬开左前车窗开关总成固定卡扣，取下车窗开关总成。

3）断开左前车窗开关总成线束插接器。

4）使用头部包裹保护胶带的小一字槽螺钉旋具拆卸内拉手盖板。

5）使用头部包裹保护胶带的小一字槽螺钉旋具拆卸内扣手盖板。

6）使用十字槽螺钉旋具拆卸内拉手的固定螺钉。

7）使用十字槽螺钉旋具拆卸内扣手座的固定螺钉。

8）使用内饰撬板撬开左前门板 10 个固定卡扣。

9）轻轻外拉车门内饰板，使其与车门板脱离。

10）将闭锁拉索端部从内扣手手柄孔中取出。

11）取下左前车门内饰板，并妥善放置。

（2）车窗玻璃拆卸

1）使用一字槽螺钉旋具拆卸车门内侧门板固定支架 2 个自攻螺钉。

2）取下车门内侧门板固定支架。

3）用手撕下车门内侧隔音棉。

4）连接左前车窗开关总成线束插接器。

5）安装蓄电池负极电缆。

6）打开车辆点火开关。

7）调节左前车窗升降按钮，升降车窗玻璃直至从孔内看到车窗玻璃固定螺栓。

8）关闭车辆电源开关。

9）断开左前车窗开关线束插接器。

10）用手取下车窗玻璃内侧密封条。

11）使用 10mm 套筒、接杆、棘轮扳手组合工具，拆卸 2 个车窗玻璃固定螺栓并取出。

12）向上提起玻璃，使玻璃从玻璃导轨中分离。

13）继续向上提起玻璃，取出玻璃并妥善放置。

（3）车窗玻璃升降器总成拆卸

1）使用 10mm 套筒、接杆、棘轮扳手组合工具，拆卸玻璃升降器总成 6 个固定螺栓。

2）使用 10mm 套筒、接杆组合工具，继续旋出玻璃升降器总成 5 个固定螺栓。

3）断开玻璃升降电动机线束插接器。

4）将玻璃升降器总成从车上取下。

（4）车窗电动机拆卸

1）将玻璃升降器总成放在工作台上。

2）使用 T25 套筒、接杆、棘轮扳手组合工具，拆卸玻璃升降总成支架与电动机 3 个固定螺栓，并用手取下 3 个固定螺栓。

3）将玻璃升降器与车窗电动机分离。

2. 车窗升降电动机检测

（1）车窗电动机熔丝检测

1）取出万用表，并对万用表进行校表操作，检查万用表是否正常可用。

2）将万用表红表笔连接 F2/39 熔丝的进端，黑表笔连接车身搭铁，检测熔丝进端电压。

3）待万用表数值稳定后读取万用表数值，标准电压值为 11～14V。

4）将万用表红表笔连接 F2/39 熔丝的出端，黑表笔连接车身搭铁，检测熔丝出端电压。

5）待万用表数值稳定后读取万用表数值，标准电压值为 11～14V。若测量值与标准值不符，则需对熔丝进行检查。

（2）车窗电动机信号电路检测

1）安装玻璃升降电动机线束插接器。

2）打开车辆点火开关。

3）取出万用表，并对万用表进行校表操作，检查万用表是否正常可用。

4）将跨接线连接至左前升降电动机线束插接器 T01/1 号接线端子。

5）将万用表红表笔连跨接线另一端，黑表笔连接车身搭铁，检测车窗电动机电路电压。

6）待万用表数值稳定后读取万用表数值，标准电压值为 11～14V。

7）按下左前车窗下降按钮。

8）待万用表数值稳定后读取万用表数值，标准值为 0V。若测量值与标准值不符，则说明车窗升降开关损坏。

9）以同样方法将跨接线连接至 T01/2 号接线端子。

10）将万用表红表笔连跨接线另一端，黑表笔连接车身搭铁，检测车窗电动机电路电压。

11）待万用表数值稳定后读取万用表数值，标准电压值为 11～14V。

12）拉起左前车窗上升按钮。

13）待万用表数值稳定后读取万用表数值，标准电压值为 0V。若测量值与标准值不符，则说明车窗升降开关损坏。

14）关闭车辆点火开关。

15）断开玻璃升降电动机线束插接器。

（3）车窗电动机检测

1）目视检查车窗电动机有无损伤、变形。

2）在车窗电动机转动齿轮上涂抹润滑脂。

3）选用合适的跨接线，将跨接线连接至车窗升降电动机两端子。

4）将跨接线另一端连接在蓄电池跨接线。

5）将蓄电池跨接线红色夹子连接蓄电池正极，黑色夹子连接蓄电池负极。

6）观察车窗电动机是否正常转动。

7）调换蓄电池上的红黑夹子，观察车窗电动机是否正常反转。

8）取下连接线，并放置于初始位置。

3. 车窗升降总成安装

（1）车窗电动机安装

1）将车窗电动机安装至玻璃升降器的规定位置。

2）用手旋入车窗电动机的 3 个固定螺栓。

3）使用 T25 套筒、接杆、棘轮扳手组合工具，安装玻璃升降电动机 3 个固定螺栓。

（2）车窗玻璃升降器总成安装

1）将玻璃升降器总成放置于车门内，将升降器总成挂在车门内。

2）连接玻璃升降电动机线束插接器。

3）将玻璃升降器总成安装孔与车门螺栓安装孔对齐。

4）安装玻璃升降器总成 5 个固定螺栓。

5）使用 10mm 套筒、接杆，拧紧玻璃升降器总成 5 个固定螺栓。

6）使用 10mm 套筒、接杆、棘轮扳手组合工具，拧紧玻璃升降器总成 5 个固定螺栓。

（3）车窗玻璃安装

1）将玻璃安装至车门内。

2）确认玻璃安装到位，将升降器与玻璃固定螺栓孔对齐。

3）使用 10mm 套筒、接杆组合工具，旋入 2 个玻璃固定螺栓。

4）使用 10mm 套筒、接杆、棘轮扳手组合工具，拧紧 2 个玻璃固定螺栓。

5）用手安装车窗玻璃内侧密封条。

6）用手安装车门内侧隔音棉。

7）安装车门内侧把手固定支架。

8）使用十字槽螺钉旋具安装车门内侧把手固定支架 2 个自攻螺钉。

（4）车门内饰板安装

1）取出车门内饰板。

2）将闭锁拉索头部固定在内扣手手柄孔中，然后将闭锁拉索安装至扣手座上的固定卡槽。

3）将门饰板安装至合适位置，按压门饰板，使其卡扣安装到位。

4）使用十字槽螺钉旋具安装内扣手座的固定螺栓。

5）使用十字槽螺钉旋具安装内拉手的固定螺栓。

6）安装内拉手盖板。

7）安装内扣手盖板。

8）安装车窗开关总成线束插接器。

9）将车窗开关总成卡扣对准安装点装入内饰板，并用力按下使其安装到位。

三、整理清洁

按照 7S 管理标准，整理工具、场地和设备。

任务练习

一、判断题

1. 电动汽车车窗控制开关包括驾驶员侧主开关和各个乘员侧分控开关。（　　）

2. 驾驶员侧控制主开关，一般安装在左前车门把手上或变速杆附近，用于驾驶员对四个车窗的操纵；分控开关安装在每个车门的把手上，用于乘员对车窗的操作。（　　）

3. 手动控制是指拉动或按下开关，车窗玻璃可以上升或下降，若中途松开开关，上升或下降动作即停止；自动控制是指拉动或按下开关，然后松开，车窗玻璃会自动升起或降下，若想让车窗停止移动，再次按照相同或相反方向操作开关，即可停止。（　　）

4. 汽车电动后视镜俗称倒车镜，主要是方便驾驶员观察车辆两侧的行人、车辆以及其他障碍物的情况。（　　）

5. 按照调节方式的不同，座椅调节装置可以分为手动调节式和动力调节式。（　　）

6. 现代轿车还没有广泛安装中控门锁控制系统。（　　）

7. 驾驶员在车外可以使用钥匙操作右前或左前侧门上的钥匙操纵开关，来同时解锁或锁止所有车门。（　　）

8. 中控门锁系统一般包括控制开关、门锁总成、行李舱门锁、油箱加注口开启器及门锁控制器等。（　　）

9. 行李舱盖开关一般安装在便于驾驶员操作的仪表台、内饰板上。（　　）

10. 门锁位置开关位于门锁总成外，用来检测车门的锁紧状态。（　　）

11. 无线遥控门锁系统的功能根据车型、等级和地区有所不同。（　　）

12. GPS 通过接收卫星信号，准确定位所在位置并在地图上标记，误差小于 5m。（　　）

二、简答题

简述电动汽车车窗控制开关的工作原理。

任务十一　汽车传感器检测维修

　　一辆 2019 款比亚迪·秦混合动力汽车，行驶了 35000km。客户李先生反映车辆行驶动力不足。你能够根据客户反映的这一现象，初步判断是哪儿出现了故障吗？请学习相关知识，帮助客户分析故障原因，并在此基础上整理出你后面需要做的具体工作，从而有效处理当前故障。

学习目标

　　1）能够正确描述汽车传感器的作用。
　　2）能够描述汽车传感器的性能要求。
　　3）能够描述汽车传感器的选用原则。
　　4）能够描述汽车电子控制单元的作用。
　　5）能够独立完成比亚迪·秦加速踏板位置传感器的检测。

知识储备

一、汽车传感器的概述

　　传感器是一种以一定的精确度把被测量物理量转换为与之有确定对应关系的、便于应用的某种物理量的测量装置。

　　传感器一般由敏感元件、转换元件和测量电路三部分组成。敏感元件是指能直接感受或响应被测量的元件，即将被测量通过传感器的敏感元件转换成与被测量有确定关系的非电量或其他量。转换元件则将上述非电量转换成电参量。测量电路的作用是将转换元件输入的电参量经过处理转换成电压、电流或频率等可测电量，以便进行显示、记录、控制和处理。传感器测量原理如图 2-11-1 所示。

图 2-11-1　传感器测量原理

二、汽车传感器的分类

　　传感器的种类很多，且一种被测参数可用多种不同类型的传感器来测量，而同一种传感器往往也可以测量多种被测参数。传感器常用的分类方法有如下几种。

1. 按能量关系分类

　　按能量关系分类，汽车传感器可分为主动型和被动型传感器。汽车上使用的传感器大多数属于被动型传感器,这种传感器需要外加输入电源(一般为 +5V),才能输出电子信号。例如,温度传感器以改变电阻值的方式向外输出电信号,但信号的输出需要测试回路提供电源,电源的输出能量受测试对象输出信号所控制。采用电阻、电感、电容及应变效应、磁阻效应、热阻效应制成的传感器都属于被动型传感器。

主动型传感器是指传感器本身在吸收了能量(光能和热能)经自身变换后再输出电能。例如,太阳能电池和热电偶输出的电能分别来源于传感器吸收的光能和热能。因此,主动型传感器不需要外加电源,它本身是一个能量变换器。采用压电效应、磁致伸缩效应、热电效应、光电效应等制成的传感器都属于主动型传感器。

2. 按信号转换分类

从信号变换的角度考虑,汽车传感器可分为由一种非电量转换成另一种非电量(如弹性敏感元件和气动传感器)和由非电量转换成电量的传感器(如热电偶温度传感器、压电式加速度传感器等)。

3. 按输入量分类

根据输入量分类也就是按照被测量分类,汽车传感器可分位移、速度、加速度、角位移、角速度、力矩、压力、真空度、温度、电流、气体成分、浓度传感器等。

4. 按工作原理分类

按工作原理不同分类,汽车传感器有电阻式、电容式、磁电式、霍尔式、光电式、压电式、热电式传感器等。

1)电阻式传感器,又称为电位计式传感器。

2)电容式传感器是将被测物理量转换为电容量变化的装置,它以各种类型的电容器作为核心,广泛应用于位移、振动、角度、加速度等机械量的精密测量。

3)压电式传感器的工作原理是某些电介质沿着一定方向加力而使其变形时,在一定表面上产生电荷,当外力撤除后又恢复到不带电状态,这种现象称为压电效应。

4)磁电式传感器线圈中所产生的感应电动势的大小,取决于穿过线圈的磁通变化率。

5)霍尔式传感器。当半导体或金属薄片置于磁场中,有电流(与磁场垂直的薄片平面方向)流过时,在垂直于磁场和电流的方向上产生电动势,这种现象称为霍尔效应。

6)光电式传感器。当光线照射物体时,可看作一串具有能量的光子轰击物体,如果光子的能量足够大,物质内部电子吸收光子能量后摆脱内部力的约束,发生相应电效应,这种物理现象称为光电效应。

7)热电式传感器。其工作原理是如果两接合点温度不相等,则在两导体间产生电动势。

5. 按输出信号分类

汽车传感器按输出信号分类,有模拟式和数字式传感器两种。

6. 按使用功能分类

汽车传感器按其使用功能又可分为两类:一类是使驾驶员了解汽车各部分工作状态的传感器,另一类是用于控制汽车运行状态的传感器。汽车用传感器的种类见表 2-11-1。

表 2-11-1　汽车用传感器的种类

种类	检测量或检测对象
温度传感器	冷却液、排出气体、吸入空气、发动机机油、自动变速器油、车内外空气
压力传感器	进气歧管压力、大气压力、燃油压力、发动机油压、自动变速器油压、制动压力、各种泵压、轮胎压力
转速传感器	曲轴转角、曲轴转速、转向盘转角、车轮速度
速度、加速度传感器	车速、加速度
流量传感器	吸入空气量、燃料流量、废气再循环量、二次空气量、制冷剂流量
液位传感器	燃油、冷却液、电解液、清洗液、机油、制动液
位移方位传感器	节气门开度、废气再循环阀开度、汽车高度、行驶距离、行驶方位、GPS 全球定位
气体浓度传感器	O_2、CO_2、NO_X、HC、柴油烟度
其他传感器	转矩、爆燃、湿度、蓄电池电压、蓄电池容量、日照、光照等

三、汽车传感器的性能要求

汽车用传感器的性能指标包括精度指标、响应性、可靠性、耐久性、结构紧凑性、适应性、输出电平和制造成本等。汽车传感器性能要求如下：

1）有较好的环境适应性。汽车在 -40 ~ 80℃的各种道路条件下运行，特别是发动机承受着巨大的热负荷、热冲击和振动等，因此要求传感器能适应温度、湿度、冲击、振动、腐蚀及油液污染等恶劣工作环境。

2）有较高的工作稳定性及可靠性。

3）再现性好。计算机在汽车上的应用，要求传感器再现性一定要好，即使传感器线性特性不良，通过系统也可以进行修正。

4）具有批量生产可能性和通用性。由于汽车工业的发展，要求传感器应具有批量生产的可能性。一种传感器可用于多种控制，如把速度信号微分可得到加速度信号等，所以传感器应具有通用性。

5）要求小型化，便于安装使用，检测识别方便。

6）应符合有关标准要求。

7）在现代汽车电子控制系统中，传感器可把被测参数转变成电信号，无论参数数量有多少，只要把传感器信号送入控制单元，就可以进行处理，实现高精度控制。

四、汽车传感器的选用原则

1. 量程的选择

量程是传感器测量上限和下限的参数差。例如，检测车身高度用的位移传感器，要求测量上限为 40mm，测量下限为 -40mm，则选择位移传感器的量程应为 80mm。

2. 灵敏度的选择

传感器输出变化值与被测量的变化值之比称为灵敏度。例如，测量发动机冷却液温度的传感器，它的测量变化值为170℃（-50～120℃），而它的输出电压值要求为0～5V，因此其灵敏度为5V/170℃。

3. 分辨率的选择

分辨率表示传感器可能检测出的被测信号的最小增量。例如，发动机曲轴位置传感器，要求分辨率为0.1°，那么设计或选择数字传感器时，它的脉冲增量应为0.1°。

4. 误差的选择

误差是指测量指示值与真实值之间的差，有的用绝对值表示，例如，温度传感器的绝对误差为±0.2℃；有的用相对于满量程之比来表示，例如，空气流量传感器的相对误差为±1%。传感器误差是系统总体误差所要求的，应当得到满足。

5. 重复性的选择

重复性是指传感器在工作条件下，被测量的同一数值在一个方向上进行重复测量时，测量结果的一致性。例如，发动机在转速上升时期对某一个速度重复测量时，数值的一致性或误差值应满足规定要求。

6. 线性度的选择

汽车传感器的线性度是指它的输入输出关系曲线与其理论拟合直线之间的偏差。要求偏差大小一定、重复性好，而且有一定的规律，这样在计算机处理数据时可以用硬件或软件进行补偿，如图2-11-2所示。

7. 过载的选择

过载表示传感器允许承受的最大输入量（被测量），在这个输入量作用下传感器的各项指标应保证不超过其规定的公差范围，一般用允许超过测量上限或下限的被测量值与量程的百分比表示。选择时只要实际工况超载量不大于传感器说明书上的规定值就可以。

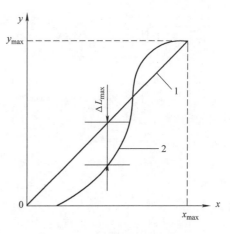

图2-11-2 理论线性度示意图
1—拟合直线 2—实测输出

8. 可靠度的选择

可靠度的含义是在规定条件（规定时期，产品所处的环境条件、维护条件和使用条件等）下，传感器正常工作的可能性。例如，压力传感器的可靠度为0.997（2000h），它是指压力传感器符合上述条件时，工作2000h内，它的可靠性（概率）为0.997（99.7%）。在选择时，要求传感器的工作时间长短及概率两个指标都要符合要求，才能保证整个系统的可靠性。

9. 响应时间的选择

传感器的响应时间或称建立时间是指阶跃信号激励后，传感器输出值达到稳定值的最小规定百分数（如5%）时所需时间。例如，压力传感器响应时间要求是10ms，也就是要求该传感器在工作条件下，从输入信号加入后要经 10ms，它的输出值才达到所要求的数值。这个参数大小会直接影响汽车起动时间，所以只能选择小于 10ms 的传感器，才能满足汽车起动时间或工况变换时间的要求。

五、汽车电子控制单元概述

汽车电子控制单元是指由集成电路组成的用于实现对数据的分析、处理、发送等一系列功能的控制装置，又称"车载电脑"等。控制单元在汽车上广泛应用，并且集成度越来越高。

1. 汽车电子控制单元的组成

汽车电子控制单元主要由输入电路、A/D（模 / 数）转换器、微型计算机和输出电路四部分组成，如图 2-11-3 所示。

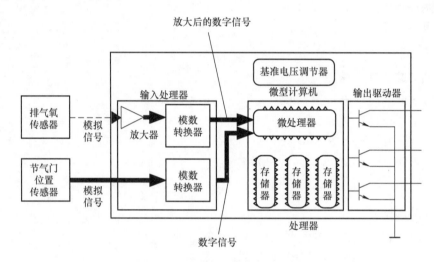

图 2-11-3　汽车电子控制单元组成

（1）输入电路

输入电路的主要功能是对传感器输入信号进行预处理，使输入信号变成微处理器可以接受的信号。因为输入信号有两类，即模拟信号和数字信号，所以分别由相应的输入电路对其进行处理，如图 2-11-4 所示。

（2）A/D 转换器

A/D 转换器的作用是将模拟信号转变为数字信号，如空气流量传感器、冷却液温度传感器、进气温度传感器、线性输出式节气门位置传感器等。向汽车电子控制单元输出的是模拟信号，即连续变化的信号。它们经输入电路处理后变成具有一定幅值的模拟电压信号，但微型计算机不能直接处理，还须用 A/D 转换器转换成数字信号。A/D 转换器的工作原理如图 2-11-5 所示。

（3）微型计算机

微型计算机包括 CPU、存储器、输入输出接口（I/O 接口）、总线等。信号通过输入接口进入 CPU，经过数据处理后，把运算结果送至输出接口，使执行器工作。

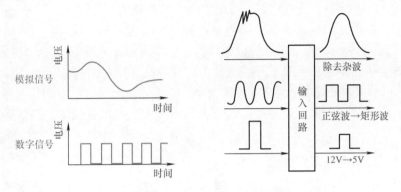

图 2-11-4　控制单元输入电路

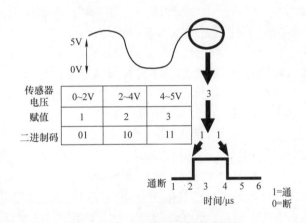

图 2-11-5　A/D 转换器的工作原理

（4）输出电路

输出电路是微型计算机与执行器之间建立联系的一个装置。它的功能是将微型计算机发出的指令信号转变成控制信号，以驱动执行器工作。微机对采样信号进行分析、比较、运算后，由预定的程序形成控制指令并通过输出端子输出。由于微机只能输出微弱的电信号（如喷油脉冲、点火信号等），电压一般为 5V，不能直接驱动执行元件，因此必须通过输出电路对控制指令进行功率放大、译码或 D/A 转换，变成可以驱动各种元件的强电信号。

2. 汽车电子控制单元的功能

汽车电子控制单元是电子控制系统的核心部件，主要有如下功能：

1）接收传感器或其他装置的输入信号，并将输入信号处理成计算机能够接受的信号，如将模拟信号转换成数字信号。

2）为传感器提供参考电压，如 2V、5V、9V 或 12V。

3）存储、计算、分析处理信息，存储运行信息和故障信息，分析输入信息并进行相应的计算处理。

4）输出执行命令，把弱信号变为强信号的执行命令。

5）输出故障信息。

6）完成多种控制功能，如在发动机控制中，控制单元可完成点火控制、燃油喷射控制、怠速控制、排放控制、进气控制、增压控制等多种功能。

　　汽车电子控制单元一般都具备故障自诊断和保护功能。当系统产生故障时，它还能在 RAM 中自动记录故障码，并采用保护措施从上述的固有程序中读取替代程序来维持发动机的运转。同时这些故障信息会显示在仪表板上，并点亮相应的故障指示灯，可以使驾驶员发现问题并及时修复。正常情况下，RAM 也会不停地记录车辆行驶中的数据，这些数据将成为电子控制单元的学习程序，为适应驾驶员的驾驶习惯提供最佳的控制状态，这个程序也叫自适应程序。

3. 汽车电子控制单元工作过程

　　发动机起动时电子控制单元（ECU）进入工作状态，某些运行程序或操作指令从存储器（ROM）中调入中央处理单元（CPU）。这些程序可以控制燃油喷射、点火时刻、怠速转速等。在 CPU 的控制下，一个个指令按照预先编制的程序有条不紊地进行循环，在程序运行过程中所需要的发动机工况信息由各种传感器提供。

　　当曲轴位置传感器（CPS）检测的发动机转速与转角信号（脉冲信号）、进气歧管压力传感器（MAP）检测的负荷信号（模拟信号）和冷却液温度传感器（CTS）检测的温度信号（模拟信号）等输入 ECU 后，首先通过输入电路进行信号处理。如果是数字信号，就根据 CPU 的安排经缓存器和 I/O 接口电路直接进入 CPU。如果是模拟信号，则首先经过模 / 数（A/D）转换器转换成数字信号，以便数字式单片机处理，然后才能经 I/O 接口电路输入 CPU。大多数信息暂时存储在 RAM 中，根据控制指令再从 RAM 传送到 CPU。

　　接下来是将预先存储在 ROM 中的最佳试验数据引入 CPU，将传感器输入的信息与其进行比较。CPU 将来自传感器的各种信息依次取样，与最佳试验数据进行逻辑运算，通过比较做出判定结果并发出指令信号，经 I/O 接口电路、输出电路控制执行器动作。如果是喷油器驱动信号，就控制喷油开始时刻、喷油持续时间，完成控制喷油功能。如果是点火器驱动信号，就控制点火导通角和点火时刻，完成控制点火功能。如果执行器需要线性电流量驱动，单片机就控制占空比来控制输出电路的导通与截止，使流过执行器电磁线圈的平均电流线性增大或减小。

实训演练

实训工具与准备：

1）工具：故障诊断仪、万用表、工具车。

2）设备：2019 款比亚迪 e5 汽车、工作台。

3）资料及耗材：2019 款比亚迪 e5 汽车维修手册、《新能源汽车电气系统检修》教材、抹布等。

一、加速踏板位置传感器检测

　　比亚迪 e5 加速踏板位置传感器电路如图 2-11-6 所示。根据电路图可知，BG44 为加速踏板位置传感器线束插接器，2 号、3 号接线端子为传感器供电，5 号、6 号接线端子为传感器搭铁，1 号、4 号接线端子为传感器输出信号，BK49 为 VCU 线束插接器。

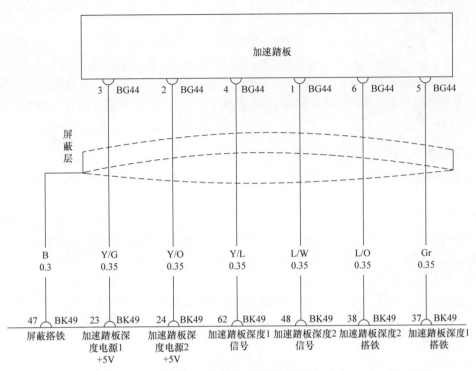

图 2-11-6　加速踏板位置传感器电路图

1. 加速踏板位置传感器供电线束检测

1）取出万用表，校表确认万用表是否正常可用，将万用表调至直流电压档。

2）将万用表红表笔分别连接加速踏板位置传感器线束插接器 BG44 的 2 号接线端子、3 号接线端子，黑表笔连接车身搭铁。

3）待万用表数值稳定后读取万用表数值，标准值为 5V。若测量值与标准值不符，则说明加速踏板位置传感器供电线路存在故障，需对供电线路进一步检修。

4）断开 VCU 线束插接器 BK49。

5）将万用表调整至电阻测试档，将万用表红表笔分别连接加速踏板位置传感器线束插接器 BG44 的 2 号接线端子、3 号接线端子，黑表笔分别连接 VCU 线束插接器 BK49 的 23 号接线端子、24 号接线端子。

6）待万用表数值稳定后读取万用表数值，标准值为小于 1Ω。若测量值与标准值不符，则说明加速踏板位置传感器供电线束存在断路故障，需对加速踏板位置传感器供电线束进行维修或更换。

2. 加速踏板位置传感器搭铁线束检测

1）将万用表调整至电压测试档。

2）将万用表黑表笔分别连接加速踏板位置传感器线束插接器 BG44 的 5 号接线端子、6 号接线端子，红表笔连接蓄电池正极。

3）待万用表数值稳定后读取万用表数值，标准值为 5V。若测量值与标准值不符，则说明加速踏板位置传感器搭铁线路存在故障，需对搭铁线路进一步检修。

4）将万用表调整至电阻测试档。

5）将万用表红表笔分别连接加速踏板位置传感器线束插接器 BG44 的 5 号接线端子、6 号接线端子，黑表笔分别连接 VCU 线束插接器 BK49 的 37 号接线端子、38 号接线端子。

6）待万用表数值稳定后读取万用表数值，标准值为小于 1Ω。若测量值与标准值不符，则说明加速踏板位置传感器搭铁线束存在断路故障，需对加速踏板位置传感器搭铁线束进行维修或更换。

3. 加速踏板位置传感器信号线束检测

1）连接加速踏板位置传感器线束插接器 BG44 、VCU 线束插接器 BK49。

2）打开点火开关并起动发动机。

3）将万用表调整至直流电压档。

4）将万用表红表笔分别连接加速踏板位置传感器线束插接器 BG44 的 1 号接线端子、4 号接线端子，黑表笔连接车身搭铁。

5）此时万用表数值应与加速踏板压下程度同步变化，当加速踏板压下时，万用笔测量值未变化，则说明加速踏板位置传感器信号线路存在故障，需对信号线路进一步检修。

二、整理清洁

按照 7S 管理标准，整理工具和场地。

任务练习

一、选择题

1. 汽车用传感器的性能指标包括（　　）等。
   A. 精度指标、响应性、可靠性、耐久性、结构紧凑性、适应性、输出电平和制造成本
   B. 精度指标、耐久性、结构紧凑性、适应性、输出电平和制造成本
   C. 可靠性、耐久性、结构紧凑性、适应性、输出电平和制造成本
   D. 精度指标、响应性、可靠性、耐久性、结构紧凑性和制造成本
2. 传感器的组成不包括（　　）。
   A. 敏感元件　　　　　B. 转换元件　　　　　C. 测量电路　　　　　D. 信号线束

二、判断题

1. 敏感元件是指能直接感受或响应被测量的部件，即将被测量通过传感器的敏感元件转换成与被测量有确定关系的非电量或其他量。　　　　　　　　　　　　　　　　（　　）

2. 测量电路的作用是将转换元件输入的电参量经过处理转换成电压、电流或频率等可测电量，以便进行显示、记录、控制和处理，测量电路中较多使用电桥电路。　（　　）

3. 重复性是指传感器在工作条件下，被测量的不同数值，在一个方向上进行重复测量时，测量结果的不一致性。　　　　　　　　　　　　　　　　　　　　　　　（　　）

4. 采用电阻、电感、电容及应变效应、磁阻效应、热阻效应制成的传感器都属于被动

型传感器。 （　　）

5. 传感器可把被测参数转变成电信号，无论参数数量有多少，只要把传感器信号送入计算机，就可以进行处理，实现高精度控制。 （　　）

6. 误差是指测量指示值与测量值之间的差，有的用绝对值表示。 （　　）

7. 汽车传感器的线性度是指它的输入输出关系曲线与其理论拟合直线之间的偏差。
 （　　）

8. 可靠度的含义是在规定条件（规定的时期，产品所处的环境条件、维护条件和使用条件等）下，传感器正常工作的可能性。 （　　）

9. 当半导体或金属薄片置于磁场中，有电流（与磁场垂直的薄片平面方向）流过时，在平行于磁场和电流的方向上产生电动势，这种现象称为霍尔效应。 （　　）

10. 如果两接合点温度相等，则在两导体间产生电动势。 （　　）

11. 量程是传感器测量上限和下限的代数差。 （　　）

三、简答题

简述汽车用传感器的性能要求。

项目三

新能源汽车空调与舒适系统检测维修

目前国内常见的新能源汽车主要包括纯电动汽车和混合动力汽车。新能源汽车采用的电动空调除了压缩机和控制模式外，其他主要零部件还是沿用燃油汽车空调的零部件，包括冷凝器、干燥过滤器、膨胀阀、蒸发器、鼓风机等。汽车电动空调系统由暖风系统／加热器单元、制冷系统、送风系统、空气净化过滤系统、控制系统几大部分组成。电动空调系统具有能量效率高、调节方便、舒适性好等优点。

本项目主要介绍新能源汽车空调与舒适系统检测维修，包括空调电气系统检测维修、混合动力汽车暖风系统检测维修、半自动和自动空调通风系统检测维修、电动汽车自动空调系统检测维修、电动空调压缩机检测维修、混合动力汽车空调压缩机检测维修、蒸发器和冷凝器及相关部件检测维修。通过以上任务的学习，你将了解到新能源汽车空调与舒适系统检测维修方法，并进一步掌握如何运用检测设备对新能源汽车空调与舒适系统进行故障诊断与维修。

任务一　空调电气系统检测维修

汽车空调系统是实现对车厢内空气进行制冷、加热、换气和空气净化的装置。空调系统能控制车厢内的气温，既能加热空气，也能冷却空气，以便把车厢内温度控制到舒适的水平；能够排出空气中的湿气，干燥空气并吸收人体汗液，以营造更舒适的环境；可吸入新鲜空气，具有通风功能；可过滤空气，净化空气中的灰尘和花粉；可以为驾乘人员提供舒适的乘车环境，降低驾驶员的疲劳强度，提高行车安全性。

学 习 目 标

1）能够查阅空调系统的相关维修资料。
2）能够描述空调系统的维护内容。
3）能够描述空调压力传感器的检测方法。
4）能够描述空调电气系统的检测方法。

知 识 储 备

一、汽车空调系统的维护

1. 日常维护

日常维护主要是通过看、听、测等方法进行检查。

1）检查和清洗汽车空调的冷凝器，要求冷凝器表面清洁，片间无堵塞物。

2）检查制冷剂储量。当空调系统工作时，从视液镜中观察到流动的制冷剂几乎透明无气泡，但提高或降低发动机转速时可能会出现气泡；关闭空调压缩机后立刻有气泡，然后渐渐消失。这说明制冷系统工作正常，如果压缩机工作时有大量的气泡，则说明制冷系统不正常。

3）检查空调压缩机传动带的张紧度是否正常，传动带有无磨损。

4）用耳听和鼻闻检查汽车空调有无异常响声和异常气味。

5）用红外线测温仪测量空调压缩机的高、低压管有无温差，正常情况下低压管路呈低温状态、高压管路呈高温状态。

6）用红外线测温仪测量冷凝器进口和出口处，正常情况下是前者比后者热。

7）用红外线测温仪测量膨胀阀前后有无明显温差，正常情况下是前热后凉。

8）检查制冷系统管路连接是否牢固，有无制冷剂泄漏现象。

9）检查制冷系统线路连接是否牢靠，有无断路或松动现象。

2. 定期维护

为保证汽车空调系统正常运行，需要定期对各主要零部件进行维护保养，如压缩机、冷凝器、蒸发器、膨胀阀、高压管路和低压管路、储液干燥罐、电气系统、高压和低压开关等。

（1）压缩机

在压缩机运转情况下检查是否有异常响声。若有，则说明压缩机的轴承、阀片、活塞环或其他部件可能损伤或冷冻机油过少；检查压缩机的高、低压端有无温差。

（2）冷凝器、蒸发器

检查冷凝器、蒸发器的清洁状况，散热片间是否畅通，以保证其具有最大的通气量。

（3）膨胀阀

检查膨胀阀有无堵塞，感温包与蒸发器出口管路是否贴紧，膨胀阀能否根据温度的变化自动调节制冷剂的供给量。

（4）高、低压管路

检查空调软管部分有无裂纹、鼓包、老化或破损现象，硬管部分是否有裂纹或渗漏现象，是否会碰到硬物或运动件，管路螺栓是否紧固。

（5）储液干燥罐

检查易熔塞是否熔化、各插头处是否有油迹，正常工作时其表面应无露珠或挂霜现象，维护过程中应视需要更换。

（6）电气系统

检查电磁离合器有无打滑现象，低温保护开关在规定的气温以下如能起动空调压缩机，说明其有故障；检查电线连接是否可靠。

（7）高、低压开关

检查高、低压开关，高压开关在压力高于 2.2MPa 时应能自动接通声光报警电路，并使电磁离合器断电，当压力低于 2MPa 时应能自动复位；低压开关在压力低于 0.2MPa 时，应能自动接通声光报警电路，并使电磁离合器断电，当压力高于 0.2MPa 时应能自动复位。

（8）鼓风机

检查鼓风机工作时有无异常响声、叶片有无破损、螺栓连接是否牢固。

二、汽车空调系统检修

汽车空调系统故障包括电器故障、功能部件的机械故障、制冷剂和冷冻机油引起的故障等，集中表现为空调系统不制冷、制冷不足、不制热、制热不足或异响等。

1. 维修操作注意事项

1）更换空调零部件后安装新件时应更换接口 O 形密封圈。

2）安装空调管路时应在 O 形密封圈和接口表面涂上适量的冷冻机油。

3）按要求使用冷冻机油，不良油品会造成压缩机的损坏。

4）为了防止灰尘、异物等外部杂质进入空调系统内部，分解下来的管路和管插头部位应密封。

5）若制冷剂接触眼睛和皮肤应用冷水冲洗，并注意不要揉眼睛或擦皮肤，在皮肤上涂凡士林软膏；严重的要立刻找医生寻求专业治疗。

6）避免制冷剂过量。若制冷剂过量，则会导致制冷不良，使能效降低。

7）高压部分检修要遵循电动汽车安全维修规范。

2. 制冷系统工作压力检测

制冷系统工作时，内部压力变化与温度是密切相关的，这是进行诊断的依据。根据压力的变化情况，进一步诊断出可能出现故障的原因及部位。

1）起动发动机，并使发动机转速保持在 1000～1500/min，然后打开空调 A/C 开关和鼓风机开关，设置到空调最大制冷状态，鼓风机高速运转，温度调节到最低。

2）关闭车门、车窗和机舱盖，发动机预热。

3）空调系统至少要运转 15min 后才能进行检测工作，并记录数据。空调的正常值要达到一定的标准要求。当环境温度在 21～32℃时，空调冷风温度应在 1～10℃。空调系统低压侧的压力应为 0.15～0.25MPa，高压侧的压力应为 1.37～1.57MPa。

3. 制冷系统的检漏

汽车空调系统的常用检漏方法有外观检漏、压力检漏、真空检漏、电子检漏仪检漏和荧光检漏等。

（1）外观检漏

制冷剂与冷冻机油是互溶的，所以制冷循环系统泄漏处会有油迹出现。可以通过目视或用手触摸来检查制冷系统是否存在油渍，以此判断是否存在泄漏情况。容易出现泄漏的区域发生在压缩机管路接口处、软管、软管与硬质金属管连接处等部位，如图 3-1-1 所示。

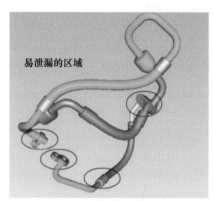

易泄漏的区域

图 3-1-1　容易泄漏区域

注意事项：不是所有存在油渍的区域都可能泄漏，也有可能是车辆的其他油液造成的污染，或曾经发生过泄漏，已经修复但未及时进行清洁处理。

（2）压力检漏

压力检漏是指将少量制冷剂及一定压力的氮气加入制冷系统中，然后连接压力表。如果压力值在一定时间内出现下降，说明系统存在泄漏。当系统出现泄漏时，可以辅以肥皂水进一步确认泄漏部位，肥皂水在泄漏部位会产生气泡。采用压力检漏时，严禁用压缩空气进行检漏，因压缩空气中含有水分，水分随空气进入后会在膨胀阀处产生冰堵。压力检漏如图 3-1-2 所示。

（3）真空检漏

真空检漏法需要对空调系统抽真空，观察表针变化从而判断系统是否存在泄漏，保持系统真空状态的时间通常不少于 60min。如果表针没有变化，说明系统没有泄漏，如果表针回升，说明系统存在泄漏。

（4）电子检漏仪检漏

用电子检漏仪对空调系统进行检漏，检漏仪应尽

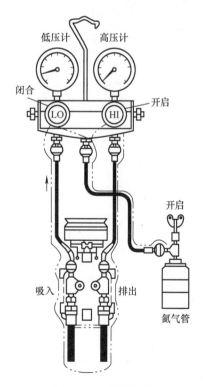

图 3-1-2　压力检漏

可能接近检漏部位，一般要求在 3mm 之内，探头的移动速度必须低于 30mm/s。当电子检漏仪探头脏污或电池电量偏低时，都会影响检测的准确性。检测方法和步骤如下：

1）将检漏仪电源打开，预热 10min 左右。

2）对检漏仪进行校核，使指示灯和警铃正常工作。

3）将检漏仪调到所需要的灵敏度范围。

4）将探头放在易出现泄漏的各个部位进行检测，防止漏检。

5）当指示灯亮、警铃响起时，此位置为泄漏部位。同时，应将探头立即移开，以免损坏检漏仪。

操作检漏仪时，必须按照生产厂家的规定对仪器进行校准，检漏仪合理的预热和校准对于检测精度至关重要。由于制冷剂的密度大于空气，所以应在相关部件的下方进行泄漏检测。操作时探针缓慢地环绕管道进行检测，如图 3-1-3 所示。当检测到存在泄漏时设备会发出提示。不得将探针与被检测的部件接触，并且避免在高温、易燃的环境下操作检漏仪，以防损坏。

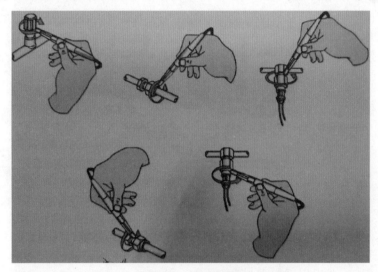

图 3-1-3　泄漏检测

🔔 **注意事项**：进行泄漏检测通常应将车辆停在空旷且无风的区域，因为即使是微风也会使管路的泄漏消失。另外，检漏过程中对管路施加压力或振动会使泄漏位置更容易再现。

（5）荧光检漏

荧光检漏操作的配套工具包括紫外线灯、有色眼镜和示踪染料加注器。荧光检漏需要示踪染料和紫外线灯组合使用。有无荧光物质是判断是否泄漏的主要依据。将示踪染料注入制冷系统中，如果存在泄漏，示踪染料在紫外线照射下呈现黄绿色，如图 3-1-4 所示。

图 3-1-4　荧光检漏

三、汽车空调电气系统故障诊断与排除

1.故障诊断方法

（1）电阻法

电阻法是一种常用的测量方法。利用万用表的电阻档，测量电机、线路、接线端子的阻值是否符合标准值。测量时，注意选择所使用的量程与校对表的准确性。一般使用电阻法测量时先选用低档，同时要注意被测线路是否有电，并严禁带电测量。

（2）电压法

电压法是利用万用表电压档测量电路中电压值的一种方法。测量时应注意表的档位，选择合适的量程。一般测量未知电压时通常选用电压的最高档，以确保不至于在低量程下测量高电压，以免损坏万用表。测量直流电时要注意电源的正负极。

（3）电流法

电流法是通过测量线路中的电流是否符合正常值，以判断故障原因的一种方法。对弱电回路，常采用将电流表串接在电路中进行测量，对强电回路常采用钳形电流表检测。

（4）仪器测试法

借助仪器仪表测量各种参数，如用示波器观察波形及参数的变化，以便分析故障原因，多用于弱电线路中。

2.故障排除方法

（1）常规检查法

依靠人的感觉器官（如有的电气设备在使用中有烧焦的糊味或打火、放电的现象等）并借助于一些简单的仪器（如万用表）来寻找故障原因。这种方法在维修中最常用，也是首先采用的。

（2）替换法

即在怀疑某个器件或电路板有故障但不能确定，且有代用件时，可替换试验。

（3）直接检查法

在了解故障原因或根据经验判断出现故障的位置时，可以直接检查所怀疑的故障点。

（4）逐步排除法

如有短路故障出现时，可逐步断开部分线路以确定故障范围和故障点。

（5）调整参数法

在进行故障诊断某些部件出现故障时，线路中的元器件不一定损坏，线路接触也良好，只是由于某些物理量（如时间、电流、位移、温度、电阻值、反馈信号强弱等）调整的不合适或运行时间长了有可能因外界因素（如受干扰或机械磨损）致使系统参数发生改变，或不能自动修正系统值，从而造成系统不能正常工作，这时应根据设备的具体情况进行调整。

（6）原理分析法

根据控制系统的组成原理图，通过追踪与故障相关联的信号进行分析判断，找出故障点并查出故障原因。

实训演练

实训工具与准备：

1）工具：绝缘手套、万用表、诊断仪。

2）设备：2019 款比亚迪 e5 汽车。

3）资料及耗材：2019 款比亚迪 e5 汽车维修手册、《新能源汽车电气系统检修》教材、抹布等。

空调电气系统检测与维修

一、比亚迪 e5 制冷剂压力传感器检测

1. 查阅电路图并分析电路

比亚迪 e5 制冷剂压力传感器电路如图 3-1-5 所示。根据电路图可知，制冷剂压力传感器插接器 B13 有三个接线端子，其中 B13 的 1 号接线端子为供电端、2 号接线端子为信号端、3 号接线端子为搭铁端。

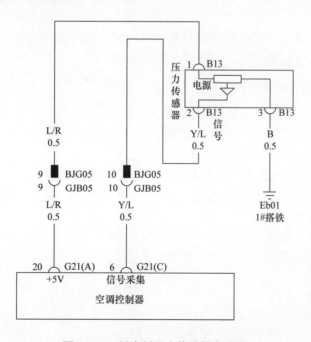

图 3-1-5　制冷剂压力传感器电路图

2. 压力传感器供电电路检测

1）拔下制冷剂压力传感器插头。

2）打开车辆电源开关。

3）将数字万用表调至直流电压档，红表笔接压力传感器插头 B13 的 1 号接线端子，黑表笔接车身搭铁，检测传感器工作电压。

4）等待万用表数值稳定后读取测量值，若测量值与标准数值（5V）不符，则需检测 B13/1 空调控制器 G21（A）/20 之间的电路电阻。

3. 压力传感器搭铁电路检测

1）将万用表调至电阻档。

2）关闭车辆电源开关。

3）红表笔接压力传感器 B13 的 3 号接线端子，黑表笔接车身搭铁，检测电路电阻。

4）等待万用表数值稳定后读取测量值，若测量值与标准数值（小于 1Ω）不符，则需更换传感器线束。

4. 压力传感器信号检测

1）打开车辆电源开关。

2）选用合适跨接线连接压力传感器本体 B13 的 3 号接线端子和压力传感器插接器的 3 号接线端子。

3）选用合适跨接线连接压力传感器本体 B13 的 2 号接线端子。

4）选用合适跨接线连接压力传感器 B13 的 1 号接线端子和压力传感器插接器的 1 号接线端子。

5）红表笔接压力传感器本体 B13 的 2 号接线端子，黑表笔接车身搭铁，检测传感器信号电压。

6）等待万用表数值稳定后读取测量值，其电压值随压力变化而变化，若测得电压值为 0（标准值 2V），且固定不变，则需要更换传感器。

5. 压力传感器信号电路检测

1）使用内饰撬板拆卸中控台左侧装饰板。

2）使用卡扣起子拆卸空调控制单元线束固定卡扣。

3）断开空调控制单元插接器 G21（C）。

4）将跨接线一端连接至空调控制单元 G21（C）的 13 号端子。

5）将数字万用表调至直流电压档，红表笔接跨接线另一端，黑表笔接车身搭铁，检测压力传感器的信号电压。

6）等待万用表数值稳定后读取测量值，其电压值应随压力变化而变化；若测量值与标准值不符，则需用电阻法对线路进行检测。

二、整理清洁

按照 7S 管理标准，整理工具、场地和设备。

任务练习

一、选择题

1. 空调系统工作时，观察视液镜制冷剂应（　　　），当提高或降低发动机转速时可能出现气泡。

  A. 半透明无气泡   B. 透明有气泡

  C. 透明无气泡   D. 半透明有气泡

2. 空调系统低压侧的压力应为 0.15～0.25MPa，高压侧的压力应为（　　　）。

  A. 1.25～1.50MPa   B. 1.37～1.57MPa

  C. 1.35～1.55MPa   D. 1.27～1.47MPa

二、判断题

1. 日常维护主要是通过看、听、测等方法进行检查。（　　　）

2. 为保证汽车空调无故障运行，需要定期对系统各主要零部件进行维护保养，如压缩机、冷凝器、蒸发器、膨胀阀、高压管和低压管、储液干燥器、电气系统、高压和低压开关及鼓风机等。（　　　）

3. 检查压缩机的高低压端有无温差；运转中如压缩机有振动，则应检查传动带的松紧度，同时还要检查冷冻机油的液面高度。（　　　）

4. 检查膨胀阀有无堵塞，感温包与蒸发器出口管路是否贴紧，膨胀阀能否根据温度的变化自动调节制冷剂的供给量。（　　　）

5. 低压开关在压力低于 0.2MPa 时，应能自动接通声光报警电路并使电磁离合器断电，当压力高于 0.2MPa 时应能自动复位。（　　　）

6. 若液体制冷剂接触眼睛和皮肤，则应用温水冲洗。（　　　）

7. 进口温度与出口温度相等时，表示冷气系统正常。（　　　）

8. 进口温度高于出口温度时，表示制冷剂不足。（　　　）

9. 进口温度低于出口温度时，表示制冷剂过多。（　　　）

10. 如果压缩机高、低压侧之间有明显温差，则说明制冷剂泄漏严重。（　　　）

11. 将歧管压力计正确连接到制冷系统相应的检修阀上，如果是手动检修阀，则应使检修阀处于中位。（　　　）

三、简答题

简述汽车空调的维护内容。

任务二　混合动力汽车暖风系统检测维修

一辆 2017 款比亚迪·秦混合动力汽车，行驶了 50000km。客户李先生反映 EV 模式时该车空调无暖风，故障灯没有点亮。你能够根据客户反映的这一现象，初步判断是哪儿出现了故障吗？请学习相关知识，帮助客户分析故障原因，并在此基础上整理出你后面需要做的具体工作，从而有效处理当前故障。

学习目标

1）能够描述混合动力汽车暖风系统组成部件。
2）能够描述混合动力汽车暖风系统工作原理。
3）能够描述 PTC 的作用及工作原理。
4）能进行比亚迪·秦暖风水箱的拆装。
5）能对比亚迪·秦 PTC 进行检修。

知识储备

一、混合动力汽车暖风系统概述

从原理上讲，新能源汽车空调系统和传统燃油汽车空调系统基本相同。差异主要表现在空调压缩机的驱动方式和暖风的来源上。混合动力汽车暖风通常采用电加热方式。电加热方式分为两种：一种是通过加热冷却液，再经过循环为暖风水箱提供热量；另一种是直接加热经过蒸发器的空气。对于强混车辆，其暖风的来源在发动机工作时以发动机冷却液作为热源；在 EV 模式时采用电加热方式提供热源。传统空调与混合动力汽车空调系统对比如图 3-2-1 所示。

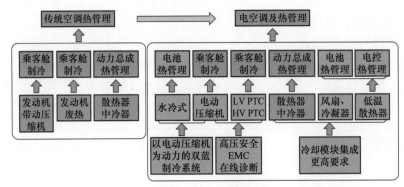

图 3-2-1　空调系统对比图

制热对于混合动力汽车来说更为复杂，因为燃油汽车空调系统的暖风热源主要由发动机冷却液提供，几乎不消耗功率，相对简单并且非常高效。但对于新能源汽车就比较麻烦，因此，一般多布置一个 PTC 加热器来完成制热功能。PTC 加热器可简单理解为是一个大电阻，当有电流通过时便有热量产生。伴随而来的问题是热效率偏低，能耗很大，在冬季极端情况下消耗的电量使车辆的续驶里程可能减半。

早期的新能源汽车将 PTC 加热器设置在驾驶室内，直接将冷空气加热为热空气。虽然这种方式结构简单、热效率较高，但是高压部件进入驾驶室会带来安全隐患。现在新能源汽车制热系统多采用冷却液为介质，把 PTC 加热器设置在机舱内，先将冷却液加热后再输送到驾驶室空调组件的蒸发器，然后通过鼓风机吹向车厢内。虽然这种方式的制热效率有所降低，但是安全性是有保证的，也是目前的主流制热方式。

二、PTC 加热器

PTC 是指正温度系数的热敏材料。PTC 加热器是新能源汽车目前主流的加热方式。PTC 加热器从加热介质上可以分为风暖和水暖两种形式，风暖和水暖加热器在结构上相差较大，因此制造工艺也大不相同。

1. 水暖加热器

水暖加热器也称液体加热器，实际使用介质是冷却液。水暖加热器由于循环的是液体，对安装方式要求不高，成本相对较低，应用较为广泛，可以满足新能源汽车的空调制热、除霜除雾、电池加热等场合使用。

水暖加热器主要有浸入式和通过式两种。浸入式加热器相当于在液体中插入热得快，直接对冷却液进行加热。通过式加热器相当于给管道中流过的液体进行加热，如图 3-2-2 所示。浸入式和通过式在结构上也有很大区别，浸入式多采用铝铸件＋塑胶件，通过模具完成防水功能，易于批量生产。通过式加热器采用铝合金烧结工艺，产品是通过生产设备来完成的，需要专门的检测设备，生产工艺、检测方法与蒸发器接近。

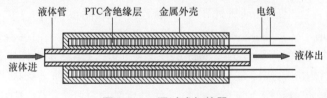

图 3-2-2　通过式加热器

2. 风暖加热器

风暖加热器加热的介质是空气，散热器与 PTC 陶瓷加热片整合在一起。图 3-2-3 所示为波纹结构散热片，波纹结构的空气加热器结构灵活，长度、宽度比较容易调整，可组成各种尺寸、各种功率，以适应各种车型的要求。

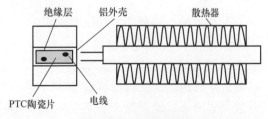

图 3-2-3　风暖加热器

三、比亚迪·秦混合动力汽车供暖系统

1. 比亚迪·秦供暖系统结构

比亚迪·秦的供暖系统采用水暖式制热，HEV 模式时通过发动机冷却液制热，EV 模

式时通过 PTC 模块加热冷却液制热。供暖系统主要由 PTC、PTC 水泵、热交换器、暖风水管及鼓风机、风道及控制机构等组成，如图 3-2-4 所示。HEV 模式发动机工作时，被发动机气缸燃烧高温加热的冷却液在发动机冷却系统水泵的作用下，经暖风水箱的进水管进入热交换器，鼓风机吹出的冷空气流经暖风水箱加热后送到车厢内或风窗玻璃上，用以提高车厢内温度和除霜。在热交换器中进行了散热过程的冷却液经暖风水箱的出水管被水泵抽回，如此循环，实现暖风供热。EV 模式工作时 PTC 加热冷却液，并通过 PTC 水泵把加热后的冷却液经暖风水箱进水管进入热交换器，鼓风机吹出的冷空气流经暖风水箱加热后送到车厢内或风窗玻璃上，用以提高车厢内温度和除霜。在热交换器中进行了散热过程的冷却液经暖风水箱的出水管被 PTC 水泵抽回，如此循环，实现暖风供热。

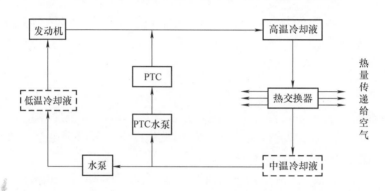

图 3-2-4　比亚迪·秦供暖系统结构

2. 比亚迪·秦供暖系统控制原理

比亚迪·秦的 A/C 控制单元根据发动机运行状态、冷却液温度和设定温度，综合判定请求发动机工作；当出现发动机处于 OFF 状态、车外温度低于 −3℃、冷却液温度低于 50℃、空调有采暖请求（设定温度为 HI，或设定温度高于 20℃）情况时，控制单元请求发动机工作，此时 PTC 也参与工作为车辆提供供暖。同时，车辆多媒体中控屏会显示"是否开启发动机制热"，驾驶员选择是否开启发动机制热。如果驾驶员选择"是"，电机控制器工作，接受发动机控制单元指令起动发动机。如果驾驶员选择"否"，PTC 将开启工作模式，满足车辆的制热需求。比亚迪·秦供暖系统控制原理如图 3-2-5 所示。

3. 比亚迪·秦散热风扇控制逻辑

比亚迪·秦散热风扇只有在满足一定条件时才会工作，具体如下：发动机出水口温度高于 98℃或散热器出水口温度高于 80℃的时候风扇低速运转；发动机出水口温度低于 96℃，且散热器出水口温度低于 65℃的时候风扇停转。发动机出水口温度高于 106℃，或者散热器出水口温度高于 86℃的时候风扇高速运转；发动机出水口温度低于 100℃，且散热器出水口温度低于 75℃的时候风扇停转。空调打开后，且 ECU 检测到中压开关低电平信号后，控制风扇高速运转（注：风扇高速运转之前，风扇先低速运行 2s，然后风扇高速运转）。开启空调制冷功能后，空调控制单元会根据空调系统压力控制散热风扇的档位。当空调系统压力小于 1.47MPa 时，发送低速档位；当空调系统压力大于等于 1.47MPa 时，发送高速档位；当关闭空调制冷功能后，空调控制单元延时约 1min 后停止散热风扇运转。

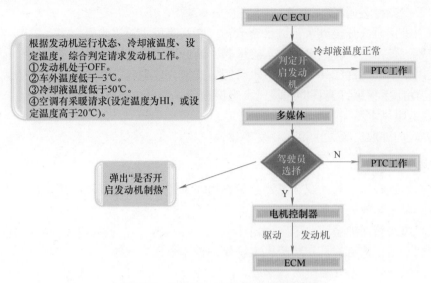

图 3-2-5　比亚迪·秦供暖系统控制原理

实训演练

实训工具与准备：

1）工具：绝缘手套、万用表、通用工具。

2）设备：空调分控联动台架。

3）资料及耗材：《新能源汽车电气系统检修》教材、抹布等。

混合动力汽车暖风系统检测维修

一、比亚迪·秦暖风水箱拆装

1. 暖风水箱拆卸

1）断开空调出风口温度传感器线束插接器。

2）拆卸空调通风管道。

3）断开空调冷暖循环电动机线束插接器。

4）使用卡口起子拆卸冷暖循环电动机线束固定卡扣。

5）使用十字槽螺钉旋具拆卸空调冷暖循环电动机 3 个自攻螺钉。

6）取下空调冷暖循环电动机。

7）使用鲤鱼钳松开暖风水箱进水管卡箍，断开暖风水箱进水管。

8）使用鲤鱼钳松开暖风水箱出水管卡箍，断开暖风水箱出水管。

9）使用十字槽螺钉旋具拆卸暖风水管固定支架自攻螺钉，并取下暖风水管固定支架。

10）使用十字槽螺钉旋具拆卸暖风水箱保护盖 3 个自攻螺钉。

11）取下暖风水箱保护盖。

12）轻轻向外取出暖风水箱，并妥善放置。

2. 暖风水箱安装

1）目视检查暖风水箱外观和翼片是否有损伤，若有应更换新的暖风水箱。

2）将暖风水箱放置于空调箱体内。

3）将暖风水箱保护盖放置于空调箱体上。

4）使用十字槽螺钉旋具安装暖风水箱保护盖 3 个自攻螺钉。

5）将暖风水管支架安装至暖风水管上。

6）使用十字槽螺钉旋具安装暖风水管支架自攻螺钉。

7）安装暖风水箱出水管，并使用鲤鱼钳将卡箍固定至合适位置。

8）安装暖风水箱进水管，并使用鲤鱼钳将卡箍固定至合适位置。

9）将空调冷暖循环电动机安装至空调箱体上。

10）使用十字槽螺钉旋具安装空调冷暖循环电动机 3 个自攻螺钉。

11）安装冷暖循环电动机线束固定卡扣。

12）安装空调冷暖循环电动机线束插接器。

13）安装空调通风管道。

14）安装出风口温度传感器线束插接器。

二、比亚迪·秦 PTC 检测

比亚迪·秦汽车 PTC 控制电路如图 3-2-6 所示。根据电路图可知，B34 为 PTC 低压线束插接器，1 号接线端子为供电线束，2 号接线端子为搭铁线束，4 号接线端子为 CAN-H 通信线束，5 号接线端子为 CAN-L 通信线束。

1. PTC 供电线束检测

1）断开 PTC 低压线束插接器。

2）取出万用表，对万用表进行校表，并检查万用表是否正常可用。

3）取出合适连接线连接 PTC 低压线束 1 号接线端子。

4）将万用表红表笔连接 PTC 低压线束的 1 号接线端子，黑表笔连接车身搭铁。

5）待万用表数值稳定后读取万用表数值，标准值为 11 ~ 14V。若测量值与标准值不符，则说明 PTC 供电线束存在断路情况，需对供电线束进行维修或更换。

2. PTC 通信线束检测

1）将万用表红表笔连接 PTC 低压线束 4 号接线端子，黑表笔连接车身搭铁。

2）待万用表数值稳定后读取万用表数值，标准值为 2.5 ~ 3.5V。若测量值与标准值不符，则说明 PTC 通信线束存在断路情况，需对通信线束进行维修或更换。

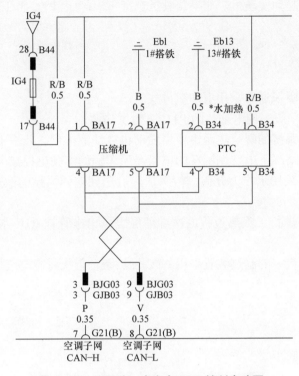

图 3-2-6　比亚迪·秦汽车 PTC 控制电路图

3）将万用表红表笔连接 PTC 低压线束 5 号接线端子，黑表笔连接车身搭铁。

4）待万用表数值稳定后读取万用表数值，标准值为 1.5 ~ 2.5V。若测量值与标准值不符，则说明 PTC 通信线束存在断路情况，需对通信线束进行维修或更换。

3. PTC 搭铁线束检测

1）将万用表调至电阻测试档。

2）将万用表红表笔连接 PTC 低压线束插接器 2 号接线端子，黑表笔连接车身搭铁。

3）待万用表数值稳定后读取万用表数值，标准值为小于 0.5Ω。若测量值和标准值不符，则说明 PTC 搭铁线束存在断路情况，需对搭铁线束进行维修或更换。

三、整理清洁

按照 7S 管理标准，整理工具、场地和设备。

任务练习

一、选择题

1.风暖加热器加热的介质是（　　）。

　A.废气　　　　　　　B.冷却液　　　　　　C.水蒸气　　　　　　D.空气

2.驾驶员选择是否开启发动机制热。如果驾驶员选择（　　），电机控制器工作，接受发动机控制单元指令起动发动机。如果驾驶员选择（　　），PTC 将工作满足制热需求。

　　A.是，是　　　　　　B.否，否　　　　　　C.否，是　　　　　　D.是，否

二、判断题

1.混合动力汽车暖风通常采用电加热方式。（　　）
2.在 EV 模式时一般采用电加热的 PTC 来提供热源。（　　）
3.燃油汽车空调系统的暖风热源主要由发动机冷却液提供，几乎不消耗功率。（　　）
4.在夏季的极端情况下电空调消耗的电量会使车辆的续驶里程减少一半。（　　）
5.现在的制热多采用水作为介质，将水加热后送到空调风道的散热器，再经鼓风机吹向车厢内。（　　）
6.在热交换器中进行了吸热过程的冷却液经暖风出水管被 PTC 水泵抽回，如此循环，实现暖风供热。（　　）
7.现在，新能源汽车的制热装置采用 PTC 发热条，直接将冷空气加热为热空气制热。

（　　）

三、简答题

简述暖风水箱拆卸步骤。

任务三　半自动和自动空调通风系统检测维修

一辆 2017 款比亚迪 e5 电动汽车，行驶了 45000km。客户李先生反映该车空调迎面出风口无风，故障灯没有点亮。你能够根据客户反映的这一现象，初步判断是哪儿出现了故障吗？请学习相关知识，帮助客户分析故障原因，并在此基础上整理出你后面需要做的具体工作，从而有效处理当前故障。

学习目标

1）能够描述空调系统的通风方式。
2）能够描述空调出风模式选择。
3）能够完成比亚迪 e5 空调通风管道拆装与检查。
4）能够完成比亚迪 e5 空调鼓风机拆装与检查。

知识储备

一、自动和半自动空调系统的概述

半自动和自动空调系统是按照空调系统的控制方式不同进行分类的。半自动空调系统具备温度和空气配送的调节功能，配有电子控制和保护电路，但如风量等部分功能仍需要使用者手动调节。自动空调具有自动调节和控制车内温度、风量以及空气配送方式的功能，同时具有故障诊断和网络通信功能。图 3-3-1 所示为半自动空调系统控制面板，图 3-3-2 所示为自动空调系统控制面板。

图 3-3-1　半自动空调系统控制面板

图 3-3-2　自动空调系统控制面板

二、汽车空调通风模式的分类

汽车空调通风系统可以将车外的新鲜空气引入车内，将车内的污浊空气排出，还可以对风窗进行除霜，使车内空气保持新鲜，提高车辆乘坐舒适性。目前，汽车上采用的通风形式有自然通风、强制通风和综合通风。

（1）自然通风

自然通风又称动压通风，如图 3-3-3 所示。它利用汽车在行驶时各部位所产生的不同空气压力进行通风。在车身外壁上开设进出风口，一般开在车身的正压区，并且是不容易带入灰尘、烟气和雨水的部位。自然通风不需要外加动力，经济性好，但在汽车行驶速度较低时通风效果较差。

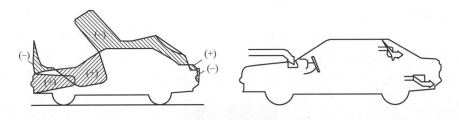
图 3-3-3　自然通风

（2）强制通风

强制通风是利用鼓风机进行通风，如图 3-3-4 所示。在进风口安装鼓风机将车外的新鲜空气吸入车内，车内的空气从排风口排出。强制通风不受车速限制，通风效果较好。

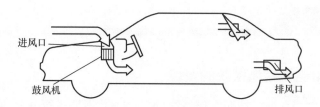

图 3-3-4　强制通风

（3）综合通风

将上述两种通风方式结合起来，就形成了综合通风。汽车在低速行驶时采用强制通风，高速行驶时采用自然通风。如此可以使汽车在各种工况下都能保持良好的通风效果，同时也降低了能耗。

三、汽车空调出风模式选择

汽车空调系统的出风口包括面部出风口（也叫中央出风口）、侧出风口、脚部出风口和除霜出风口等，可以根据不同需求选择不同的出风模式。出风模式是通过空调控制面板上的气流方向调节按钮实现的，如图 3-3-5 和图 3-3-6 所示。

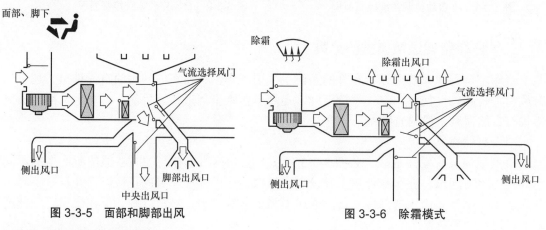

图 3-3-5　面部和脚部出风　　　　图 3-3-6　除霜模式

实训演练

实训工具与准备：

1）工具：绝缘手套、万用表、维修工具。

2）设备：空调分控联动台架。

3）资料及耗材：《新能源汽车电气系统检修》教材、抹布等。

空调通风系统部件拆检

一、比亚迪 e5 空调通风管道拆装与检查

1. 空调通风管道拆卸

1）断开低压蓄电池负极。

2）断开出风口温度传感器线束插接器。

3）顺时针旋出出风口温度传感器，并妥善放置。

4）使用一字槽螺钉旋具轻撬通风管道两侧卡扣，取下通风管道，并妥善放置。

2. 空调通风管道检查与安装

1）目视检查通风管道是否有裂纹、损坏等情况，若有应更换新的通风管道。

2）安装通风管道至空调箱体上。

3）逆时针旋入出风口温度传感器。

4）安装出风口温度传感器线束插接器。

5）安装低压蓄电池负极。

二、比亚迪 e5 鼓风机拆装与检查

1. 鼓风机的拆卸

1）断开低压蓄电池负极。

2）断开内外循环控制电动机线束插接器。

3）断开鼓风机供电线束插接器 G23。

4）断开鼓风机调速控制单元线束插接器 G24。

5）使用十字槽螺钉旋具拆卸鼓风机箱体与蒸发器箱体连接的 3 个自攻螺钉。

6）使用 10mm 套筒、棘轮扳手组合工具配合 13mm 扳手拆卸鼓风机箱体 1 个固定螺栓和螺母。

7）取出空调鼓风机箱体，并妥善放置。

8）使用十字槽螺钉旋具拆卸鼓风机 4 个自攻螺钉。

9）取下鼓风机，并妥善放置。

2. 鼓风机的检查

鼓风机控制电路如图 3-3-7 所示。根据电路图可知，鼓风机继电器 85 和 86 接线端子为继电器线圈端，88 和 88a 为继电器触点端；G23 为鼓风机供电线束插接器，2 号接线端子为供电线束，1 号接线端子为信号线束，G24 为鼓风机调速模块线束插接器，3 号和 4 号接线端子为信号线束，1 号接线端子搭铁线束。

（1）鼓风机继电器供电检测

1）拔下鼓风机继电器，并妥善放置。

2）取出万用表，对万用表进行校表操作，并检查万用表是否正常可用。

3）将万用表调整至直流电压档。

4）将万用表红表笔连接鼓风机继电器底座 86 号接线端子，黑表笔连接车身搭铁。

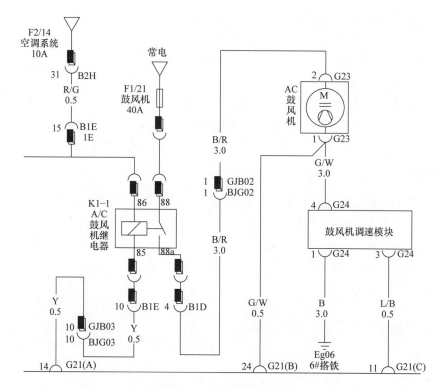

图 3-3-7　鼓风机控制电路图

5）待万用表数值稳定后读取万用表数值，标准值为 11 ~ 14V。若测量值与标准值不符，则说明鼓风机继电器线圈端供电线路存在故障，需对鼓风机继电器线圈端供电进行检修。

6）以同样方法检测鼓风机继电器底座 88 号接线端子。

（2）鼓风机继电器本体检测

1）将万用表调整至电阻测试档。

2）将万用表红黑表笔分别连接鼓风机继电器本体 85 号和 86 号接线端子。

3）待万用表数值稳定后读取万用表数值，标准值为 100Ω。若测量值与标准值不符，则说明鼓风机继电器线圈损坏，需更换新的鼓风机继电器。

4）将万用表红黑表笔分别连接鼓风机继电器本体 88 号和 88a 号接线端子。

5）待万用表数值稳定后读取万用表数值，标准值为无穷大。若测量值与标准值不符，则说明鼓风机继电器触点端损坏，需更换新的鼓风机继电器。

6）将适配线连接鼓风机继电器本体 85 号和 86 号接线端子。

7）将鼓风机继电器 85 号和 86 号接线端子连接蓄电池正负极，检查继电器是否有吸合动作。

8）将万用表红黑表笔分别连接鼓风机继电器本体 88 号和 88a 号接线端子。

9）待万用表数值稳定后读取万用表数值，标准值为小于 0.5Ω。若测量值与标准值不符，则说明鼓风机继电器触点端损坏，需更换新的鼓风机继电器。

10）将鼓风机继电器 85 号和 86 号接线端子断开。

11）将鼓风机继电器安装至继电器底座上。

（3）鼓风机供电线束检测

1）将万用表红表笔连接鼓风机供电线束插接器 G23 的 2 号接线端子，黑表笔连接车身搭铁。

2）将万用表调整至直流电压档。

3）待万用表数值稳定后读取万用表数值，标准值为 11～14V。若测量值与标准值不符，则说明鼓风机供电线束存在故障，需对鼓风机供电线束进行检修。

4）将万用表调整至电阻测试档。

5）拔下鼓风机继电器。

6）将万用表红表笔连接鼓风机供电线束插接器 G23 的 2 号接线端子，黑表笔连接鼓风机继电器底座 88a 接线端子。

7）待万用表数值稳定后读取万用表数值，标准值为小于 1Ω。若测量值与标准值不符，则说明鼓风机供电线束存在断路故障，需对鼓风机供电线束进行维修或更换。

8）安装鼓风机继电器至继电器底座内。

（4）鼓风机信号线束检测

1）断开空调控制器线束插接器 G21（B）和 G21（C）。

2）将万用表红表笔连接鼓风机供电线束插接器 G23 的 1 号接线端子，黑表笔连接鼓风机调速控制单元线束插接器 G24 的 4 号接线端子。

3）待万用表数值稳定后读取万用表数值，标准值为小于 0.55Ω。若测量值与标准值不符，则说明鼓风机信号线束存在断路故障，需对鼓风机信号线束进行维修或更换。

4）以同样方法检测另外三根鼓风机信号线束。

5）安装空调控制器线束插接器 G21（B）和 G21（C）。

3. 鼓风机安装

1）将鼓风机安装至鼓风机箱体上，并将孔位对齐。

2）使用十字槽螺钉旋具安装鼓风机 4 个自攻螺钉。

3）将鼓风机箱体与蒸发器箱体连接起来。

4）使用十字槽螺钉旋具安装鼓风机箱体与蒸发器箱体连接的 3 个自攻螺钉。

5）安装鼓风机调速控制单元线束插接器 G24。

6）安装鼓风机供电线束插接器 G23。

7）安装内外循环控制电动机线束插接器。

三、整理清洁

按照 7S 管理标准，整理工具、场地和设备。

任务练习

一、选择题

1.（　　）具备温度和空气配送的调节功能。

A. 半自动空调系统　　　　B. 自动空调　　　　C. A、B 均是　　　　D. A、B 均不是

2.（　　　）具有自动调节和控制车内温度、风量以及空气配送方式的功能。

A. 半自动空调系统　　　　B. 自动空调　　　　C. A、B 均是　　　　D. A、B 均不是

3. 目前汽车上采用的通风方式有（　　　）。

A. 强制通风和综合通风　　　　　　　　B. 自然通风和综合通风

C. 自然通风、强制通风和综合通风　　　D. 自然通风和强制通风

二、判断题

1. 自动空调同时具有故障诊断和网络通信功能。　　　　　　　　　　（　　　）

2. 汽车空调通风系统可以将车外的新鲜空气引入车内，将车内的污浊空气排出。

（　　　）

3. 目前汽车上采用的通风方式有自然通风、强制通风和综合通风。　（　　　）

4. 一般进风口开在车身负压区，并且是不容易带入灰尘、烟气和雨水的部位。（　　　）

5. 动压通风不需要外加动力，因此较经济，但在汽车行驶速度较高时，通风效果较差。　　　　　　　　　　　　　　　　　　　　　　　　　　　　　　（　　　）

6. 强制通风不受车速限制，通风效果不好。　　　　　　　　　　　　（　　　）

7. 空调系统在进行进气选择时，不可以选择进入车内的空气是车外空气还是车内空气。

（　　　）

8. 汽车空调系统的出风口包括中央出风口、边出风口、脚部出风口和风窗玻璃出风口等。　　　　　　　　　　　　　　　　　　　　　　　　　　　　　　（　　　）

三、简答题

简述鼓风机拆装步骤。

任务四　电动汽车自动空调系统检测维修

一辆 2017 款比亚迪 e5 电动汽车，行驶了 60000km。客户李先生反映该车空调内外循环不能正常调节，故障灯没有点亮。你能够根据客户反映的这一现象，初步判断是哪儿出现了故障吗？请学习相关知识，帮助客户分析故障原因，并在此基础上整理出你后面需要做的具体工作，从而有效处理当前故障。

学习目标

1）能够描述电动汽车自动空调系统的基本组成。
2）能够描述电动汽车自动空调制冷系统组成原理。
3）能够描述电动汽车自动空调采暖系统组成原理。
4）能够完成比亚迪 e5 空调系统控制单元电路检测。

知识储备

一、电动汽车自动空调系统基本组成

电动汽车自动空调系统由制冷系统、供暖系统、通风系统、净化系统、控制系统五部分组成。

1. 制冷系统

制冷系统的作用是对驾驶室内空气或由外部进入驾驶室内的新鲜空气进行冷却或除湿，使驾驶室内空气变得凉爽舒适。

制冷系统主要由电动压缩机、冷凝器、储液干燥器、膨胀阀、蒸发器、制冷管路、散热风扇等部件组成。如图 3-4-1 所示。

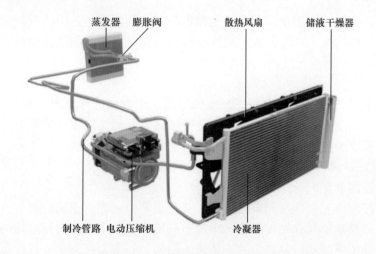

图 3-4-1　空调制冷系统组成

2. 供暖系统

供暖系统的作用是对驾驶室内空气或由外部进入驾驶室内的新鲜空气进行加热，达到取暖、除湿目的。供暖系统主要由 PTC 加热器、PTC 温度传感器、PTC 控制器等部件组成。

3. 通风系统

通风系统的作用是将外部新鲜空气吸进驾驶室内，起通风和换气作用。通风系统主要由鼓风机、风门伺服电动机、风门、出风口、各出风管道和蒸发器等组成。

4. 净化系统

净化系统通过空气滤清器滤除驾驶室内空气中的尘埃、臭味、烟气及有毒气体，从而使驾驶室内空气清新，如图 3-4-2 所示。

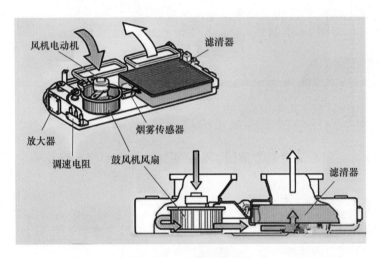

图 3-4-2　空调净化系统

5. 控制系统

控制系统的作用一方面是对制冷系统和供暖系统的温度、压力进行控制，另一方面是对驾驶室内空气的温度、风量、流向进行控制，以完善空调系统的各项功能。控制系统主要由传感器、空调控制单元、执行器等组成。

（1）传感器

自动空调系统传感器主要有车外温度传感器、车内温度传感器、蒸发器温度传感器、日照传感器、冷却液温度传感器、空气质量传感器以及烟雾浓度传感器等。这些传感器将监测信号发送至空调控制单元，然后由空调控制单元控制相关执行器工作，从而对驾驶室内的环境舒适性进行精确控制，并确保汽车空调系统安全工作。

（2）空调控制单元

自动空调控制单元也叫空调电控单元，又称空调控制器。空调控制单元上的按键是空调的输入装置，控制单元首先接收来自车内温度传感器和车外温度传感器的输入信号，然后接收来自其他传感器和控制器上的各种输入信号，经空调控制单元进行运算分析处理最终输出用于控制执行器工作。

（3）执行器

自动空调系统执行器主要有空调压缩机、鼓风机、冷凝器风扇以及风门执行电动机（空气循环风门伺服电动机、混合风门伺服电动机、出风模式伺服电动机、除霜风门伺服电动机）等。这些执行器接收空调控制单元的输出信号，实现汽车空调压缩机控制、鼓风机控制、散热风扇控制、空调风量配送控制、出风模式控制、出风温度控制、进气模式控制以及风量控制。

二、电动汽车自动空调制冷系统工作原理

1. 驱动控制器

无刷直流电动机驱动控制器是一种对无刷直流电动机运行过程进行综合控制的电气装置，又称为变频控制器。

2. 电动机

电动机是电动压缩机的动力来源，位于压缩机壳体内部，与涡盘泵体中的涡轮动盘同轴转动。

3. 涡盘泵体

涡旋式压缩机涡盘泵体由涡轮动盘、涡轮静盘相互啮合而成，如图 3-4-3 所示。

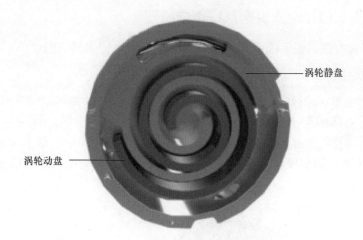

图 3-4-3　涡盘泵体啮合示意图

电动压缩机吸气、压缩、排气的工作过程中，涡轮静盘通过支架固定在壳体上，涡轮动盘由偏心轴驱动并由防自转机构制约，围绕涡轮静盘基圆中心做小半径平面转动。来自蒸发器低温、低压气态制冷剂被吸入到涡轮动盘的外围，随着偏心轴的旋转，气态制冷剂在涡轮动盘、涡轮静盘贴合所组成的若干个月牙形压缩腔内被逐步压缩，然后由涡轮静盘中心部位的轴向孔连续挤出至冷凝器，如图 3-4-4 所示。

电动空调压缩机能量传递路线为电源（动力电池→高压配电模块）→驱动控制器→电动机定子→电动机转子→涡轮动盘，如图 3-4-5 所示。

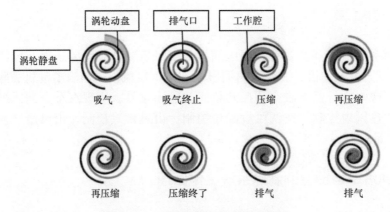

图 3-4-4　涡盘泵体工作原理示意图

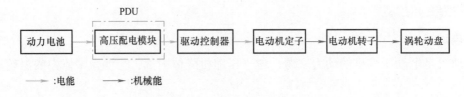

图 3-4-5　电动空调压缩机能量传递路线

三、电动汽车自动空调供暖系统组成原理

电动汽车自动空调供暖系统由 PTC 加热器、PTC 温度传感器、PTC 控制器等部件组成。

1. PTC 加热器

PTC 加热器由 PTC 发热单体和铝制散热器组成。在 PTC 加热器中共有 7 根 PTC 发热单体，通过内部电路的连接形式划分成两个功率不同的加热模块，如图 3-4-6 所示。一个是由 3 根发热单体并联组成的功率为 1.5kW 的加热模块，另外一个是由 4 根发热单体并联组成的功率为 2kW 的加热模块，它们的工作状态及工作方式均由 PTC 控制器控制。

图 3-4-6　PTC 加热模块

2. PTC 温度传感器

PTC 温度传感器是一个负温度系数的热敏电阻器，如图 3-4-7 所示。该温度传感器用于将 PTC 加热器的实时温度数值转换成电压信号传送至 PTC 控制器。通过 PTC 温度传感器的反馈信号，控制器能实现对加热器的发热量进行有效控制。

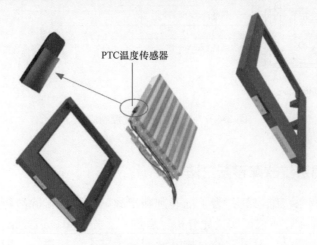

PTC温度传感器

图 3-4-7　PTC 温度传感器

3. PTC 控制器

PTC 控制器安装在前舱 PDU 内部，安装位置如图 3-4-8 所示。PTC 控制器对 PTC 加热器进行供电控制（通电模式、电流导通时间），接收空调控制单元的制热触发指令并根据系统对热量的需求情况，精确控制 PTC 加热器的发热量。

PTC 控制器通过接收到的加热请求信号，同时根据集成控制器控制信号、PTC 总成内部传感器温度反馈等信号综合控制 PTC 加热器通断。PTC 控制器采集的信息包括风速、冷暖程度设置、出风模式、加热器启动请求、环境温度。

空调供暖系统依据驾乘人员对车厢温度的需求，通过空调控制器采集空调操作面板上的温度调节旋钮的具体指示位置，

PTC熔丝　PTC控制器

图 3-4-8　PTC 控制器安装位置

以初步判定驾乘人员对车厢内部温度的期望值，并参考环境温度传感器反馈的实时车厢外温度值和蒸发器温度传感器的温度信号，综合计算出供暖系统所需的制热量以及冷暖风门翻板的开启度。电动汽车空调系统通过空调控制器内的 CAN 总线收发模块将控制指令发送给 PTC 控制器。PTC 控制器接收到该信号并对信号解析处理，依据内部程序存储器中的控制程序控制 1.5kW 加热模块或 2kW 加热模块，或者两者同时搭铁，使加热模块工作，并

通过 PTC 温度传感器的温度反馈监控 PTC 加热器的工作状态，控制原理如图 3-4-9 所示。

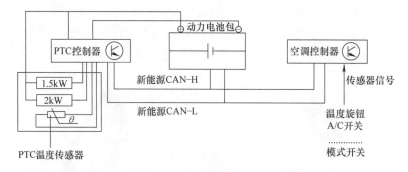

图 3-4-9　空调供暖系统控制原理

四、自动空调系统故障诊断方法

在进行自动空调系统维修时，为了准确判断出故障部位和排除故障，必须按照一定的步骤进行故障诊断排除。实践证明，先分析、后进行，先简单、后复杂，先外部、后内部，先电器、后机械的步骤是比较科学的。故障诊断分为三个阶段进行，即确定故障部位、检查故障原因、处理排除故障。

1. 直观诊断法

直观诊断也称人工诊断或经验诊断，就是在对空调故障进行诊断的过程中，通过人的感觉器官对汽车空调故障现象经过问（向驾驶员询问故障情况）、看（察看系统各设备的表面现象）、听（听机器运转声音）、摸（用手触摸设备各部位的温度）等过程，了解和掌握故障现象特点，对故障现象进行深入分析与准确判断，找出故障部位的诊断方法。

（1）看现象

用眼睛观察整个空调系统。首先，察看干燥滤清器视液镜中制冷剂的流动状况，若流动的制冷剂中央有气泡，说明空调系统内制冷剂不足，应补充制冷剂。若干燥滤清器视液镜中呈透明状况，则表示制冷剂加注过量，应缓慢放出部分制冷剂。若流动的制冷剂呈雾状，且水分指示器呈淡红色，则说明制冷剂中含水量偏高，应缓慢放尽系统中的原有制冷剂，拆下干燥滤清器，将其置于 110℃烘箱内，对干燥剂做干燥处理，排除水分后再用，或直接更换总成部件。其次，察看系统中各部件与管路连接是否可靠密封，是否有微量的泄漏。若有泄漏，在制冷剂泄漏的过程中常夹有冷冻机油一起泄出，故在泄漏处有潮湿痕迹，并依稀可见黏附上的一些灰尘。此时应将该处的连接螺母拧紧，或重做管路喇叭口并加装密封橡胶圈，以杜绝慢性泄漏，防止系统内制冷剂的减少。再次，察看冷凝器是否被杂物封住，散热翼片是否倾倒变形。若有此现象将影响流过冷凝器的冷却空气流量，导致冷凝器冷凝效果变差，使流经膨胀阀的制冷剂温度偏高，从而影响系统的制冷效果。这时应将冷凝器清扫干净，将变形的散热翼片修正。

（2）听响声

用耳朵聆听运转中的空调系统有无异常声音。首先，听压缩机电磁离合器有无发出刺耳噪声。若有噪声，则多为电磁离合器磁力线圈老化，通电后所产生的电磁力不足或离合器片磨损引起其间隙过大，造成离合器打滑而发出尖叫声。这时应重绕离合器磁力线圈或抽掉一片或两片离合器调整垫片，减小离合器间隙，防止其打滑，以消除噪声。其次，听压缩机在运转中是否有液击声。若有此声，则多为系统内制冷剂过多或膨胀阀开度过大，导致制冷剂在未被完全汽化的情况下吸入压缩机。此现象对压缩机的危害很大，有可能损坏压缩机内部零件，应缓慢释放制冷剂至适量，或调整膨胀阀开度，及时加以排除。

（3）摸温度

摸温度主要指用手触摸零件的温度，来判断空调系统工作正常与否。开启空调开关，使压缩机运转 15～20min 之后，进行如下操作：

利用手感比较车内冷气栅格吹出的冷风凉度及风量大小。用手触摸压缩机进、排气管的温度，两者应有明显的温差。利用手感比较冷凝器进管和出管两者温度。后者温度低于前者为正常，若两者温度相差不大，甚至相同，说明冷凝器有故障。用手触摸干燥滤清器前后管道的温度，两者温度一致为正常，否则说明干燥滤清器存在堵塞现象。膨胀阀前面的管道与出口应有很大的温差，否则说明膨胀阀出现故障。

2. 仪器诊断法

通过直观诊断只能发现不正常的现象，对于一些较为复杂的故障，还要借助于诊断仪器或工具来进行测试。在掌握第一手资料的基础上，对各种故障现象进行认真分析，才能找出故障所在，然后予以排除。

（1）用跨接线或万用表检查

该方法可以快速检查出空调电路故障，判断出电路是断路还是短路。空调系统在使用过程中，若电器系统存在故障，一般应首先对控制电路的工作状况进行检查。如经检查排除线路故障的可能性后，才可对用电装置和控制元件进行拆修或检查。

判断空调系统控制电路的工作情况时，一般可以采用跨接线短路试验，用跨接线将某段控制电路或电路中个别元器件短接，让电流从跨接线上经过。如果用电装置工作恢复正常，则说明被短接的这段电路或元器件有故障。例如：打开空调开关后，压缩机的电磁离合器不能吸合。为判断故障，可以用跨接线直接通过电源为电磁离合器供电，如这时电磁离合器吸合，说明其控制电路存在断路故障；如离合器仍不工作，则说明电磁离合器内部存在故障，再用万用表检修，测量电磁线圈的电阻，其值应在正常范围内。在确认控制电路存在故障后也可用跨接线将电路中怀疑有故障的电器件短接，然后观察电磁离合器能否吸合，以判断其是否有故障。如将控制电路中的低压开关短路，如果电磁离合器吸合，则说明低压开关内部损坏或系统缺少制冷剂。但利用跨接线短路试验检查空调系统的控制电路时应注意，如果是电路的熔断器烧坏，不能用跨接线短接。为防止损坏用电装置或电器元件，一定要在查清熔断器的熔断原因并加以排除后，再用规格相同的熔断器进行更换。

（2）用压力表检查

图 3-4-10 所示为某车型空调制冷系统正常时压力表高低压的显示，下面以此说明利用压力表判断和分析制冷系统故障的方法。在空气温度为 30～35℃、发动机转速为 1500～2000r/min 时检查。将鼓风机风速调至最高档，温度调至最冷档，从压力表上读取压力值。正常情况时空调系统压力表读数，低压侧为 0.15～0.25MPa，高压侧为 1.37～1.81MPa。若不在此范围内，则说明空调系统有故障。

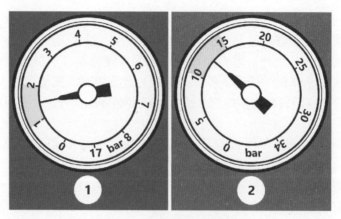

图 3-4-10　正常空调系统的压力值

（3）用故障诊断仪检查

对于自动空调系统，可用故障诊断仪检测出故障信息进行诊断，从而排除故障。

实训演练

实训工具与准备：

1）工具：150 件工具套件、208 接线盒、万用表、内饰撬板。

2）设备：2019 款比亚迪 e5 汽车、工作台。

3）资料及耗材：2019 款比亚迪 e5 汽车维修手册、《新能源汽车电气系统检修》教材、抹布等。

4）个人防护用品：劳保鞋。

空调控制模块的检测

一、空调控制单元在线检测

1）组装诊断仪套件，连接故障诊断仪至车辆诊断接口上，打开车辆电源开关。

2）打开故障诊断仪，选择车型诊断，单击汽车诊断，选择比亚迪 e5，单击按系统测试。

3）选择舒适网，选择空调控制器，等待车辆通信完成。

4）读取空调系统相关故障信息，检查空调系统有无故障。

5）读取空调系统相关数据流，判断空调系统相关数据是否正常。

6）退出诊断仪界面，关闭诊断仪。

7）关闭车辆电源开关，拔下故障诊断仪，完成车辆复位工作。

二、空调控制单元电路检测

空调控制单元共有三个插接器，分别是 G21（A）、G21（B）、G21（C）。图 3-4-11 所示为比亚迪 e5 空调控制单元电路，其中 G21（A）的 1 号接线端子和 G21（A）的 20 号接线端子为控制单元的供电端；G21（A）的 22 号接线端子为搭铁端；G21（A）的 17 号接线端子为 CAN-H 信号端，G21（A）的 18 号接线端子为 CAN-L 信号端；G21（C）的 14 号接线端子和 G21（C）的 27 号接线端子分别为阳光强度传感器的信号输入和输出端。

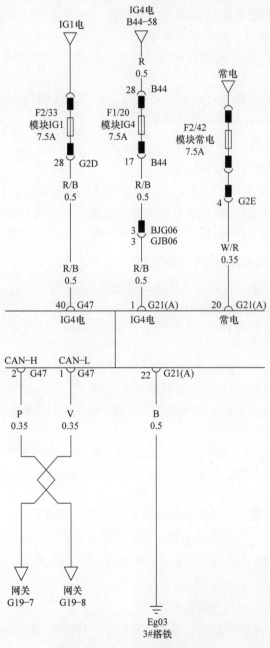

图 3-4-11　空调控制单元电路图

1. 空调控制单元供电电路检测

1）断开低压蓄电池负极，使用内饰撬板拆卸中控台左侧装饰板，使用卡扣起子拆卸空调控制器线束固定卡扣。

2）依次断开空调控制器三个线束插接器，安装低压蓄电池负极，打开车辆电源开关。

3）取出数字万用表，并校准。

4）将数字万用表旋至直流电压档，红表笔接空调控制单元插接器 G21（A）的 1 号接线端子，黑表笔接车身搭铁，检测供电电压。

5）等数字万用表显示稳定后读取万用表数值，若测量值与标准值（11～14V）不符，需进一步检修控制单元供电电路的线束和熔丝。

6）红表笔接空调控制单元插接器 G21（A）的 20 号接线端子，黑表笔接车身搭铁，检测供电电压。

7）等数字万用表显示稳定后读取万用表数值，若测量值与标准值（11～14V）不符，需进一步检修控制单元供电电路的线束和熔丝。

8）关闭车辆电源开关。

2. 空调控制单元搭铁电路检测

将数字万用表旋至电阻档，红表笔接空调控制单元插接件 G21（A）的 22 号接线端子，黑表笔接车身搭铁检测电阻。等数字万用表显示稳定后读取万用表数值，若电阻值不在标准值范围内（标准值小于 1Ω），应及时更换空调控制单元相关线束。

3. 空调控制单元舒适 CAN 信号电路检测

1）打开车辆电源开关，将数字万用表旋至直流电压档。

2）将数字万用表红表笔接空调控制单元插接器 G21（B）的 17 号接线端子，黑表笔接车身搭铁，检测舒适网 CAN-H 信号电压，等数字万用表显示稳定后，读取万用表数值。

3）若测量值与标准值（2.5～3.5V）不符，需要进一步检测空调控制单元 G21（B）的 17 号接线端子到网关 G19 的 17 号接线端子电路电阻。

4）将红表笔接空调控制单元插接器 G21（B）的 18 号接线端子，黑表笔接车身搭铁，检测舒适网 CAN-L 信号电压。

5）等数字万用表显示稳定后读取万用表数值，若测量值与标准值（1.5～2.5V）不符，需要进一步检测空调控制单元 G21（B）的 17 号接线端子到网关 G19 的 18 号接线端子电路电阻。

6）关闭车辆电源开关，依次安装空调控制单元三个插接器。

7）安装空调控制单元线束固定卡扣，安装中控台左侧装饰板。

4. 空调控制单元复检

1）再次连接诊断仪，起动车辆。

2）读取空调控制单元相关故障码。

3）查看空调控制单元相关数据，看其是否正常，并确认无控制系统相关故障码存在。

三、整理清洁

按照 7S 管理标准，整理工具和场地。

任 务 练 习

一、选择题

1. 电动压缩机驱动电动机位于压缩机壳体内部，与涡盘泵体中（　　　）同轴转动。

　　A. 泵轮盘　　　　　　　　B. 涡轮盘　　　　　　C. 涡轮动盘　　　　D. 泵轮动盘

2. PTC 加热器中共有 7 根 PTC 发热单体，通过内部电路连接形式划分成（　　　）个功率不同的加热模块。

　　A. 1　　　　　　　　　　B. 2　　　　　　　　C. 3　　　　　　　　D. 4

二、判断题

1. 电动汽车自动空调系统由制冷系统、供暖系统、通风系统、净化系统和控制系统五部分组成。　　　　　　　　　　　　　　　　　　　　　　　　　　　　（　　　）

2. 控制系统的作用只是对车室内空气温度、风量、流向进行控制。　　　（　　　）

3. 电动压缩机工作时涡轮动盘通过支架固定在壳体。　　　　　　　　　（　　　）

4. 电动汽车空调压缩机能量传递路线为电源→驱动控制器→电动机定子→电动机转子→涡轮动盘。　　　　　　　　　　　　　　　　　　　　　　　　　　　　（　　　）

5. 电动汽车供暖系统由 PTC 加热器、PTC 温度传感器、PTC 控制器组成。　（　　　）

6. PTC 加热器由 PTC 发热单体和铝制散热器组成。　　　　　　　　　　（　　　）

7. 进行自动空调系统维修，实践证明，先分析、后进行，先复杂、后简单，先内部、后外部，先电器、后机械的步骤是比较科学的。　　　　　　　　　　　　（　　　）

8. 空调系统歧管压力表若显示低压侧为 $0.15 \sim 0.25MPa$，高压侧为 $1.37 \sim 1.81MPa$，说明空调系统压力正常。　　　　　　　　　　　　　　　　　　　　　　　（　　　）

三、简答题

简述自动空调系统故障诊断方法。

任务五　电动空调压缩机检测维修

　　一辆 2017 款比亚迪 e5 电动汽车，行驶了 55000km。客户李先生反映该车空调不制冷，故障灯没有点亮。你能够根据客户反映的这一现象，初步判断是哪儿出现了故障吗？请学习相关知识，帮助客户分析故障原因，并在此基础上整理出你后面需要做的具体工作，从而有效处理当前故障。

学习目标

　　1）能够正确叙述电动压缩机的驱动方式。
　　2）能够正确叙述电动变排量涡旋式压缩机的优点。
　　3）能够正确叙述电动变排量涡旋式压缩机的结构与工作原理。
　　4）能够独立完成电动压缩机的拆装检测。

知识储备

一、电动压缩机驱动方式

　　一般新能源汽车上采用的空调压缩机有两种驱动方式：第一种是压缩机直接由主驱动电机通过传动带驱动，称为非独立驱动；第二种是利用单独的小功率电动机进行驱动，电动机从动力电池取电，可以同轴传动，也可以由传动带传动，称为独立驱动。

1. 非独立驱动方式

　　非独立驱动压缩机的驱动方式，如图 3-5-1 所示。压缩机通过传动带由整车的主驱动电机进行驱动，结构比较简单，方案容易实现，可直接采用传统的机械式压缩机，排量和功率的选配也与机械式压缩机相同。空调制冷量的控制，是通过电磁离合器的开闭以及压缩机排量的改变来实现的。

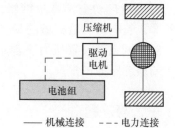

　　对于非独立驱动方式，压缩机由整车驱动电机进行驱动，空调的使用增加了驱动电机的负荷，对整车的动力性影响较大。另外，空调系统制冷量的调节是通过电磁离合器关闭或压缩机排量的改变来实现的，系统结构复杂、体积质量大、效率低、能耗大。因此，一般不推荐采用这种驱动方式。

图 3-5-1　非独立驱动压缩机驱动方式

2. 独立驱动方式

　　独立驱动压缩机的驱动方式，如图 3-5-2 所示。压缩机由单独的电动机进行驱动，因此空调系统的工作不会受到整车运行状况的影响。电动压缩机的功率是按照

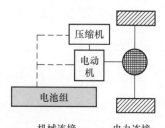

图 3-5-2　独立驱动压缩机驱动方式

常见的制冷负荷工况进行匹配的，从而保证了驱动电动机能够经常工作在高效率区内，空调系统制冷量的控制是通过调节驱动电动机的转速来实现的，可以根据车内制冷负荷需求来决定空调系统的能量输出，降低了能量的消耗。

根据布置形式的不同，独立驱动还包括带传动和同轴传动两种传动方式。由于同轴传动方式的结构紧凑，电动机的内置结构使制冷剂泄漏大大减少，因此该传动方式在国内外得到了普遍应用。

独立驱动方式空调压缩机由单独电动机进行驱动，增加了空调装置布置的灵活性。由于电动汽车留给压缩机的空间位置非常有限，因此更适合选择体积功率比占优势的独立驱动方式。

3. 混合驱动方式

对于混合动力车型来说，为保证车厢内的环境温度舒适性，在发动机模式、电动模式以及混合模式下均需要空调系统正常工作。可以选用全电动压缩机空调方式，也可以选用另外一种方式，即混合驱动压缩机空调方式，该种驱动方式如图 3-5-3 所示。

对于采用发动机与电动机混合驱动的压缩机，可以将电驱动与发动机驱动集成为一个整体，根据汽车行驶工况在发动机驱动模式和电动机驱动模式之间进行切换。在发动机模式下，压缩机由发动机通过传动带驱动。在汽车临时停车或持续减速时切换到电驱动模式，由动力电池提供能量。

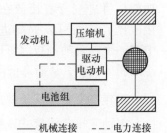

—— 机械连接　--- 电力连接

图 3-5-3　混合驱动方式

二、电动变排量涡旋式压缩机的优点

汽车空调压缩机是汽车空调制冷系统的心脏，其作用是维持制冷剂在制冷系统中的循环，吸入来自蒸发器的低温低压气态制冷剂，压缩转变为高温高压的气态制冷剂送往冷凝器。压缩机性能的好坏与空调系统的能量消耗、噪声大小和运转可靠性都有直接关系。

新能源汽车对车上辅助设备的能量消耗有严格的要求，因此在新能源汽车上所使用的空调压缩机应具有较高的工作效率，使其在满足使用要求的情况下能量消耗降到最低。目前，新能源汽车普遍使用的是涡旋式压缩机，其原理是利用动、静涡旋片的相对公转运动形成封闭容积的连续变化，实现压缩制冷的目的。涡旋式压缩机具有以下几个优点。

1）效率高。涡旋式压缩机没有吸、排气阀及余隙容积，气体可以通畅地吸入并能被完全排出，容积效率高。同时，动旋片上的所有点都以很小半径做同步转动，摩擦损失小。同活塞式压缩机相比较，其效率高 10%～15%。

2）运转平稳。多腔室连续工作，数个不同相位的工作循环同时进行，气流脉动小，转矩变化均匀。

3）没有吸、排气阀，运转可靠，寿命长，且特别适应于变速运转。

4）转动惯量小。涡旋的结构形式使压缩机可以实现高速旋转，最高转速可达 1300r/min 左右，因此，涡旋式压缩机体积小、重量轻。

5）由于吸气过程几乎连续进行，振动噪声低。

三、电动变排量涡旋式压缩机的结构与工作原理

1.电动变排量涡旋式压缩机结构

电动变排量压缩机主要包括一对螺旋缠绕的固定涡形管和可变涡形管、无刷电动机、油挡板和电动机轴，如图3-5-4所示。固定涡形管安装在壳体上，轴的旋转引起可变涡形管在保持原位置不变时发生转动，这时，由这对涡形管隔开的空间大小发生变化，实现制冷剂的吸入、压缩和排出等功能。将进气管直接放在涡形管上可以直接吸气，从而可以提高进气效率。压缩机

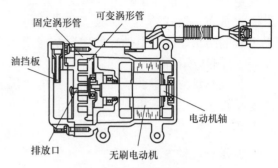

图 3-5-4　电动变排量缩机结构

中有一个内置油挡板，可以挡住制冷循环过程中与气态制冷剂混合的冷冻机油，使气态制冷剂循环顺畅，从而降低冷冻机油的循环率。

2.电动变排量涡旋式压缩机工作原理

电动变排量涡旋式压缩机工作原理如图3-5-5所示，主要包含三个过程，即吸入过程、压缩过程和排放过程。

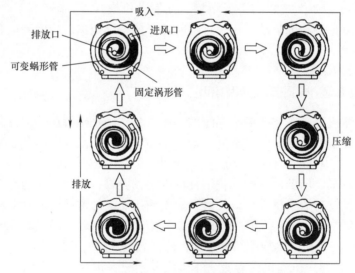

图 3-5-5　电动变排量涡旋式压缩机工作原理

（1）吸入过程

在固定涡形管和可变涡形管间产生的压缩室容量随着可变涡形管的旋转而增大，这时气态制冷剂从进气口吸入。

（2）压缩过程

吸入步骤完成后，随着可变涡形管继续转动，压缩室的容量逐渐减小。这样，吸入的气态制冷剂逐渐压缩并被排到固定涡形管的中心，当可变涡形管旋转约2圈后制冷剂的压缩完成。

（3）排放过程

气态制冷剂压缩完成而压力较高时，通过按压排放阀，气态制冷剂由固定涡形管中心排放口排出。

3.涡旋压缩机变排量原理

压缩机排量是通过涡旋盘端面的周期性啮合与脱开来改变的。电磁阀处于常闭状态时，活塞上下两侧的压力为出口高压压力，弹簧力确保两个涡旋盘共同加载，此时和标准型压缩机一样工作，容量达到100%。当外部电磁阀打开时，两个涡旋盘稍微脱离，此时压缩机无制冷剂被压缩，从而改变了排量。在一个10s的循环中，如果涡旋盘加载2s、卸载8s，其平均容量就是20%，加载时间占循环周期的比例可以在10%～100%输出排量的范围内任意改变。

电磁阀通电管路关闭时，压缩机处于负载状态，涡旋式压缩机像常规涡旋式压缩机一样工作，传递全部容量和制冷剂蒸气流量。电磁阀断电管路打开时，压缩机处于卸载状态，此时无制冷剂蒸气流量通过压缩机。

实训演练

实训工具与准备：

1）工具：制冷剂回收加注一体机、常用工具车、绝缘工具车、自封袋、绝缘胶带、绝缘手套、万用表、208接线盒、制冷剂泄漏检测仪。

2）设备：空调系统控制联动台架。

3）资料及耗材：《新能源汽车电气系统检修》教材、抹布等。

电动空调压缩机检测维修

一、比亚迪 e5 汽车制冷系统泄漏检测

1）打开制冷剂泄漏检测仪开关。

2）按下电池测试键，检查制冷剂泄漏检测仪电量是否充足，若电量不足则需更换新的电池，以免影响测试结果。

3）按下制冷剂泄漏检测仪灵敏度调节按键，调节制冷剂泄漏检测仪灵敏度。

4）将检测仪探头置于压缩机管路插头上方，检测制冷剂是否有泄漏，若检测仪发出高频的"滴滴"警报声，则说明存在泄漏，需更换新的密封圈或空调管路。

5）使用同样的方法检测冷凝器管路接口上方有无制冷剂泄漏，若有则需更换新的密封圈或空调管路。

6）使用同样的方法检测冷凝器翼片上方有无制冷剂泄漏，若有则需更换新的空调冷凝器。

7）使用同样的方法检测各空调压力传感器上方有无制冷剂泄漏，若有则需更换新的空调管路或空调压力传感器。

8）使用同样的方法检测膨胀阀上方有无制冷剂泄漏，若有则需更换新的空调管路或膨胀阀。

9）取下空调管路制冷剂高压加注口盖，将检测仪探头置于制冷剂加注口上方，检测制冷剂是否有泄漏，若检测仪发出高频的"滴滴"警报声，则说明存在泄漏，需更换新的空调管路或制冷剂高压加注口。

10）安装空调管路制冷剂高压加注口盖。

11）使用同样的方法检测空调管路制冷剂低压加注口上方有无制冷剂泄漏，若有则需更换新的空调管路或制冷剂低压加注口。

12）检测完毕，关闭制冷剂泄漏检测仪开关。

二、比亚迪 e5 汽车制冷系统压力检测

1）将制冷剂回收加注一体机高低压管路连接至空调管路上。

2）接通制冷剂回收加注一体机电源，打开电源开关。

3）打开制冷剂回收加注一体机高低压开关。

4）检查空调管路压力是否正常。若测量值与标准值不符，则说明空调系统存在故障，需要进行检修。

5）关闭制冷剂回收加注一体机上的高低压开关。

6）拔下制冷剂回收加注一体机电源。

7）断开制冷剂回收加注一体机高低压管路。

三、比亚迪 e5 汽车压缩机电路检测

比亚迪 e5 汽车压缩机控制电路如图 3-5-6 所示。根据电路图可知，BA17 为空调压缩机低压线束插接器，1 号接线端子为供电线束，2 号接线端子为搭铁线束，4 号接线端子为 CAN-H 通信线束，5 号接线端子为 CAN-L 通信线束。

1. 压缩机供电线束检测

1）断开空调压缩机低压线束插接器 BA17。

2）按下车辆起动开关至 ON 位置。

3）取出万用表，校表确认万用表是否正常可用。

4）将万用表调至直流电压档。

5）将万用表红表笔连接压缩机低压线束插接器 BA17 的 1 号接线端子，黑表笔连接车身搭铁。

6）待万用表数值稳定后读取万用表数值，标准值为 11 ~ 14V。若测量值与标准值不符，则说明压缩机供电线束存在故障，需要进行检修。

7）关闭车辆电源开关，断开低压蓄电池负极，并将万用表调至电阻测试档。

8）将万用表红表笔连接压缩机低压线束插接器 BA17 的 1 号接线端子，黑表笔连接压

缩机供电熔丝一端。

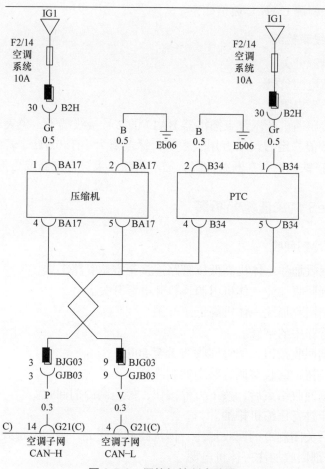

图 3-5-6　压缩机控制电路图

9）待万用表数值稳定后读取万用表数值，标准值为小于 1Ω。若测量值与标准值不符，则说明压缩机供电线路存在断路故障，需对压缩机供电线束进行维修或更换。

2. CAN 通信线束检测

1）按下车辆起动开关至 ON 位置。

2）将万用表调至直流电压档。

3）红表笔连接压缩机低压线束插接器 BA17 的 4 号接线端子，黑表笔连接车身搭铁。

4）待万用表数值稳定后读取万用表数值，标准值为 2.5 ~ 3.5V。若测量值与标准值不符，则说明 CAN-H 通信线束故障，需要进行检修。

5）关闭车辆电源开关，断开低压蓄电池负极。

6）断开空调控制器线束插接器 G21（C）。

7）将万用表调至电阻档，红表笔连接压缩机低压线束插接器 BA17 的 4 号接线端子，黑表笔连接空调控制器线束插接器 G21（C）的 14 号接线端子。

8）待万用表数值稳定后读取万用表数值，标准值为小于 0.5Ω。若测量值与标准值不符，则说明 CAN-H 通信线路存在断路故障，需对 CAN-H 通信线路进行维修或更换。

9）以同样方法检测 CAN-L 通信线束。

3. 压缩机搭铁线束检测

1）关闭车辆电源开关。

2）断开低压蓄电池负极。

3）将万用表调至电阻档。

4）红表笔连接压缩机低压线束插接器 BA17 的 2 号接线端子，黑表笔连接车身搭铁。

5）待万用表数值稳定后读取万用表数值，标准值为小于 0.5Ω。若测量值与标准值不符，则说明压缩机搭铁线束存在断路故障，需对搭铁线束进行维修或更换。

四、比亚迪 e5 汽车压缩机拆装

1. 空调系统制冷剂回收

1）将制冷剂回收加注一体机高低压管路连接至空调管路上。

2）接通制冷剂回收加注一体机电源，打开电源开关。

3）打开制冷剂回收加注一体机高低压开关。

4）排出空调管路中的空气。

5）按下制冷剂回收按钮，调整回收质量至 500g。

6）按下开始按钮，回收空调管路中的制冷剂。

7）空调制冷剂回收结束后，按下暂停按钮，停止制冷剂回收。

8）单击下一步进行压缩机排油。

9）排油结束后关闭制冷剂回收加注一体机高低压开关，关闭电源开关。

10）拔下制冷剂回收加注一体机电源。

11）断开制冷剂回收加注一体机高低压管路。

2. 压缩机拆卸

1）拔下高压电控总成侧压缩机高压线缆插接器。

2）使用 10mm 套筒、棘轮扳手组合工具，拆卸空调高压管路固定螺栓。

3）断开空调高压管路与压缩机的连接。

4）取下空调高压管路插头上的密封圈。

5）使用自封袋包裹空调管路插头，以免灰尘和杂质进入空调管路。

6）取下压缩机管路接口上的密封圈。

7）使用绝缘胶带封住压缩机管路接口，以免灰尘和杂质进入空调管路。

8）以同样方法拆卸空调低压管路。

9）使用 13mm 呆扳手配合 10mm 呆扳手，拆卸空调压缩机 2 个固定螺栓和螺母，并用手取下。

10）取下空调压缩机，并妥善放置。

3. 压缩机安装

1）将压缩机孔位对齐，并用手旋入 2 个固定螺栓和螺母。

2）用手安装空调压缩机 2 个固定螺栓和螺母。

3）使用 13mm 呆扳手配合 10mm 呆扳手，紧固空调压缩机 2 个固定螺栓和螺母。

4）取下压缩机管路接口上的绝缘胶带。

5）安装新的密封圈至压缩机管路接口上。

6）取下空调管路上的自封袋。

7）安装新的密封圈至空调高压管路插头上。

8）将空调高压管路连接至压缩机上，并用手旋入固定螺栓。

9）使用 10mm 套筒、棘轮扳手组合工具，安装空调高压管路固定螺栓。

10）以同样方法安装空调低压管路。

11）安装高压电控总成侧压缩机高压线缆插接器。

4. 空调系统制冷剂加注

1）将制冷剂回收加注一体机高低压管路连接至空调管路上。

2）接通制冷剂回收加注一体机电源，打开电源开关。

3）打开制冷剂回收加注一体机上的高低压管路开关。

4）按下抽真空按钮，设置抽真空时间为 5min，按下开始按钮。

5）等待抽真空结束。

6）按下开始按钮，进行 3min 保压测试，若 3min 后压力值下降，则说明制冷系统存在泄漏，需对制冷系统进行检修。

7）保压完成后进行自动注油。

8）注油后，按下制冷剂加注按钮，调整加注质量至 500g。

9）按下开始按钮，加注空调制冷剂。

10）空调制冷剂加注结束后，按下暂停按钮，停止制冷剂加注。

11）关闭制冷剂回收加注一体机高低压开关，关闭电源开关。

12）拔下制冷剂回收加注一体机电源。

13）断开制冷剂回收加注一体机高低压管路。

五、整理清洁

按照 7S 管理标准，整理工具、场地和设备。

任务练习

一、选择题

1.电动变排量涡旋式压缩机优点有（　　　）。

　　A.效率高、运转平稳、转动惯量小

　　B.没有吸、排气阀，运转可靠，寿命长，且特别适应于变速运转

　　C.由于吸气过程几乎连续进行，振动噪声低

　　D.以上都是

2. 涡旋式压缩机没有（　　　）。

　　A. 排气阀及余隙容积　　　　　　　　　　B. 吸、排气阀及余隙容积

　　C. 吸气阀及余隙容积　　　　　　　　　　D. 吸、排气阀

3. 动旋片上的所有点都以很小半径做同步转动，摩擦损失（　　　）。

　　A. 大　　　　　　　　　B. 不变　　　　　　　　C. 小　　　　　　　　D. 不确定

4. 同活塞式压缩机相比较，其效率高（　　　）。

　　A.10% ~ 15%　　　　　　B.11% ~ 15%　　　　　　C.12% ~ 15%　　　　　　D.13% ~ 15%

二、判断题

1. 在固定涡形管和可变涡形管间产生的压缩室的容量随着可变涡形管的旋转而增大，这时气态制冷剂从进气口吸入。　　　　　　　　　　　　　　　　　　　　　　（　　　）

2. 吸入步骤完成后，随着可变涡形管继续转动，压缩室的容量逐渐增大。　（　　　）

3. 当可变涡形管旋转约 3 圈后，制冷剂的压缩完成。　　　　　　　　　　（　　　）

4. 气态制冷剂压缩完成而压力较高时，通过按压排放阀，气态制冷利由固定涡形管中心排放口排出。　　　　　　　　　　　　　　　　　　　　　　　　　　　　　　（　　　）

5. 压缩机排量是通过涡旋盘端面的周期性啮合与脱开来改变的。　　　　　（　　　）

6. 电磁阀通电管路关闭时，压缩机处于负载状态，涡旋压缩机像常规涡旋压缩机一样工作，传递全部容量和制冷剂蒸气流量。　　　　　　　　　　　　　　　　　　　（　　　）

7. 电磁阀处于常开状态时，活塞上下两侧的压力为出口高压压力。　　　　（　　　）

8. 电动变频涡旋式压缩机工作原理主要包含三个过程，即吸入过程、压缩过程和排放过程。　　　　　　　　　　　　　　　　　　　　　　　　　　　　　　　　　　　（　　　）

9. 压缩机中有一个内置油挡板，可以挡住制冷循环过程中与气态制冷剂混合的冷冻机油，使气态制冷剂循环顺畅，从而降低机油的循环率。　　　　　　　　　　　　　（　　　）

10. 电动变排量压缩机主要包括一对螺旋缠绕的固定涡形管和可变涡形管、无刷电动机、油挡板和电动机轴。　　　　　　　　　　　　　　　　　　　　　　　　　　　（　　　）

三、简答题

简述空调压缩机的拆卸步骤。

任务六 混合动力汽车空调压缩机检测维修

一辆 2017 款比亚迪·秦混合动力汽车，行驶了 40000km。客户李先生反映在车辆处于发动机模式工作时，该车空调不制冷，故障灯没有点亮。你能够根据客户反映的这一现象，初步判断是哪儿出现了故障吗？请学习相关知识，帮助客户分析故障原因，并在此基础上整理出你后面需要做的具体工作，从而有效处理当前故障。

学习目标

1）能够正确叙述压缩机的类型及工作原理。
2）能够描述压缩机电磁离合器控制原理。
3）能够描述压缩机控制原理。
4）能够准确描述比亚迪·秦机械压缩机工作原理。
5）能够独立完成比亚迪·秦机械压缩机的检测。

知识储备

汽车空调压缩机是汽车空调制冷系统的心脏，其作用是维持制冷剂在制冷系统中的循环，吸入来自蒸发器的低温低压气态制冷剂，压缩转变为高温高压的气态制冷剂送往冷凝器。目前混合动力汽车空调上普遍使用的是电动变排量涡旋式压缩机，用电动空调压缩机代替了带驱动的压缩机。但是在某些混合动力汽车上既使用了电动空调压缩机又使用了带驱动压缩机，电动压缩机在上一个任务中已经介绍，本任务主要介绍混合动力汽车上的带驱动压缩机。

一、压缩机类型及工作原理

目前，在汽车空调系统中所采用的压缩机有多种类型，比较常见的有斜盘式压缩机、叶片式压缩机、涡旋式压缩机、曲轴连杆式压缩机等。此外，压缩机还可分为定排量和变排量两种形式，变排量压缩机可根据空调系统的制冷负荷自动改变排量，使空调系统运行更加经济。

1. 叶片式压缩机

（1）叶片式压缩机结构

叶片式压缩机的结构如图 3-6-1 所示。在叶轮上安装有若干叶片，与机体形成几个密封的空间。在机体上安装有吸气孔、排气孔和排气阀，在叶轮旋转时，密封空间的体积会发生变化，从而完成进气、压缩和排气的过程。

（2）叶片式压缩机工作过程

叶片式压缩机的工作过程如图 3-6-2 所示。

2. 旋转斜盘式压缩机

（1）旋转斜盘式压缩机结构

旋转斜盘式压缩机的结构如图 3-6-3 所示。这种压缩机通常在机体圆周方向上布置有 6

个或者 10 个气缸，每个气缸中安装一个双向活塞形成 6 缸机或 10 缸机，每个气缸两头都有进气阀和排气阀。活塞由斜盘驱动在气缸中往复运动，活塞的一侧压缩时，另一侧则为进气。

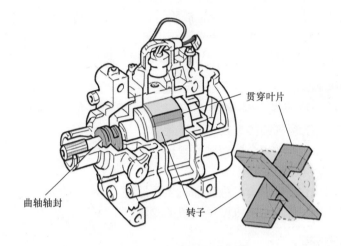

图 3-6-1　叶片式压缩机的结构

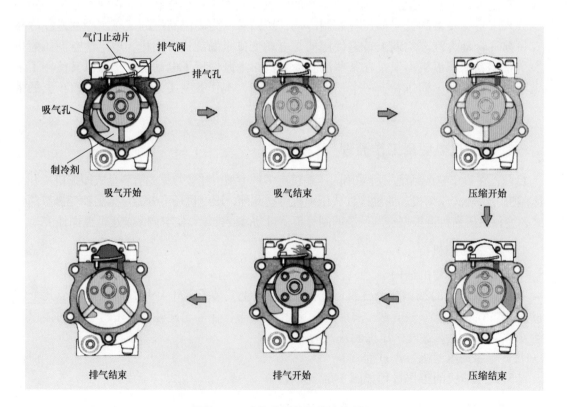

图 3-6-2　叶片式压缩机的工作过程

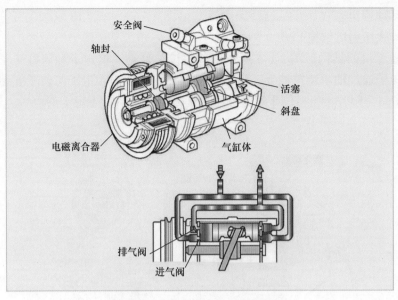

图 3-6-3　旋转斜盘式压缩机的结构

（2）旋转斜盘式压缩机工作过程

旋转斜盘式压缩机的工作过程如图 3-6-4 所示。压缩机轴旋转时，轴上的斜盘同时驱动所有的活塞运动，部分活塞向左运动，部分活塞向右运动。图中的活塞在向左运动中，活塞左侧的空间缩小，制冷剂被压缩，压力升高，打开排气阀向外排出；与此同时，活塞右侧空间增大压力减小，进气阀开启，制冷剂进入气缸。由于进、排气阀均为单向阀结构，能够保证制冷剂不会倒流。

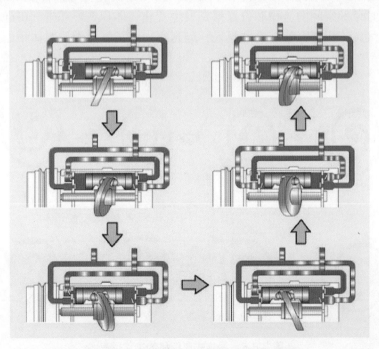

图 3-6-4　旋转斜盘式压缩机的工作过程

3. 涡旋式压缩机

（1）涡旋式压缩机结构

涡旋式压缩机的结构如图 3-6-5 所示。其关键部件是涡旋定子和涡旋转子，定子安装在机体上，转子通过轴承装在轴上。转子与轴有一定的偏心，定子与转子安装好后，可形成月牙形的密封空间，排气口位于定子的中心部位，进气口位于定子的边缘。

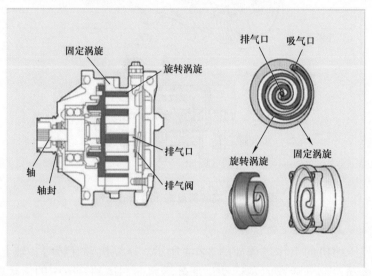

图 3-6-5　涡旋式压缩机的结构

（2）涡旋式压缩机工作过程

涡旋式压缩机的工作过程如图 3-6-6 所示。当压缩机旋转时，转子相对于定子运动，使两者之间的月牙形空间的体积和位置都在发生变化。体积在外部进气口处大，在中心排气口处小，进气口体积增大使制冷剂吸入，当到达中心排气口部位时体积缩小，制冷剂被压缩排出。

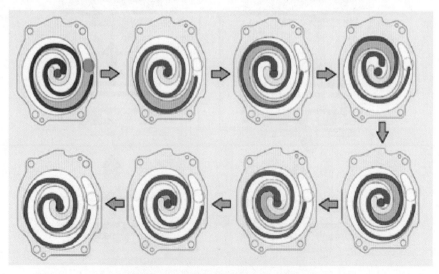

图 3-6-6　涡旋式压缩机的工作过程

4.摇板式压缩机

（1）摇板式压缩机结构

摇板式压缩机是一种变排量的压缩机，其结构如图 3-6-7 所示。它的结构与旋转斜盘式压缩机类似，通过斜盘驱动轴向分布的活塞，只是将双向活塞变为单向活塞，并可通过改变斜盘的角度改变活塞的行程，从而改变压缩机的排量。压缩机旋转时，压缩机轴驱动与其连接的凸缘盘，凸缘盘上的导向销钉再带动斜盘转动，斜盘最后驱动活塞往复运动。

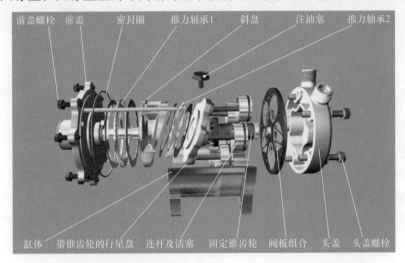

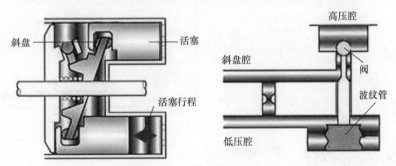

图 3-6-7　摇板式压缩机的结构

（2）摇板式压缩机工作过程

压缩制冷剂的工作过程此处不再重复，这里主要介绍一下变排量的原理。如图 3-6-8 所示，这种压缩机可以根据制冷负荷的大小改变排量，制冷负荷减小时可以使斜盘的角度减小，减小活塞的行程，使排量降低，负荷增大时则相反。制冷负荷的减小会使压缩机低压腔压力降低，低压腔压力降低可使波纹管膨胀而打开控制阀，高压腔的制冷剂便会通过控制阀进入斜盘腔，使斜盘腔的压力升高。

5.曲轴连杆式压缩机

（1）曲轴连杆式压缩机结构

这种压缩机的结构与发动机相似，由曲轴连杆驱动活塞往复运动，一般采用双缸结构，每缸上方装有进排气阀片，压缩机的具体结构如图 3-6-9 所示。

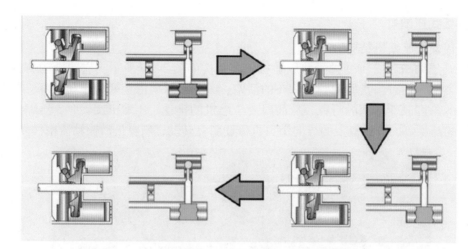

图 3-6-8　摇板式压缩机变排量的工作过程

（2）曲轴连杆式压缩机工作过程

曲轴连杆式压缩机的工作过程如图 3-6-10 所示。整个工作过程由吸气、压缩和排气三个过程组成，活塞下行时进气阀开启，制冷剂进入气缸；活塞上行时，制冷剂被压缩；当达到一定压力时排气阀打开，制冷剂排出。这种压缩机由于体积较大，很少在轿车上使用。

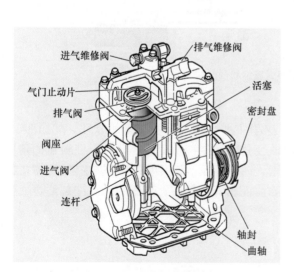

图 3-6-9　曲轴连杆式压缩机结构

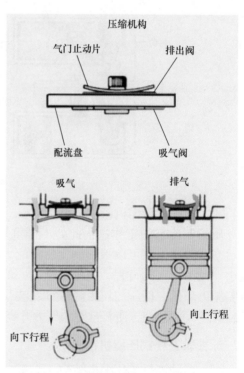

图 3-6-10　曲轴连杆式压缩机的工作过程

二、空调制冷系统的控制原理

1. 压缩机电磁离合器控制原理

压缩机上装有电磁离合器，用以接通或切断发动机与压缩机的动力传递。电磁离合器的结构如图 3-6-11 所示，主要包括压力板、带轮和定子线圈等部件。压力板与压缩机轴相连，带轮和定子线圈安装在压缩机的壳体上。空调开关接通后，制冷系统进入工作状态，电磁离合器定子线圈通电产生电磁力，将压力板吸向带轮，使二者接合在一起，发动机的动力便通过带轮传递到压力板，带动压缩机轴转动，驱动压缩机工作，如图 3-6-12 所示。

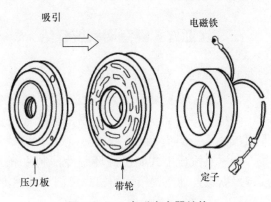

图 3-6-11　电磁离合器结构

当制冷系统停止工作时，定子线圈断电，电磁力消失，压力板与带轮分离，动力切断，压缩机停止工作，如图 3-6-13 所示。

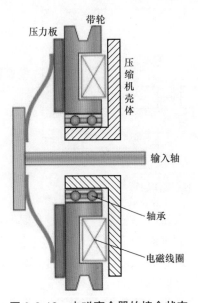

图 3-6-12　电磁离合器的接合状态

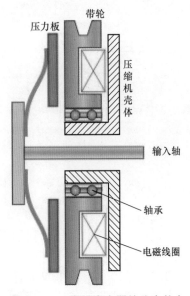

图 3-6-13　电磁离合器的分离状态

2. 压缩机的控制原理

蒸发器温度检测是指为了防止蒸发器结霜，定排量压缩机的控制系统一般采集蒸发器出风口的温度信号进行控制。当温度达到设定值时，压缩机电磁离合器断开，压缩机停止工作。当温度升高后电磁离合器接合，压缩机开始工作。制冷循环系统压力控制是为了避免制冷系统中出现压力异常而造成系统部件的损坏，当管路内压力过高时，压缩机停止工作。

当接通空调开关使制冷系统进入工作状态时，系统内压力正常，蒸发器温度正常，发动机转速符合制冷系统工作要求，电磁离合器的继电器线圈电路接通，继电器触点吸合，压缩机在发动机带轮的带动下运转。

三、比亚迪·秦空调系统介绍

1. 比亚迪·秦空调系统概述

比亚迪·秦空调系统为单蒸发器、双压缩机的自动空调系统，主要由机械压缩机、电动压缩机、冷凝器、HVAC 总成、制冷管路、PTC、暖风水管、风道、空调控制器等零部件组成。系统具有制冷、采暖、除霜除雾、通风换气四种功能。该系统利用 PTC 水暖采暖，利用蒸汽压缩式制冷循环制冷，制冷剂为 R134a，冷冻机油型号为 POE，控制方式为按键操纵。自动空调箱体的模式风门、冷暖混合风门和内外循环风门均由伺服电动机控制。

2. 制冷系统原理

因为比亚迪·秦汽车空调系统含有机械压缩机和电动压缩机，所以汽车空调制冷系统工作时包含两种情况，即电动压缩机工作与机械压缩机工作。工作原理如图 3-6-14 所示。

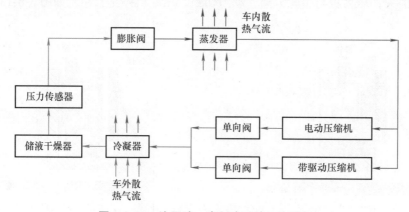

图 3-6-14　比亚迪·秦制冷系统工作原理

整车有电时，电动压缩机工作。由电动压缩机将低压气态的制冷剂从蒸发器中抽出进入电动压缩机中→通过电动压缩机压缩形成高温高压的气态制冷剂进入到冷凝器→高温高压气态制冷剂通过冷凝器与车外空气进行换热后变成常温高压液态的制冷剂→高压液态的制冷剂经膨胀阀节流在蒸发器里面膨胀蒸发→膨胀蒸发的制冷剂通过蒸发器吸收流经蒸发器的空气热量→降温后的气流通过鼓风机带入车内达到制冷的效果→蒸发散热后的低压气态制冷剂重新被吸入电动压缩机进行下一个工作循环。

整车没电时，机械压缩机工作。带驱动压缩机将低压气态的制冷剂从蒸发器中抽出进入带驱动压缩机中→通过带驱动压缩机压缩形成高温高压气态制冷剂进入到冷凝器→高温高压气态制冷剂通过冷凝器与车外空气进行换热后变成常温高压液态的制冷剂→高压液态的制冷剂经膨胀阀的节流在蒸发器里面膨胀蒸发→膨胀蒸发的制冷剂通过蒸发器吸收流经蒸发器的空气热量→降温后的气流通过鼓风机带入车内达到制冷的效果→蒸发换热后的低压气态制冷剂重新吸入带驱动压缩机进行下一个工作循环。

实 训 演 练

实训工具与准备：

1）工具：万用表、208 接线盒、工具车。

2）设备：2019 款比亚迪·秦汽车。

3）资料及耗材：2019 款比亚迪·秦汽车维修手册、《新能源汽车电气系统检修》教材、抹布等。

空调压缩机离合器故障诊断

一、比亚迪·秦机械压缩机电路检测

机械压缩机的电路如图 3-6-15 所示。根据电路图可知，机械压缩机继电器 85 号和 86 号接线端子为继电器线圈端，88 号和 88a 号接线端子为继电器触点端，A59 为机械压缩机供电线束插接器，1 号接线端子为供电线束。

1. 机械压缩机继电器供电检测

1）拔下机械压缩机继电器，并妥善放置。

2）取出万用表，对万用表进行校表操作，并检查万用表是否正常可用。

3）将万用表调整至直流电压档。

4）将万用表红表笔连接机械压缩机继电器底座 86 号接线端子，黑表笔连接车身搭铁。

5）待万用表数值稳定后读取万用表数值，标准值为 11 ~ 14V。若测量值与标准值不符，则说明机械压缩机继电器线圈端供电线路存在故障，需对机械压缩机继电器线圈端供电电路进行检修。

6）以同样方法检测机械压缩机继电器底座 88 号接线端子。

2. 机械压缩机继电器本体检测

1）将万用表调整至电阻测试档。

2）将万用表红黑表笔分别连接机械压缩机继电器本体 85 号和 86 号接线端子。

3）待万用表数值稳定后读取万用表数值，标准值为 100Ω 左右。若测量值与标准值不符，则说明机械压缩机继电器线圈损坏，需更换新的机械压缩机继电器。

4）将万用表红黑表笔分别连接机械压缩机继电器本体 88 号和 88a 号接线端子。待万用表数值稳定后读取万用表数值，标准值为无穷大。若测量值与标准值不符，则说明机械压缩机继电器触点端损坏，需更换新的机械压缩机继电器。

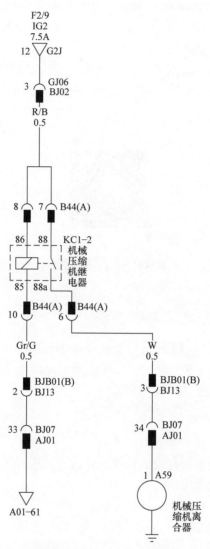

图 3-6-15　机械压缩机电路

5）将适配线连接机械压缩机继电器本体 85 号和 86 号接线端子。

6）将机械压缩机继电器 85 号和 86 号接线端子分别连接蓄电池正负极，检查继电器是否有吸合动作。

7）将万用表红黑表笔分别连接机械压缩机继电器本体 88 号和 88a 号接线端子。

8）待万用表数值稳定后读取万用表数值，标准值为小于 0.5Ω。若测量值与标准值不符，则说明机械压缩机继电器触点端损坏，需更换新的机械压缩机继电器。

9）将机械压缩机继电器 85 号和 86 号接线端子与蓄电池正负极的连接断开，并断开连接线。

10）将机械压缩机继电器安装至继电器底座上。

3.机械压缩机供电线束检测

1）将万用表红表笔连接机械压缩机供电线束插接器 A59 的 1 号接线端子，黑表笔连接车身搭铁。

2）将万用表调整至直流电压档。

3）待万用表数值稳定后读取万用表数值，标准值为 11～14V。若测量值与标准值不符，则说明机械压缩机供电线束存在故障，需对机械压缩机供电线束进行检修。

4）将万用表调整至电阻测试档。

5）拔下机械压缩机继电器。

6）将万用表红表笔连接机械压缩机供电线束插接器 A59 的 1 号接线端子，黑表笔连接机械压缩机继电器底座 88a 接线端子。

7）待万用表数值稳定后读取万用表数值，标准值为小于 1Ω。若测量值与标准值不符，则说明机械压缩机供电线束存在断路故障，需对机械压缩机供电线束进行维修或更换。

二、整理清洁

按照 7S 管理标准，整理工具、场地和设备。

任务练习

一、选择题

1.混合动力汽车空调普遍使用的是（　　　）。

  A.电动变排量涡旋式压缩机　　　　　　　B.电动定排量涡旋式压缩机

  C.斜盘式压缩机　　　　　　　　　　　　D.叶片式压缩机

2.涡旋式压缩机没有（　　　）。

  A.排气阀及余隙容积　　　　　　　　　　B.吸、排气阀及余隙容积

  C.吸气阀及余隙容积　　　　　　　　　　D.吸、排气阀

二、判断题

1.压缩机的作用是将从蒸发器出来的低温、低压的气态制冷剂通过压缩转变为高温、高压的气态制冷剂，并将其送入冷凝器。（　　）

2.活塞由斜盘驱动在气缸中往复运动，活塞的一侧压缩时，另一侧则为排气。（　　）

3.因为进、排气阀均为单向阀结构，所以可保证制冷剂不会倒流。（　　）

4.压缩机还可分为定排量和变排量两种形式，变排量压缩机可根据空调系统的制冷负荷自动改变排量，使空调系统运行更加经济。（　　）

5.压缩机旋转时，压缩机轴驱动与其连接的凸缘盘，凸缘盘上的导向销钉再带动斜盘转动，斜盘最后驱动活塞往复运动。（　　）

6.制冷负荷的减小会使压缩机低压腔压力增大。（　　）

7.进气口位于定子的中心部位，排气口位于定子的边缘。（　　）

8. 当制冷系统停止工作时，定子线圈断电，电磁力消失，压力板与带轮分离，动力切断，压缩机停止工作。　　　　　　　　　　　　　　　　　　　　　　　　（　　）

9. 进气口体积增大使制冷剂吸入，当到达中心排气口部位时，体积增大，制冷剂被压缩排出。　　　　　　　　　　　　　　　　　　　　　　　　　　　　　　　（　　）

10. 目前，在汽车空调系统中所采用的压缩机有多种类型，比较常见的有斜盘式压缩机、叶片式压缩机、涡旋式压缩机、曲轴连杆式压缩机等。　　　　　　　　　　（　　）

三、简答题

1. 简述涡旋式压缩机的工作过程。

2. 简述压缩机的控制原理。

任务七　蒸发器和冷凝器及相关部件检测维修

一辆 2017 款比亚迪 e5 电动汽车，行驶了 45000km。客户李先生反映该车鼓风机能正常工作但无制冷，故障灯没有点亮。你能够根据客户反映的这一现象，初步判断是哪儿出现了故障吗？请学习相关知识，帮助客户分析故障原因，并在此基础上整理出你后面需要做的具体工作，从而有效处理当前故障。

学习目标

1）能够正确叙述冷凝器的作用及分类。
2）能够正确叙述储液干燥器和集液器的作用。
3）能够正确叙述节流膨胀装置的作用及类型。
4）能够正确叙述蒸发器的作用及分类。
5）能够独立完成比亚迪 e5 冷凝器及干燥器拆装检查。
6）能够独立完成比亚迪 e5 空调压力温度传感器拆检。
7）能够独立完成比亚迪 e5 电子膨胀阀拆检。

知 识 储 备

一、冷凝器

1.冷凝器的作用

冷凝器是一个热交换器，它的作用是对压缩机排出的高温高压制冷剂蒸气散热降温，使其凝结为液态高压制冷剂。气体状态的载热制冷剂在冷凝器中得到液化或冷凝。制冷剂进入冷凝器时几乎100%为蒸气，当其离开冷凝器时并非为100%的液体，因为仅有一定量的热能在给定时间内由冷凝器排出，少量制冷剂以气态方式离开冷凝器。冷凝器直接安装在散热器的前方，可以借助汽车向前行驶和发动机风扇所产生的气流对制冷剂进行充分冷却。

2.冷凝器的分类

为使用和安装方便，在汽车空调系统中冷凝器常采用空气冷却式，一般称为风冷式。常见类型有管片式、平流式及管带式。

（1）管片式冷凝器

管片式冷凝器由安装在一系列薄散热片上的制冷剂螺旋管组成，如图3-7-1所示。在前舱有限的空间内，这种设计结构可以提供最大的散热面积。来自压缩机的高温高压制冷剂蒸气从冷凝器顶部流入并流过螺旋管，将热量散发到大气中。当制冷剂蒸气经过冷凝器向下流动时，气态制冷剂即变为液态制冷剂。

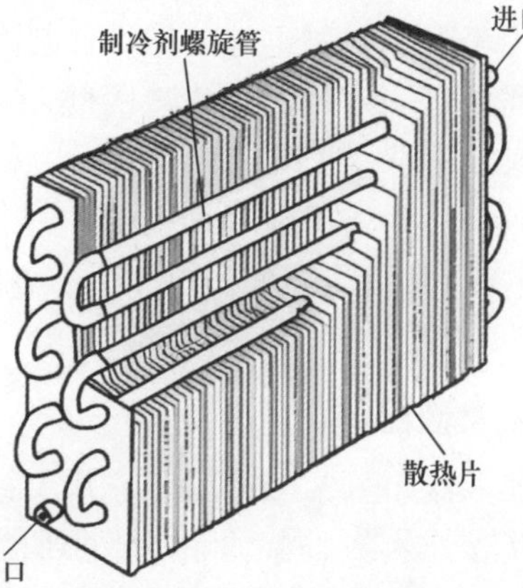

（2）平流式冷凝器

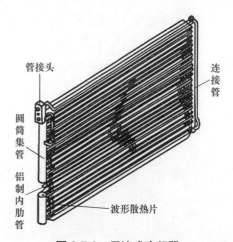

图 3-7-1 管片式冷凝器

平流式冷凝器由圆筒集管、铝制内肋管、波形散热片以及连接管组成，如图3-7-2所示。平流式冷凝器与管带式冷凝器的最大区别是：管带式冷凝器只有一条扁管自始至终地呈蛇形弯曲，制冷剂只在这一条通道中流动而进行热交换；而平流式冷凝器则是在两条集流管间用多条扁管相连，制冷剂在同一时间经过多条扁管流通而进行热交换。这种结构的散热性能较管带式冷凝器提高了30%～40%，内容积减少了约20%，大幅度提高了它的热交换性能。

（3）管带式冷凝器

管带式冷凝器一般是将小扁管弯成蛇管形，在其中安置三角形的翼片或其他类型的散热片，如图3-7-3所示。这种冷凝器的传热效率比管片式冷凝器提高15%～20%。

图 3-7-2 平流式冷凝器

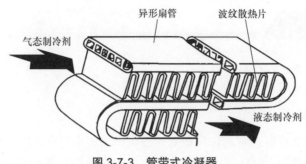

图 3-7-3 管带式冷凝器

二、储液干燥器和集液器

1. 储液干燥器

由于汽车空调正常工作时，制冷剂的供应量大于蒸发器的需求量，所以高压侧液态制冷剂需要有一定的储存量。因此，在空调系统中需设置储液干燥器，如图 3-7-4 所示。储液干燥器用于膨胀阀式制冷系统，安装于冷凝器出口处，其作用如下：

1）存储。暂时存储制冷剂，使制冷剂的流量与制冷负荷相适应。

2）过滤。清除杂物和污物，防止造成制冷系统堵塞。

3）干燥。吸收制冷剂中的水分，防止压缩机组成元件造成液击损伤，节流装置处结冰。

2. 集液器

集液器如图 3-7-5 所示。它用于膨胀管式制冷系统，安装于蒸发器出口处的管路上。其作用与储液干燥器相同，但由于膨胀管无法调节制冷剂流量，会导致经蒸发器流出的制冷剂中可能有部分液体，为防止压缩机损坏，在进入压缩机之前，集液器将制冷剂进行气液分离。

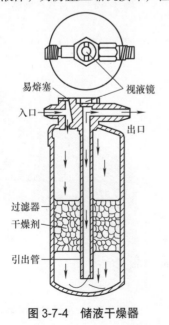

图 3-7-4 储液干燥器

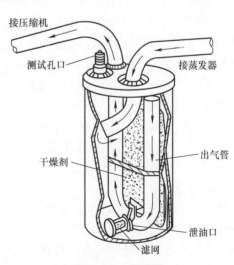

图 3-7-5 集液器

三、节流膨胀装置

为了达到最大的制冷效果，必须控制进入蒸发器的制冷剂流量，这样才能确保蒸发器内的液态制冷剂得到完全的蒸发，节流膨胀装置能够达到这个目的。汽车空调采用的节流膨胀装置主要包括膨胀阀、H 型阀、节流管等。

1. 膨胀阀

（1）膨胀阀作用

储液干燥器排出的制冷剂作为高压液体流入膨胀阀，流经膨胀阀的节流孔时，制冷剂被强制通过这个小孔并在另一侧喷出，就产生了一个压力差，使制冷剂的压力和温度都得以降低并产生雾化。这样在流经蒸发器时就容易汽化，制冷剂吸收周围空气中的热量，并通过鼓风机送至车厢。具体来说，膨胀阀有节流降压、调节流量和控制过热度三个功能。

1）节流降压。膨胀阀节流小孔改变了流入的液态制冷剂压力，从高压变为低压，将空调系统的高压侧与低压侧分割出来。因为通过膨胀阀会产生一个压力降，制冷剂的流动会受到限制即节流。进入阀中的制冷剂状态为高压液体，离开阀的制冷剂为低压液体，此时少量的制冷剂会由于压力降而汽化，这种汽化称为闪蒸。

2）调节流量。膨胀阀体通过感温包感受蒸发器出口处制冷剂过热度的变化来控制阀的开度，从而调节通过节流孔的液态制冷剂流量，确保蒸发器接收到适量的制冷剂，以保证适当的制冷作用。在给定时间所需的制冷剂量随不同的热负载而不同，热力膨胀阀可以从全开位置调到关闭位置，它在这两个位置之间不断调整平衡，以保证在各种负载条件下流入蒸发器的制冷剂都是适量的。若流量过大，蒸发器出口会含有液态制冷剂，可能进入压缩机产生液击。若制冷剂流量过小，制冷剂将提前蒸发完毕，造成制冷不足。

3）控制过热度。恒温膨胀阀必须快速地对热负载工况变化做出反应。当测出热量增加时，膨胀阀会向增加制冷剂流量的开启位置移动。当发动机转速提高使得热载荷降低或压缩机输出量增加时，膨胀阀就会向关闭位置移动，减小流入蒸发器的制冷剂流量。

（2）膨胀阀分类

膨胀阀可以分为外平衡式膨胀阀、内平衡式膨胀阀和 H 型膨胀阀三种类型。

1）内平衡式膨胀阀又称为恒压式膨胀阀，从针阀的蒸发器侧到膜片下侧有一孔状通路，如图 3-7-6 所示。

2）外平衡式膨胀阀又称为温控式膨胀阀，有一毛细管连接至蒸发器出口处探测蒸发器压力，如图 3-7-7 所示。

外平衡式膨胀阀与内平衡式膨胀阀原理基本相同，只是内平衡式膨胀阀膜片下面感受到的是蒸发器入口压力，而外平衡式膨胀阀膜片下面感受到的是蒸发器出口压力。使用外平衡式膨胀阀可以消除经过蒸发器盘管压力降的影响，使过热度（入口和出口的温度差）的设定取决于过热弹簧力的设定，弹簧在使用一段时间后可能会出现弹簧力下降，应进行必要的调整。

3）H 型膨胀阀。H 型膨胀阀取消了外平衡式膨胀阀的外平衡管和感温包，使其直接与蒸发器进出口相连。H 型膨胀阀因其内部通路形状像大写字母 H 而得名，如图 3-7-8 所示。它有四个接口通往空调系统，其中两个接口和普通膨胀阀一样，一个接储液干燥器的出口，另一个接蒸发器进口，但另两个接口，一个接蒸发器出口，一个接压缩机进口，感温包和毛细管均由膜片下面的感温元件取代。H 型膨胀阀结构紧凑，性能可靠。由于 H 型膨胀阀没有感温包、毛细管和外平衡接管，可避免因汽车颠簸、振动而引起充注系统断裂、渗漏、感温包松动等问题，提高了膨胀阀的抗振性能。

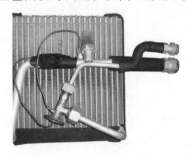

图 3-7-6　内平衡式膨胀阀

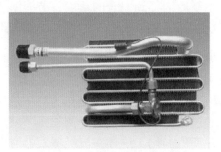

图 3-7-7　外平衡式膨胀阀

2. 节流管

膨胀阀的另一种形式是节流管，也称毛细管，如图 3-7-9 所示，用于孔管式空调系统上。它没有感温包、平衡管，而有一个小孔节流元件和一个网状过滤器，一般用在隔热性能好，且车内负荷变化不大的轿车上。由于它不具备自身流量调节能力，被视为一种流量恒定的节流设备，又由于其直径小，通道容易被阻塞，通常在毛细管的前面安装一种性能良好的过滤器，以阻止脏物进入。与膨胀阀相比，节流管结构简单、可靠性好、

图 3-7-8　H 型膨胀阀

价格便宜，应用广泛，但它不能根据工况变化调节制冷剂流量。节流管根据使用情况尺寸有所不同，其节流元件堵塞会导致节流管失效，即使清理堵塞后，节流管的节流效果也不是很理想，所以节流管一旦失效通常都是直接换件，而且储液干燥器一般也要同时更换。

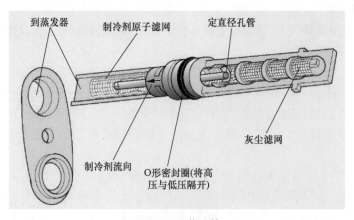

图 3-7-9　节流管

四、蒸发器

1. 蒸发器的作用

蒸发器利用低温低压的液态制冷剂蒸发时需吸收大量热量的原理，把通过它周围的空气中的热量带走，从而达到冷却除湿的目的。被冷却的空气被送入车厢内，使车内降温。

1）若流入蒸发器的制冷剂过多，就使得蒸发器内的压力较高，制冷剂不能迅速汽化，空调制冷效果变差，同时过多的液态制冷剂进入压缩机会对压缩机造成严重损坏。

2）若流入蒸发器的制冷剂过少，在其通过蒸发器前就很快蒸发或汽化，同样会导致空调制冷效果不好。

2. 蒸发器的分类

汽车空调系统中常用的蒸发器有管片式、管带式、层叠式三种。

（1）管片式蒸发器

管片式蒸发器与管片式冷凝器一样，由安装在一系列薄散热片内的制冷剂螺旋管构成，如图 3-7-10 所示。蒸发器通常安装在仪表台下方，由于空调安装空间有限，因此对蒸发器要求较苛刻，蒸发器要具备制冷效率高、尺寸小、重量轻等特点。

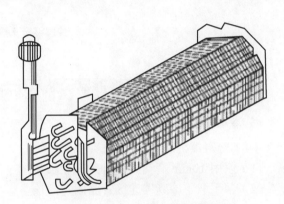

图 3-7-10　管片式蒸发器

（2）管带式蒸发器

管带式蒸发器由多孔扁管和蛇形散热铝带焊接而成，如图 3-7-11 所示。这种蒸发器的热交换率比管片式蒸发器提高了约 10%。

（3）层叠式蒸发器

层叠式蒸发器由两片冲压成形的铝板叠在一起组成制冷剂通道，每两片之间夹有蛇形散热铝带，如图 3-7-12 所示。这种蒸发器虽然加工难度大，但散热效率很高，结构紧凑，散热效率比管带式蒸发器高 10% 左右。

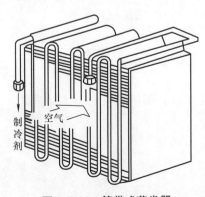

空气

制冷剂

图 3-7-11　管带式蒸发器

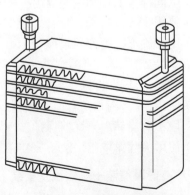

图 3-7-12　层叠式蒸发器

实 训 演 练

实训工具与准备：

1）工具：绝缘手套、万用表、制冷剂回收加注一体机、常用工具。

2）设备：2019 款比亚迪 e5 汽车。

3）资料及耗材：2019 款比亚迪 e5 汽车维修手册、《新能源汽车电气系统检修》教材、抹布等。

冷凝器及干燥器拆检

一、比亚迪 e5 汽车冷凝器及储液干燥器拆装检查

1. 冷凝器及储液干燥器拆卸

（1）冷凝器拆卸

1）使用 10mm 套筒、接杆、棘轮扳手组合工具，拆卸冷凝器连接管路固定螺栓。

2）用手取下冷凝器连接管路固定螺栓。

3）拔下冷凝器连接管路。

4）取下冷凝器连接管路 O 形圈。

5）使用自封袋包裹空调管路插头，防止杂质和灰尘进入空调管路，造成空调管路故障。

6）使用绝缘胶带包裹冷凝器管路接口，防止杂质和灰尘进入冷凝器，造成冷凝器故障。

7）以同样方法拆卸冷凝器另一侧空调管路。

8）使用 13mm 套筒、接杆、棘轮扳手组合工具，预松冷凝器固定螺母。

9）用手旋下冷凝器固定螺母。

10）取出冷凝器，并妥善放置。

（2）储液干燥器拆卸

1）使用 10 号内六角套筒、接杆、棘轮扳手组合工具，预松储液干燥器保护盖。

2）用手旋出储液干燥器保护盖。

3）使用尖嘴钳取出储液干燥器，并妥善放置。

2. 冷凝器及储液干燥器检查安装

（1）储液干燥器检查与安装

1）检查储液干燥器是否发黑、变质、水分过多，若有应更换新的储液干燥器。

2）检查储液干燥器罐是否有破损，若有应更换新的储液干燥器。

3）将储液干燥器放置于储液干燥器罐内。

4）用手旋入储液干燥器保护盖。

5）使用10号内六角套筒、接杆、棘轮扳手组合工具，拧紧储液干燥器保护盖。

（2）冷凝器检查与安装

1）检查冷凝器翼片是否有破损，若有应更换新的冷凝器。

2）检查冷凝器是否有变形，损坏等情况，若有应更换新的冷凝器。

3）检查冷凝器表面是否有脏污，若有应对冷凝器进行清洁。

4）将冷凝器对准孔位装入，并用手旋入固定螺母。

5）使用13mm套筒、接杆、棘轮扳手组合工具，拧紧冷凝器固定螺母。

6）取下冷凝器管路插头胶带。

7）取下空调管路插头自封袋。

8）安装新的空调管路O形圈。

9）将空调管路安装至冷凝器上，用手旋入固定螺栓。

10）使用10mm套筒、接杆、棘轮扳手组合工具，拧紧冷凝器连接管路固定螺栓。

11）以同样方法安装冷凝器另一侧空调管路。

 注意事项：清洁冷凝器时，要小心不要损坏冷凝器翼片，冷凝器翼片损坏会导致制冷剂泄漏。在完成冷凝器及储液干燥器检查安装后，需要进行空调系统制冷剂的加注。

二、比亚迪 e5 空调压力温度传感器拆检

比亚迪 e5 空调压力温度传感器电路如图 3-7-13 所示。根据电路图可知，B55 为空调压力温度传感器线束插接器，4 号接线端子为供电线束，1 号接线端子为搭铁线束。

1. 空调压力温度传感器拆卸

1）断开空调压力温度传感器线束插接器 B55。

2）使用制冷剂回收加注一体机回收空调系统制冷剂。

3）使用 24mm 呆扳手拆卸空调压力温度传感器。

4）用手旋出空调压力温度传感器。

5）用黑色胶带包裹空调压力温度传感器安装孔，以防灰尘等杂质掉入安装孔内。

2. 空调压力温度传感器供电线束检测

1）将万用表调整至直流电压档。

2）将万用表红表笔连接空调压力温度传感器线束插接器 B55 的 4 号接线端子，黑表笔连接车身搭铁。

3）待万用表数值稳定后读取万用表数值，标准值为 5V。若测量值与标准值不符，则说明空调压力温度传感器供电线路存在故障，需对供电线路进一步检修。

3. 空调压力温度传感器搭铁线束检测

1）将万用表调整至电阻测试档。

2）将万用表红表笔连接空调压力温度传感器线束插接器 B55 的 1 号接线端子，黑表

笔连接车身搭铁。

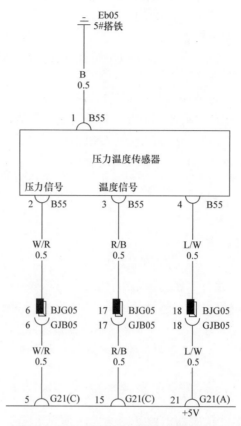

图 3-7-13 空调压力温度传感器电路图

3）待万用表数值稳定后读取万用表数值，标准值为小于 1Ω。若测量值与标准值不符，则说明搭铁线束损坏，需对搭铁线束进行更换或维修。

4. 空调压力温度传感器信号线束检测

1）将万用表红表笔连接压力温度传感器线束插接器 B55 的 3 号接线端子，黑表笔连接空调控制器线束插接器 G21（C）的 15 号接线端子。

2）待万用表数值稳定后读取万用表数值，标准值为小于 0.5Ω。若测量值与标准值不符，则说明空调压力温度传感器温度信号线束断路，需对温度信号线束进行维修或更换。

3）将万用表红表笔连接压力温度传感器线束插接器 B55 的 2 号接线端子，黑表笔连接空调控制器线束插接器 G21（C）的 5 号接线端子。

4）待万用表数值稳定后读取万用表数值，标准值为小于 0.5Ω。若测量值与标准值不符，则说明空调压力温度传感器压力信号线束断路，需对压力信号线束进行维修或更换。

5. 空调压力温度传感器安装

1）用手旋入空调压力温度传感器。

2）使用 24mm 呆扳手拧紧空调压力温度传感器。

3）使用制冷剂回收加注一体机加注空调系统制冷剂。

4）安装空调压力温度传感器线束插接器 B55。

三、比亚迪 e5 电子膨胀阀拆检

比亚迪 e5 电子膨胀阀电路如图 3-7-14 所示。根据电路图可知，B48 为空调控制器的线束插接器，3 号接线端子为电子膨胀阀的供电线束，1 号、2 号、4 号和 5 号接线端子都为电子膨胀阀的信号线束；G21（B）为空调控制器线束插接器，4 号、16 号、12 号和 6 号接线端子都为电子膨胀阀的信号线束。

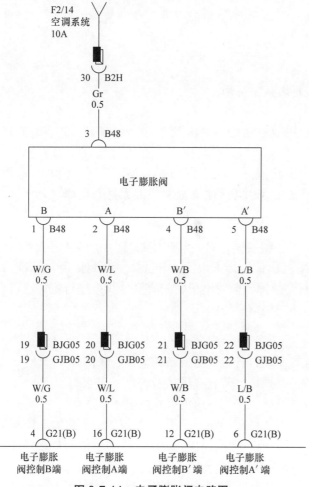

空调管路、膨胀阀及高压
保护装置拆检

图 3-7-14　电子膨胀阀电路图

1. 电子膨胀阀拆卸

1）断开电子膨胀阀线束插接器。

2）使用 10mm 套筒、接杆、棘轮扳手组合工具，预松电子膨胀阀右侧 2 个固定螺栓。

3）用手旋下电子膨胀阀 2 个固定螺栓。

4）拔下电子膨胀阀两侧空调管路。

5）取下电子膨胀阀，并妥善放置。

6）使用绝缘胶带封住电子膨胀阀安装孔，以免灰尘和杂质进入空调管路，造成空调系统故障。

7）使用自封袋封住空调管路插头，以免灰尘和杂质进入空调管路，造成空调系统故障。

8）以同样方法拆卸电子膨胀阀左侧 2 个固定螺栓。

9）使用绝缘胶带封住电子膨胀阀安装孔，以免灰尘和杂质进入空调管路，造成空调系统故障。

10）取下空调管路上的 O 形圈。

11）使用自封袋封住空调管路插头，以免灰尘和杂质进入空调管路，造成空调系统故障。

2. 电子膨胀阀供电线束检测

1）取出万用表，校表确认万用表是否正常可用。

2）将万用表调整至直流电压档。

3）将万用表红表笔连接电子膨胀阀线束插接器 B48 的 3 号接线端子，黑表笔连接车身搭铁。

4）待万用表数值稳定后读取万用表数值，标准值为 11 ~ 14V。若测量值与标准值不符，则说明电子膨胀阀供电线束存在故障，需对电子膨胀阀供电线束进行检修。

3. 电子膨胀阀信号线束检测

1）将万用表红表笔连接 B48 的 1 号接线端子，黑表笔连接 G21（B）的 4 号接线端子。

2）待万用表数值稳定后读取万用表数值，标准值为小于 1Ω。若测量值与标准值不符，则说明电子膨胀阀信号线束存在断路故障，需对电子膨胀阀信号线束进行维修或更换。

3）以同样方法检测电子膨胀阀另外三根信号线。

4. 电子膨胀阀本体检测

1）目视检查电子膨胀阀外观是否有损坏，若有应更换新的电子膨胀阀。

2）目视检查电子膨胀阀插接器是否有损坏，若有应更换新的电子膨胀阀。

3）目视检查电子膨胀阀阀芯是否有损坏，若有，应更换新的电子膨胀阀。

4）将万用表红表笔连接电子膨胀阀上 2 号接线端子，黑表笔连接 5 号接线端子。

5）待万用表数值稳定后读取万用表数值，标准值为 100Ω。若测量值与标准值不符，则说明电子膨胀阀本体存在故障，需更换新的电子膨胀阀。

6）将万用表红表笔连接电子膨胀阀上 1 号接线端子，黑表笔连接 4 号接线端子。

7）待万用表数值稳定后读取万用表数值，标准值为 100Ω。若测量值与标准值不符，则说明电子膨胀阀本体存在故障，需更换新的电子膨胀阀。

5. 电子膨胀阀安装

1）取下空调管路插头自封袋。

2）安装新的 O 形圈至空调管路上。

3）取下电子膨胀阀安装孔上的绝缘胶带。

4）将电子膨胀阀安装至空调管路上。

5）安装新的 O 形圈至空调管路上。

6）将电子膨胀阀两侧空调管路安装至膨胀阀上。

7）用手旋入电子膨胀阀左侧 2 个固定螺栓。

8）使用 10mm 套筒、接杆、棘轮扳手组合工具，拧紧电子膨胀阀左侧 2 个固定螺栓。

9）以同样方法安装电子膨胀阀右侧管路。

10）安装电子膨胀阀线插接器。

11）安装蓄电池负极电缆。

四、整理清洁

按照 7S 管理标准，整理工具、场地和设备。

任务练习

一、选择题

1.汽车空调系统中常用的蒸发器有（　　　）。

A.管带式和层叠式 　　　　　　　B.层叠式和管片式

C.管带式、层叠式和管片式 　　　　D.管带式和管片式

2.管带式蒸发器的热交换率比管片式蒸发器提高了约（　　　）。

A.5% 　　　　　B.10% 　　　　　C.15% 　　　　　D.20%

3.层叠式蒸发器由（　　　）冲压成形的铝板叠在一起组成制冷剂通道。

A.一片 　　　　　B.两片 　　　　　C.三片 　　　　　D.四片

4.层叠式蒸发器虽然加工难度大，但（　　　）。

A.结构紧凑，散热效率比管带式蒸发器高 10% 左右

B.散热效率很高，结构紧凑，散热效率比管带式蒸发器高 10% 左右

C.散热效率很高，散热效率比管带式蒸发器高 10% 左右

D.散热效率很高，结构紧凑，散热效率比管带式蒸发器高 20% 左右

二、判断题

1.冷凝器是一个热交换器。　　　　　　　　　　　　　　　　　　　　　（　　　）

2.冷凝器的作用是对压缩机排出的高温高压制冷剂蒸气散热降温，使其凝结为液态高压制冷剂。　　　　　　　　　　　　　　　　　　　　　　　　　　　　（　　　）

3.在冷凝点时，制冷剂释放出最少的热量。　　　　　　　　　　　　　　（　　　）

4.为使用和安装方便，在汽车空调系统中冷凝器常采用空气冷却式，一般称为风冷式。　　　　　　　　　　　　　　　　　　　　　　　　　　　　　　　　（　　　）

5.冷凝器常见类型有管片式、平流式及管带式。　　　　　　　　　　　　（　　　）

6.由于汽车空调正常工作时，制冷剂的供应量小于蒸发器的需要量，所以高压侧液态制冷剂需要有一定的储存量。　　　　　　　　　　　　　　　　　　　　　（　　　）

7. 膨胀管可以调节制冷剂流量，会导致经蒸发器流出的制冷剂中可能有部分液体。

                                                    （　　）

8. 汽车空调采用的节流膨胀装置主要包括热力膨胀阀、H 型阀、节流管等。　　（　　）

9. 储液干燥器排出的制冷剂作为高压液体流入膨胀阀。　　（　　）

三、简答题

简述冷凝器拆卸步骤。

项目四

新能源汽车安全系统检测维修

　　随着乘用车数量的增加，交通安全问题已经成为突出的社会问题，各大车企为了搭建和谐有序的交通出行环境做出了不懈努力。我们通常所定义的汽车安全，除了一般意义上的车身结构安全性开发，还包括安全装置的装配，即汽车安全系统。

　　汽车安全系统可分为主动安全系统和被动安全系统两大方面。主动安全系统可以使驾驶员尽量自如地操控汽车，无论是直线上的制动与加速还是左右打方向盘都尽量平稳，不至于偏离既定的行进路线，而且不影响驾驶员的视野与舒适性，拥有比较高的避免事故能力，尤其在突发情况下保证行驶安全。被动安全系统是指汽车在发生事故以后对车内乘员的保护，如今这一保护的概念已经延伸到车内外的人甚至物体。

　　本项目主要包括汽车安全气囊系统检测维修、车辆防碰撞预警系统检测维修、车道保持系统检测维修3个学习任务。

任务一 汽车安全气囊系统检测维修

一辆行驶里程约 82000km 的比亚迪 e5 纯电动汽车，用户反映车辆上电后，安全气囊警告灯常亮。4S 店维修技师经过初步检查，怀疑是安全气囊控制单元供电或搭铁不良造成的，需要进一步检修。请你根据所学知识对安全气囊控制单元进行检测维修。

学习目标

1）能准确说出安全气囊系统传感器的常见类型及其作用。
2）能准确描述安全气囊系统传感器的结构原理及检测方法。
3）能准确描述安全气囊系统的作用、组成及基本原理。
4）能熟练掌握安全气囊系统的常见故障诊断及检测方法。
5）能准确描述汽车安全带的作用、类型及组成。
6）能了解汽车安全带的基本原理。
7）能熟练掌握安全气囊系统的检测和更换要点，并规范地完成实训操作。

知识储备

汽车安全系统一般分为两大类，即主动安全系统和被动安全系统。

主动安全系统是为了避免交通事故的发生，可以让驾驶员尽量自如地控制车辆。被动安全系统则是为了在事故发生后，减少对驾乘人员及行人的伤害，即汽车对车内乘员以及被撞车辆或行人的保护，常见的被动安全系统有安全气囊和安全带。

一、安全气囊系统传感器

1. 碰撞传感器

碰撞传感器是安全气囊系统中的信号输入装置，相当于一只控制开关，其工作状态取决于汽车碰撞时的加速度。

（1）类型

碰撞传感器按其功能可分为碰撞信号传感器和碰撞防护传感器。碰撞信号传感器用于检测汽车受碰撞程度，且根据安装位置的不同，可分为左前碰撞传感器、右前碰撞传感器和中央碰撞传感器。碰撞防护传感器又称为安全碰撞传感器或侦测碰撞传感器，其作用是防止安全气囊发生误爆。

按其结构分类，碰撞传感器又可分为机电结合式传感器、电子式传感器和水银开关式传感器三种。机电结合式传感器是利用机械运动来控制电气触点的通断，然后控制安全气囊电路的通断，其结构有滚球式、滚轴式和偏心锤式。电子式传感器与机电结合式的区别在于无电气触点，目前常用的电子式传感器包括电阻应变式和压电效应式两种。水银开关式传感器则利用水银的导电特性来控制安全气囊电路。

（2）作用

碰撞传感器的作用是检测汽车发生碰撞时的强度信号，并将信号输入安全气囊的电控单元（ECU），ECU 根据碰撞传感器的信号来判定是否引爆充气元件使气囊充气。

（3）结构与原理

下面介绍几种常见碰撞传感器的结构与原理，以电子式碰撞传感器为例。目前，常见的电子式传感器包括电阻应变式和压电效应式两种。

1）电阻应变式碰撞传感器。电阻应变式碰撞传感器如图 4-1-1 所示。电阻应变式碰撞传感器主要由电子电路、电阻应变计、振动块、缓冲介质和壳体等组成。由图 4-1-1c 可以看出，其电子电路包括稳压与温度补偿电路 W 和信号处理与放大电路 A，为了提高传感器的检测精度，应变电阻一般都连接成桥式电路。

当汽车遭受碰撞时振动块振动，缓冲介质随之振动，应变计的应变电阻发生形变，阻值发生变化，经过信息处理与放大后，传感器 S 端输出的信号电压发生变化，安全气囊 ECU 根据电压信号强弱判断碰撞的烈度。若信号电压超过设定值，安全气囊 ECU 立即向点火器发出点火指令引爆点火剂，使充气剂受热分解产生气体给气囊充气。

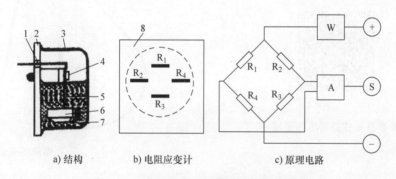

a) 结构   b) 电阻应变计   c) 原理电路

图 4-1-1　电阻应变式碰撞传感器结构原理

1—密封树脂　2—传感器底板　3—壳体　4—电子电路　5—电阻应变计　6—振动块　7—缓冲介质　8—硅膜片

2）压电效应式碰撞传感器。压电效应式碰撞传感器指利用压电效应制成的传感器。压电效应指压电晶体在压力作用下，晶体外形发生变化从而使其输出电压发生变化的效应。

当汽车发生碰撞时，传感器内的压电晶体在碰撞压力的作用下输出电压变化，安全气囊 ECU 根据电压信号强弱判断碰撞的烈度。若信号电压超过设定值，安全气囊 ECU 立即向点火器发出点火指令引爆点火剂，使充气剂受热分解产生气体给气囊充气。

（4）检修注意事项

1）发生过碰撞且安全气囊系统已经起作用的碰撞传感器不可重复使用。

2）碰撞传感器进行安装时，传感器上的箭头应朝向车辆前方。

3）碰撞传感器的定位螺栓是经过防锈处理的，当传感器拆下时必须换用新的定位螺栓。

4）碰撞传感器装有一套电气连接检查机构，当接上插接器时务必把该机构可靠锁住，如果检查机构未锁住，则诊断系统会检测出故障码。

2. 乘客感知传感器

座椅安全带报警装置是用来检测座椅上方有无乘员乘坐的，由乘客感知传感器、安全带、安全带锁扣和车身 ECU 等组成。乘客感知传感器也称为薄片传感器，安装在汽车乘客座椅之中。

（1）作用

乘客感知传感器可获取乘客座椅的使用状态，当乘客座椅被占据时，运行一个电信号检测乘客是否系了安全带，如果没有，控制单元将发出声光报警信号以提醒乘客系上安全带。

（2）结构与原理

乘客感知传感器如图 4-1-2 所示。乘客感知传感器是一种薄膜型触点传感器，传感器的触点均匀分布在座椅的受力表面。当座椅上有乘员时，顶层和底层的石墨电极相互接触，如果座椅上无乘员，薄片像弹簧一样使顶层和底层电极分离，电路处于中断状态。

乘客感知传感器工作原理

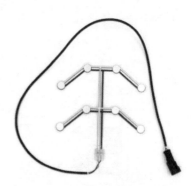

图 4-1-2　乘客感知传感器

3. 车门未关传感器

（1）作用

车门未关传感器的作用是判断车门开关状态，如果车门未关严就起步，通常在仪表上会发出报警信息，提示需关闭车门，保证行车安全。

（2）结构与原理

车门未关传感器组成如图 4-1-3 所示。车门未关传感器包括车门、触控组件、控制单元、供电单元和扬声单元。当车门未关闭时，车门连动触控组件发出信号，控制单元接收到触控组件发出的信号后，命令扬声单元发出警示声音，以提醒乘员车门未关闭，避免意外事故的发生。

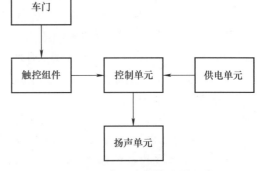

图 4-1-3　车门未关传感器组成

二、安全气囊系统

1. 安全气囊系统的作用

安全气囊系统（SRS）是为了降低汽车发生碰撞时，由于巨大惯性力所造成的对驾驶员和乘客的伤害而装设的一种被动安全系统。当汽车遭受碰撞导致减速度急剧变化时，气囊能够迅速膨胀，在驾驶员和乘客与车内构件之间迅速铺垫一个气垫，利用气囊排气节流的阻尼作用来吸收人体惯性力产生的动能，从而减轻人体受伤害的程度。

2. 安全气囊系统的组成

安全气囊系统是一种辅助保护系统，主要由安全气囊传感器、安全气囊电子控制单元（ECU）、SRS警告灯和气囊组件四部分组成，如图4-1-4所示。

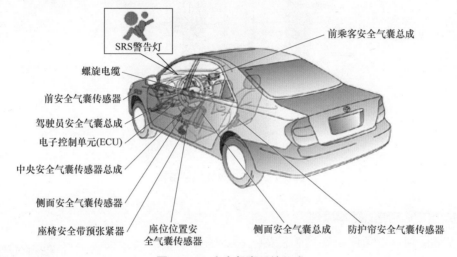

图 4-1-4　安全气囊系统组成

（1）传感器

根据传感器所承担的任务不同分为两种：第一种是碰撞信号传感器，主要用来检测汽车碰撞所受到的冲击信号，将汽车碰撞时的减速度输入安全气囊电子控制装置；第二种是碰撞防护传感器，主要用来防止非碰撞状况引起安全气囊误动作，其控制着气囊点火器电源电路，通常设置在安全气囊ECU内部。

安全气囊的触发条件是当车辆发生碰撞时，某个碰撞防护传感器与任意一个碰撞信号传感器同时接通时，点火引爆电路才能接通。

（2）电子控制单元（ECU）

安全气囊ECU大多安装在仪表台中央的下端，其作用是根据各个传感器的信号来控制气囊的触发，并且对系统故障进行自我诊断。

在汽车行驶过程中，安全气囊ECU不断接收碰撞信号传感器与碰撞防护传感器传来的车速变化信号，进行分析判断后确定是否发生碰撞。当判断结果满足气囊触发条件时立即运行控制点火的程序，并向点火电路发出指令引爆点火剂，使安全气囊充气。

安全气囊有两个电源，一个是汽车电源（蓄电池和发电机），另一个是紧急辅助电源。当汽车电源与安全气囊ECU之间的电路切断后，紧急辅助电源在一定的时间内能够维持安全气囊系统的供电，保持其正常工作。

（3）SRS 警告灯

SRS 警告灯受控于安全气囊控制单元，通过是否点亮表示系统的工作状态。打开点火开关后约 2s，警告灯开始自检，如果系统没有故障则警告灯熄灭。如果系统有故障或者发生碰撞时则警告灯常亮。

（4）气囊组件

安全气囊组件由点火器、气体发生剂（叠氮化钠、氮气）、过滤器和安全气囊充气设备等组成，如图 4-1-5 所示。

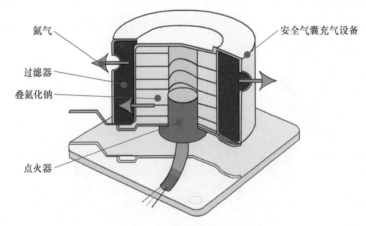

图 4-1-5　安全气囊组件结构

3.安全气囊系统的基本原理

当汽车受到一定角度范围内（根据气囊传感器工作情况决定）的高速碰撞时，安装在汽车上的碰撞信号传感器与碰撞防护传感器就会检测到汽车突然减速的信号，使传感器触点闭合，将减速信号传送到安全气囊 ECU 的计算单元。安全气囊 ECU 中预先设置的程序对传感器所检测的信号进行计算和逻辑判断，必要时立即向安全气囊组件内的电热点火器发出点火指令，引爆点火剂。点火剂引爆时迅速产生大量的热量，气体发生剂受热分解释放大量氮气充入气囊，气囊便冲开气囊组件的装饰盖板鼓向驾驶员或乘客，使驾驶员

安全气囊工作原理

或乘客头部和胸部压在充满气体的气囊上，将人体与车内构件之间的机械碰撞变为弹性碰撞，并通过气囊变形来吸收人体碰撞时产生的动能，达到保护人体的目的。其基本原理如图 4-1-6 所示。

4.安全气囊系统的正确使用

1）安全气囊必须与安全带一起使用，如果不系好安全带，即使有安全气囊，在碰撞时也可能气囊无法正常弹出，造成人员伤害甚至死亡。

2）乘车时与气囊保持合适的距离。

3）注意不要在气囊的前方、上方或近处放置物品，因为在紧急时刻这些物品有可能妨碍气囊充气或被抛射出去，造成更大的危险。

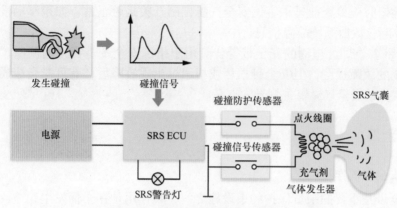

图 4-1-6　安全气囊系统工作原理

4）要保证安全气囊真正起到安全的作用，驾乘人员一定要养成良好的驾乘习惯，保证胸部与方向盘保持一定距离。

5）避免高温，安全气囊装置的部件应妥善保管，不要在 85℃ 以上的高温环境下长期放置。

6）不能擅自改动安全气囊系统的线路和组件，不要随意更改保险杠和车辆前部结构。

7）安全气囊为一次性产品，每个气囊只能使用一次，引爆后须更换新件。

5. 安全气囊常见故障及检测方法

（1）安全气囊的常见故障

1）安全气囊警告灯本身损坏或线路中断、安全气囊控制单元供电不良或搭铁回路不良、仪表板故障或线路连接不良等。

故障现象：安全气囊警告灯一直熄灭。

2）安全气囊控制单元储存了故障码、安全气囊控制单元编码错误或没有进行功能匹配、仪表板线路接触不良、网关元件损坏等。

故障现象：安全气囊警告灯常亮或闪烁。

3）前排乘客安全气囊已关闭或安全气囊控制单元储存了相关故障码。

故障现象：前排乘客安全气囊关闭警告灯未熄灭。

（2）安全气囊的检测方法

安全气囊系统可以通过仪表上面的安全气囊警告灯和故障诊断仪进行故障检修。在打开点火开关或起动发动机之后，安全气囊系统进行自检，仪表上面的安全气囊警告灯会点亮片刻，自检正常后应熄灭，否则说明系统有故障。

1）安全气囊警告灯不亮。警告灯一直不亮通常是警告灯本身损坏或线路断路、安全气囊控制单元供电故障等。

2）安全气囊警告灯常亮或一直闪烁。常见的故障原因有安全气囊控制单元存储了故障码、更换控制单元后编码错误或没有进行功能匹配、网关元件损坏等。

3）前排乘客侧安全气囊关闭警告灯常亮。在打开点火开关或起动发动机之后，前排乘客侧安全气囊关闭警告灯应熄灭，否则说明前排乘客侧安全气囊已关闭或控制单元存储故障码。在检修时应检查前排乘客侧安全气囊控制开关是否正常，如果车辆没有配置该开关，应使用诊断仪读取系统故障信息。

4）安全带警告灯。车辆的安全带警告灯用于指示安全带是否正确使用，虽然不作为安全气囊系统的故障提醒，但安全带损坏或指示灯出现故障后，有可能会造成安全气囊系统无法正常工作或安全气囊警告灯异常点亮。

三、安全带

1. 汽车安全带的作用

汽车安全带是重要的乘员保护约束设施之一，其作用是在车辆发生碰撞或使用紧急制动时，将乘员牢牢固定在座椅上，防止发生二次碰撞。安全带可约束乘员位移和起到缓冲作用，吸收撞击能量，化解惯性力，避免或减轻驾乘人员受伤程度。

2. 汽车安全带的类型

汽车安全带的类型如图 4-1-7 所示，大体可分为两点式安全带（腰带式、肩带式）、三点式安全带和全背式安全带四种。

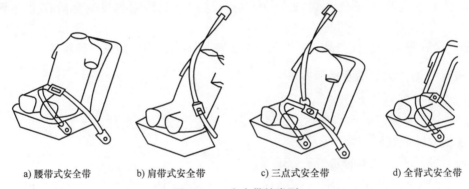

a) 腰带式安全带   b) 肩带式安全带   c) 三点式安全带   d) 全背式安全带

图 4-1-7　安全带的类型

两点式安全带：可分为腰带式和肩带式两种。前者是用于限制乘员下躯体向前运动的安全带，虽不能保护人体上身的安全，但能有效地防止乘客被抛出车外，多用于后排座椅和中间座椅。后者是用于限制乘员上躯体向前运动的安全带，盛行于欧洲，但美、日、澳等国并不采用。

三点式安全带：其在两点式安全带（腰带式）的基础上增加了肩带，可同时防止乘员躯体前移和上半身前倾，增强了乘员的安全性，是目前使用最普遍的一种安全带。

全背式安全带：是一种乘员保护性能最好的安全带，其固定点多为四个，但在实用性方面还存在一定问题，目前多用于赛车上。

3. 汽车安全带的组成

汽车安全带主要由织带、卷收器和固定机构三部分组成。

（1）织带

织带是用尼龙或聚酯等合成纤维织成的宽约 50mm、厚约 1.2mm 的带子，具有足够的强度、延伸性和吸收能量的性能。

（2）卷收器

卷收器是用于收卷、储存部分或全部织带，并在增加某些机构后起到特定作用的装置。它可使佩戴者不必随时调节织带长度。

（3）固定机构

固定机构包括带扣、锁舌、固定销和固定座等。带扣及锁舌是系紧和解开座椅安全带的装置，将织带的一端固定在车身上的称为固定板，车身固定端称为固定座。肩部安全带固定销的位置对系安全带时的便捷性有很大的影响，因此为了适合各种身材的乘员，一般都选用可调节式固定机构，能够上下调节肩部安全带的位置。

4. 汽车安全带的基本原理

卷收器是安全带中最复杂的机械件，汽车安全带的工作过程主要是通过卷收器里面的一个棘轮机构实现的。正常情况下乘员可以在座椅上自由匀速拉动织带，但当织带从卷收器连续拉出过程一旦停止或当车辆遇到紧急状态时，棘轮机构就会作锁紧动作将织带自动锁死，阻止织带拉出。

安全带工作原理

即当事故发生的瞬间，织带从棘轮轴拉出的加速度超过设计值时，棘轮轴两端的棘爪盘就卡死织带，限制织带拉出从而达到将乘员固定在座椅上的目的。当碰撞结束时加速度为零，棘爪盘放松，织带可自由拉出。

5. 汽车安全带的常见故障及检测方法

（1）安全带拉不动

安全带是为了防止乘员被抛出车外或撞向仪表板，因此猛拉安全带就会导致无法拉动的情况，尝试匀速拉动安全带。

（2）安全带收回时不自如

当安全带松开却不能及时收回时，可能是安全带过脏造成的，应及时清洁，若清洁后仍不顺利，需做进一步检测。

（3）安全带故障灯常亮

1）若故障灯亮时乘员没有系安全带，只需系好安全带即可。

2）若已经系好安全带故障灯仍亮，故障原因可能是安全带感应器的插座松动，需要重新将插座插紧。

实 训 演 练

安全气囊检测与更换

请扫描二维码，查看"安全气囊检测与更换"技能视频，结合视频内容及相关资料，规范地完成安全气囊检测与更换实训。

实训工具与装备：

1）工具：万用表、150 件工具套装、定矩式扭力扳手。

2）设备：2018 款比亚迪 e5 汽车。

3）防护用品：劳保鞋。

安全气囊检测与更换

一、安全气囊在线检测

1）打开车辆点火开关，检查气囊故障指示灯是否点亮，如图 4-1-8 所示。气囊故障指示灯在打开点火开关后约 5s 内熄灭，说明安全气囊系统正常。若打开点火开关后气囊指示灯一直常亮，说明安全气囊系统存在故障，应进行检修。

2）使用故障诊断仪读取 SRS 控制单元的故障码，如图 4-1-9 所示。

图 4-1-8　气囊指示灯点亮

图 4-1-9　读取故障码

3）清除故障码。

4）关闭车辆电源开关等待 20s 后重新打开电源开关，再次读取故障码。

5）使用故障诊断仪读取 SRS 控制单元相关数据流，依据所读故障码和数据流可判断 SRS 控制单元是否有故障，如图 4-1-10 所示。

图 4-1-10　读取数据流

二、安全气囊拆卸

 注意事项： 在拆卸安全气囊前应先将电源档位退至 OFF 档，并拆下蓄电池负极线，等待 90s 以上，方可进行拆卸操作。否则，可能导致安全气囊意外展开。

1）使用 T30 套筒、接杆、棘轮扳手拧松安全气囊两个固定螺栓，螺栓不可取出，如图 4-1-11 所示。

2）断开安全气囊线束插接器，如图 4-1-12 所示。

图 4-1-11　拧松固定螺栓

图 4-1-12　断开插接器

3）取下安全气囊组件，并妥善放置。

注意事项： 安全气囊组件不可置于无人看管的地方，可放置到专门的工具车保存。存放时，应将安全气囊组件正面朝上。

三、安全气囊线路检测

1. 信号电压检测

1）取出万用表，并对万用表进行校表操作，检查万用表是否正常可用。

2）安装蓄电池负极电缆。

3）将万用表调整至直流电压档，打开车辆电源开关，将万用表红表笔连接安全气囊线束插接器 1 号端子，黑表笔连接车身搭铁，测量其信号电压，待万用表数值稳定后读取万用表数值，标准值为小于 1V，如图 4-1-13 所示。

图 4-1-13　测量 1 号端子电压

4）用同样的方法测量 2 号端子，标准值为小于 1V。若测量值与标准值不符，则说明控制单元有故障，需及时更换。

注意事项：检测安全气囊本体时，有意外引爆的可能性，因此不建议进行安全气囊本体的检测。

5）关闭车辆点火开关。

2.搭铁检测

1）断开蓄电池负极电缆。

2）将万用表调至电阻测试档，将万用表红表笔连接安全气囊线束插接器 1 号端子，黑表笔连接车身搭铁，待万用表数值稳定后读取万用表数值，标准值为无穷大，如图 4-1-14 所示。

图 4-1-14　1 号端子电阻测量

3）用同样方法测量安全气囊线束插接器 2 号端子与车身搭铁之间的电阻，标准值为无穷大。若测量值与标准值不符，则说明安全气囊线束对地短路，需修复或更换线束。

四、安全气囊安装

1）确认蓄电池负极为断开状态。

2）目视检查气囊外观和插头是否有损坏，若有应更换新的安全气囊。

3）安装安全气囊线束插接器。

4）使用 T30 套筒、接杆、棘轮扳手组合工具安装安全气囊 2 个固定螺栓。

5）安装蓄电池负极电缆。

五、整理清洁

按照 7S 管理标准，整理工具和场地。

汽车安全气囊系统各传感器的拆装检测

请扫描二维码，查看"汽车安全气囊系统传感器拆装检测"技能视频，结合视频内容及相关资料，规范地完成安全气囊系统各传感器的拆装和检测实训。

实训工具与装备：

1）工具：万用表、150件工具套装、故障诊断仪、内饰撬板。

2）设备：2018款比亚迪e5汽车。

3）防护用品：车内外防护三件套、劳保鞋。

汽车安全气囊系统传感器拆装与检测

一、车门未关传感器拆装与检测

1. 车门内饰板拆卸

1）断开蓄电池负极电缆。

2）使用内饰撬板撬开左前车窗开关总成固定卡扣，取下车窗开关总成。

3）断开左前车窗开关总成线束插接器，如图4-1-15所示。

4）使用头部包裹保护胶带的小一字槽螺钉旋具拆卸内拉手盖板，如图4-1-16所示。

5）使用头部包裹保护胶带的小一字槽螺钉旋具拆卸内扣手盖板，如图4-1-17所示。

6）使用十字槽螺钉旋具拆卸内拉手的固定螺钉。

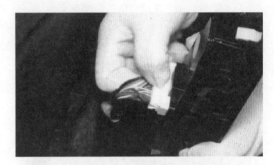

图 4-1-15　左前车窗开关总成线束插接器

7）使用十字槽螺钉旋具拆卸内扣手座的固定螺钉。

8）使用内饰撬板撬开左前门板10个固定卡扣。

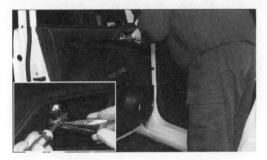

图 4-1-16　内拉手盖板

图 4-1-17　内扣手盖板

9）轻轻外拉车门内饰板，使其与车门板脱离。

10）将闭锁拉索端部从内扣手手柄孔中取出。

11）取下车门内饰板，并妥善放置。

2. 车门未关传感器拆卸

1）使用十字槽螺钉旋具拆卸车门内侧拉手固定架2个自攻螺钉。

2）取下车门内侧拉索固定支架，如图4-1-18所示。

3）撕下车门内侧隔音棉。

4）使用 T30 套筒、接杆、棘轮扳手组合工具，依次拆卸车门门锁总成 3 个固定螺栓，并取下，如图 4-1-19 所示。

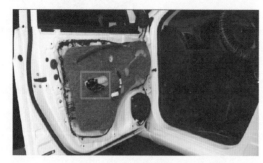

图 4-1-18　车门内侧拉索固定支架

图 4-1-19　车门门锁总成固定螺栓

5）使用 10mm 套筒、接杆、棘轮扳手组合工具，拆卸车门玻璃导轨的 1 个固定螺栓并取下，如图 4-1-20 所示。

6）使用内饰撬板撬开门锁线束橡胶保护盖，如图 4-1-21 所示。

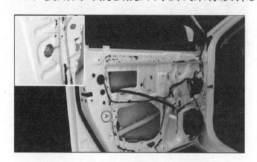

图 4-1-20　车门玻璃导轨固定螺栓

图 4-1-21　门锁线束橡胶保护盖

7）用手拉起车门把手固定塑料扣，取下门锁总成与车门把手之间的钢丝挂钩。

8）将门锁总成从车门里取出。

9）使用一字槽螺钉旋具按压门锁总成线束插接器固定卡扣，取下门锁总成。

10）目视检查门锁总成插接器是否正常，并妥善放置。

3. 车门未关传感器及相关电路检测

（1）车门未关传感器检测

1）目视检查门锁总成是否正常。

2）打开万用表，并对万用表进行校表操作，检查万用表是否正常可用。

3）将万用表红黑表笔分别连接门锁总成 T06/1 号和 T06/6 号端子，测量电路电阻，如图 4-1-22 所示。

4）待万用表数值稳定后读取万用表数值。

5）使用一字槽螺钉旋具按压门锁锁

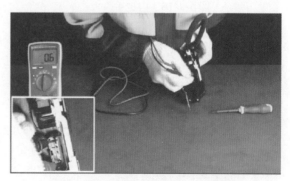

图 4-1-22　测量门锁总成电路电阻

块，使其处于锁止位置。

6）再次测量 T06/1 号和 T06/6 号端子电阻。

7）待万用表数值稳定后读取万用表数值。

8）测量完成后，拉下门锁总成钢丝拉索，打开门锁总成。

（2）车门未关传感器电路检测

1）将万用表调至直流电压测试档。

2）连接合适跨接线到门锁总成线束插接器 T06/6 号接线端子，如图 4-1-23 所示。

3）将万用表红表笔连接跨接线的另一端，黑表笔连接车身搭铁，检测电路电压。

4）待万用表数值稳定后读取万用表数值。

5）连接合适跨接线到门锁总成线束插接器 T06/1 号接线端子，如图 4-1-24 所示。

图 4-1-23　门锁总成线束插接器 T06/6 号接线端子　　图 4-1-24　门锁总成线束插接器 T06/1 号接线端子

6）将万用表红表笔接跨接线的另一端，万用表调至电阻测试档。

7）将万用表黑表笔连接车身搭铁，检测电路电阻。

8）待万用表数值稳定后读取万用表数值。

4. 车门未关传感器安装

1）连接门锁总成插接器。

2）安装门锁总成至车门内规定位置。

3）将门锁总成与车门把手之间的钢丝挂钩安装至固定孔位中，并用手拉下车门把手固定塑料扣，如图 4-1-25 所示。

图 4-1-25　钢丝挂钩

4）用手安装门锁总成 3 个固定螺栓，并用手旋入 3 圈以上。

5）使用 T30 套筒、接杆、棘轮扳手组合工具，拧紧车门门锁总成 3 个固定螺栓。

6）用手安装车窗玻璃导轨的 1 个固定螺栓，并用手旋紧 3 圈以上。

7）使用 10mm 套筒、接杆、棘轮扳手组合工具，拧紧车窗玻璃导轨的 1 个固定螺栓。

8）安装门锁线束橡胶保护盖。

9）安装车门内侧隔音棉。

10）安装车门内侧拉手固定支架至规定位置。

11）使用十字槽螺钉旋具依次安装固定支架的 2 个固定螺栓。

5. 车门内饰板安装

1）安装车门内饰板。

2）将闭锁拉索头部固定在内扣手手柄孔中，然后将闭锁拉索安装至扣手座上的固定卡槽中。

3）将门饰板安装至合适位置，按压门饰板，使其卡扣安装到位。

4）使用十字槽螺钉旋具安装内扣手座的固定螺栓。

5）使用十字槽螺钉旋具安装内拉手的固定螺栓。

6）安装内拉手盖板。

7）安装内扣手盖板。

8）安装车窗开关总成线束插接器。

9）将车窗开关总成卡扣对准安装点装入内饰板，并用力按下使其安装到位。

二、乘客感知传感器拆装检测

1. 乘客感知传感器拆卸

1）使用 15mm 套筒、接杆、棘轮扳手组合工具，拆卸座椅支架前端 2 个固定螺栓，如图 4-1-26 所示。

2）用手旋出座椅支架前端 2 个固定螺栓。

3）调整座椅至合适位置。

4）使用 15mm 套筒、接杆、棘轮扳手组合工具，拆卸座椅支架后端 2 个固定螺栓，如图 4-1-27 所示。

图 4-1-26　座椅支架前端固定螺栓　　　　图 4-1-27　座椅支架后端固定螺栓

5）用手旋出座椅支架后端 2 个固定螺栓。

6）将座椅后背下压，调整座椅底座至合适角度。

7）使用卡扣起子拆卸乘客感知传感器线束及传感器固定卡扣。

8）断开乘客感知传感器线束插接器。

2. 乘客感知传感器及电路检测

（1）乘客感知传感器电源电路检测

1）打开车辆电源开关。

2）取出万用表，并对万用表进行校表操作，检查万用表是否正常可用。

3）将万用表调至直流电压测试档。

4）选用合适跨接线连接至传感器线束插接器的 1 号接线端子，如图 4-1-28 所示。

5）将万用表红表笔连接至跨接线另一端，黑色表笔连接车身搭铁，检测电源电压。

6）待万用表数值稳定后读取万用表数值。

7）关闭车辆电源开关。

（2）乘客感知传感器搭铁电路检测

1）将万用表调至电阻测试档。

2）将跨接线连接至传感器线束插接器的 2 号接线端子，如图 4-1-29 所示。

图 4-1-28　传感器线束插接器 1 号接线端子

图 4-1-29　传感器线束插接器 2 号接线端子

3）将万用表红表笔连接至跨接线另一端，黑色表笔连接车身搭铁，检测电阻。

4）待万用表数值稳定后读取万用表数值。

（3）乘客感知传感器检测

1）将两根合适跨接线分别连接至传感器本体的 2 个端子。

2）将万用表红黑表笔分别与跨接线的两个鳄鱼夹连接，检测传感器电阻。

3）待万用表数值稳定后读取万用表数值。

4）放下座椅，用力按压座椅中间位置，读取并记录万用表数值。

3. 乘客感知传感器安装

1）连接乘客感知传感器线束插接器，并安装其固定卡扣至规定位置。

2）安装乘客感知传感器线束固定卡扣至规定位置。

3）将座椅调整至合适位置。

4）用手旋入座椅支架后端 2 个固定螺栓。

5）使用 15mm 套筒、接杆组合工具，安装座椅支架后端 2 个固定螺栓并拧紧。

6）调整座椅至合适位置。

7）以同样方法安装座椅支架前端 2 个固定螺栓。

三、碰撞传感器拆装与检测

1. 碰撞传感器拆卸

1）用内饰撬板拆卸左前车门门槛内护板固定卡扣，并取下内护板。

2）用手扯下左前车门框密封条。

3）用内饰撬板拆卸左后车门门槛内护板固定卡扣，并取下内护板。

4）用手扯下左后车门框密封条。

5）使用内饰撬板拆卸 B 柱下护板后部固定卡扣。

6）使用内饰撬板拆卸 B 柱下护板前部固定卡扣。

7）取出 B 柱下护板，并妥善放置。

8）使用 10mm 套筒、棘轮扳手组合工具拆卸左侧碰撞传感器 1 个固定螺栓，如图 4-1-30 所示。

9）断开左侧碰撞传感器线束插接器。

10）取下左侧碰撞传感器，并妥善放置。

2. 碰撞传感器及电路检测

（1）碰撞传感器检测

1）打开万用表，并对万用表进行校表操作，检查万用表是否正常可用。

2）将万用表调至电阻测试档。

3）将万用表红黑表笔分别连接左侧碰撞传感器的 2 个接线端子，如图 4-1-31 所示。

4）待万用表数值稳定后读取万用表数值。

图 4-1-30　左侧碰撞传感器

图 4-1-31　检测左侧碰撞传感器电阻值

（2）碰撞传感器供电电路检测

1）打开车辆电源开关。

2）将万用表调到直流电压档。

3）将合适跨接线连接至左侧碰撞传感器 K05（A）/2 号接线端子。

4）万用表红表笔连接跨接线的另一端，黑表笔连接车身搭铁，检测传感器工作电压。

5）待万用表数值稳定后读取万用表数值。

6）关闭车辆电源开关。

（3）碰撞传感器搭铁电路检测

1）将合适跨接线连接在左侧碰撞传感器 K05（A）/1 号接线端子。

2）将万用表调至电阻测试档。

3）将万用表红表笔连接跨接线的另一端，黑表笔连接车身搭铁，检测传感器搭铁线电阻。

4）待万用表数值稳定后读取万用表数值。

3. 碰撞传感器安装

1）连接左侧碰撞传感器线束插接器。

2）将左侧碰撞传感器对齐安装孔。

3）用手旋入左侧碰撞传感器的 1 个固定螺栓 3 圈以上。

4）使用 10mm 套筒、棘轮扳手组合工具，安装左侧碰撞传感器固定螺栓。

5）安放左前 B 柱下护板至规定位置，将 B 柱下护板后部的固定卡扣安装到位。

6）将 B 柱下护板前部的固定卡扣安装到位。

7）安装左后车门框密封条。

8）安装左后车门门槛内护板，并将内护板安装到位。

9）安装左前车门框密封条。

10）安装左前车门门槛内护板，并将内护板安装到位。

11）安装低压蓄电池负极电缆。

四、整理清洁

按照 7S 管理标准，整理工具和场地，设备复位。

任务练习

一、选择题

1. 常见的汽车安全气囊传感器包括（　　　）。
   A. 车门未关传感器　　　　B. 碰撞传感器
   C. 乘客感知传感器　　　　D. 以上说法都正确

2. 碰撞防护传感器作用是防止安全气囊发生（　　　）。
   A. 误爆　　　　　　B. 误报　　　　　C. 故障　　　　D. 紧缩

3. 安全气囊系统是一种辅助保护系统，主要由（　　　）、安全气囊电子控制装置（ECU）. SRS 警告灯和气囊组件四部分组成。
   A. 安全气囊传感器　　　　B. 安全传感器
   C. 电子传感器　　　　　　D. 控制传感器

4. 根据传感器所承担的任务不同分为两种：第一种是（　　　），主要用来感测汽车碰撞所受到的冲击信号，将汽车碰撞时的减速度输入安全气囊电子控制装置。
   A. 碰撞传感器　　　　　　B. 碰撞信号传感器
   C. 信号传感器　　　　　　D. 薄片传感器

5. 安全气囊常见故障不包括（　　　）。
   A. 警告灯本身损坏或线路中断

　　B. 安全气囊控制单元供电不良或搭铁回路不良

　　C. 车辆出厂时未检查

　　D. 仪表板故障或线路连接不良

二、判断题

　　1. 安全气囊系统缩写为 ABS，是为了减少汽车发生碰撞时由于巨大惯性力所造成的对驾驶员和乘客的伤害而装设的一种被动安全系统。　　　　　　　　　　　　（　　）

　　2. 汽车安全带可分为腰带式安全带、两点式安全带、三点式安全带和全背式安全带四种。　　　　　　　　　　　　　　　　　　　　　　　　　　　　　　　　　　（　　）

　　3. 安全气囊必须与安全带一起使用，如果不系好安全带，即使有气囊，在碰撞时也可能造成严重伤害甚至死亡。　　　　　　　　　　　　　　　　　　　　　　　　（　　）

　　4. 若已经系好安全带，故障灯仍亮，故障原因可能是误报，不用理会。　　　（　　）

三、简答题

　　简述汽车安全带的作用。

任务二　车辆防碰撞预警系统检测维修

　　车辆防碰撞预警系统属于主动安全系统，它是汽车防碰撞类系统的总称，主要用于协助驾驶员避免高速或低速追尾、与行人碰撞等重大交通事故。本任务主要带大家了解前碰撞预警（FCW）系统及在其基础上衍生出来的自动紧急制动（AEB）系统的相关知识。

学习目标

　　1）能准确描述前碰撞预警系统的定义及组成。

　　2）能准确描述前碰撞预警系统的工作原理。

　　3）能准确描述自动紧急制动系统的组成及原理。

　　4）能准确说出自动紧急制动系统的类型。

　　5）能准确描述不同类型的 AEB 系统测试。

　　6）能掌握车辆防碰撞预警系统各部件的拆装与检测要点，并规范地完成实训操作。

一、前碰撞预警系统

1. FCW 系统的定义及组成

前碰撞预警（FCW）系统的作用是通过雷达或视觉传感器时刻监测前方车辆，判断本车与前车之间的距离、方位及相对速度，当存在潜在的碰撞危险时对驾驶员进行警告。其组成包括信息采集单元、电子控制单元和人机交互单元，如图 4-2-1 所示。

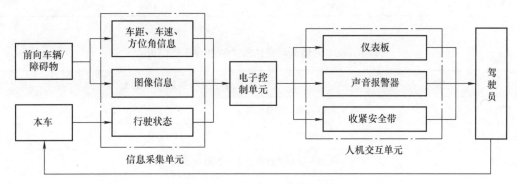

图 4-2-1　FCW 系统组成

（1）信息采集单元

行车环境信息采集单元由测距传感器、车速传感器、转向传感器等组成，各传感器将采集到的信息送往电子控制单元，最后由控制单元传递给人机交互单元。

测距传感器用来检测本车与前方目标车辆的相对距离以及相对速度，常见的测距技术有超声波测距、毫米波雷达测距、激光测距、红外线测距和视频传感器测距等。车速传感器用来检测本车的行驶速度；转向传感器用来检测车辆目前是否正处于弯道路面或超车状态，以判断是否需要进行报警抑制。

目前应用较多的测距传感器包括摄像头、毫米波雷达和激光雷达这三种。由于成本限制因素，国内目前主要使用前两种方式。其中摄像头方案成本低，可以识别不同的物体，在物体高度与宽度、测量精度、车道线识别、行人识别准确度等方面有优势，但作用距离和测距精度较低，且易受光照、天气等因素的影响。毫米波雷达受光照和天气因素影响较小，测距精度高，且可通过多普勒偏移原理实现更高精度的目标速度探测，但难以识别车道线、交通标志等元素。此外，将摄像头与雷达技术进行融合应用，是 FCW 系统发展的核心趋势。摄像头与毫米波雷达传感器对比见表 4-2-1，摄像头与雷达技术融合方案的优势见表 4-2-2。

车载雷达类型

表 4-2-1　摄像头与毫米波雷达传感器对比

性能	摄像头传感器	毫米波雷达传感器
作用距离	100～200m	150～250m
测距精度	近距 0.1m，远距 1m	0.3m（远近一致）
光线与天气影响	显著	很小
物体高度与宽度测量	精度高	精度低
车道线与标志识别	有	无
行人识别准确度	高	低
成本	低	较高

表 4-2-2　摄像头与雷达技术融合方案的优势

性能	摄像头与雷达技术的融合
可靠性	目标真实，可靠性高
互补性	全天候应用与远距离提前预警
高精度	大视角、全距离条件下的高性能定位
识别能力	复杂对象的分类与处理
成本	高性价比与选择的灵活性

（2）电子控制单元

电子控制单元接收行车环境信息采集单元的检测信号后，综合收集到的数据信息，依照一定的算法程序对车辆行驶状况进行分析计算，判断车辆所适用的预警状态模型，同时对执行单元发出控制指令。

（3）执行单元

执行单元可以由多个模块组成，如声光报警模块、LED 显示模块等。

2. FCW 系统的工作原理

FCW 系统的工作原理可概括为前方车辆识别、安全车距预警等，如图 4-2-2 所示。

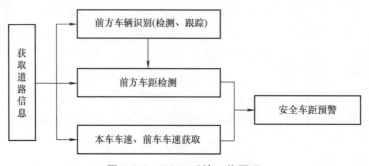

图 4-2-2　FCW 系统工作原理

（1）前方车辆识别

车辆识别是预防碰撞的前提条件，可采用的传感器有摄像头、毫米波雷达以及多传感器融合方案等。车辆识别算法流程如图 4-2-3 所示。车辆识别一般都是依靠车辆特征信息，如车辆形状、车高与车宽的比例等作为识别车辆边缘的条件，对图像进行边缘增强处理后获得一些包含车辆信息的水平和垂直边缘，从而对车辆进行检测。

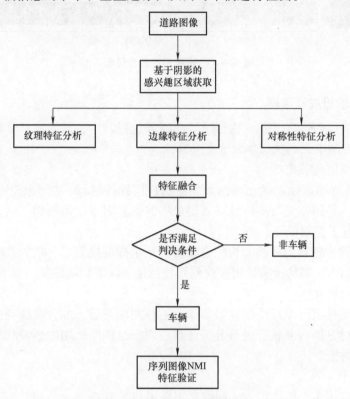

图 4-2-3　车辆识别算法流程

（2）前方车距检测

车距检测是 FCW 系统的重要组成部分，距离检测传感器在行车的过程中不断获取目标障碍物的距离信息，并传输给电子控制单元进行处理。

（3）安全车距预警

安全车距是指后方车辆为了避免与前方车辆发生意外碰撞，而在行驶中与前车所保持的必要间隔距离。建立安全距离模型主要是为了获得预警过程的阈值，安全距离模型一般包括基于碰撞时间的行驶安全判断逻辑算法和基于距离的行驶安全判断逻辑算法两种。

二、自动紧急制动系统

自动紧急制动（AEB）系统是在前碰撞预警（FCW）系统的基础上发展而来的一种主动控制类驾驶辅助系统。AEB 在 FCW 的基础上增加了主动控制制动的功能，即当碰撞预警持续一段时间后，驾驶员若仍未采取制动操作或制动压力较小，该系统将辅助驾驶员

自动紧急制动系统

把制动压力提高到需求值，从而避免或减轻交通事故，工作过程如图 4-2-4 所示。

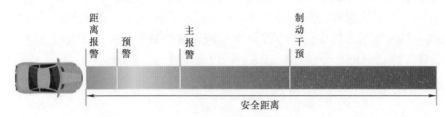

图 4-2-4　AEB 系统工作过程

1. AEB 系统的组成及原理

AEB 系统是一个感知 - 决策 - 执行循环的闭环过程，可将其组成划分为行车环境信息采集单元、电子控制单元和执行单元这三大部分。

（1）行车环境信息采集单元

其在 FCW 系统的基础上优化增加了加速踏板位置传感器、制动传感器等，对行车环境进行实时检测，得到相关行车信息。需要采集的信息因系统不同而不同，所有采集到的信息都将被送往电子控制单元。

加速踏板位置传感器用来检测驾驶员在收到系统提醒报警后，是否及时松开加速踏板对本车进行减速操作。制动传感器用来检测驾驶员是否踩下制动踏板，对本车实施制动。

（2）电子控制单元

电子控制单元接收行车环境信息采集单元的检测信号后，综合收集到的数据信息依照一定的算法程序对车辆行驶状况进行分析计算，判断车辆所适用的预警状态模型，同时对执行单元发出控制指令。

（3）执行单元

执行单元可以由多个模块组成，如声光报警模块、LED 显示模块、自动减速模块和自动制动模块等。它用来接收电子控制单元发出的指令，并执行相应的动作，达到预期的预警效果以及实现相应的制动功能。不同车速下 AEB 系统的触发时间如图 4-2-5 所示。

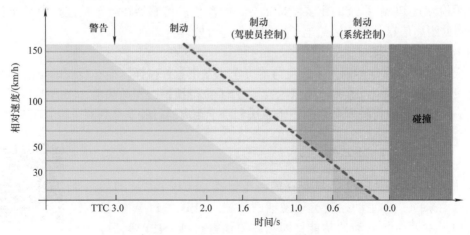

图 4-2-5　AEB 系统触发时间示意图

2. AEB 系统的类型

欧盟新车安全评鉴协会 E-NCAP 将 AEB 系统主要分为城市 AEB、城际 AEB 和行人 AEB 三类。各类 AEB 系统分别适用于不同的道路场景或车速条件，但应当注意的是，即使是在 AEB 的作用范围内，通常也只有在两车速度差小于 50km/h 的前提下，才能避免碰撞。

（1）城市 AEB

城市 AEB 系统主要适用于城市道路，其适用车速限于 20km/h 内，主要利用前置毫米波雷达或激光雷达监测车辆前方 6 ~ 8m 内的道路状况和其他车辆状况。检测到潜在风险后预制动机制触发，以确保正常制动时获取最大制动减速度。在设定时间内若驾驶员未做出避障应急操作，系统将以紧急制动或其他方式避免碰撞事故的发生。若驾驶员采取避障应急操作，例如转动转向盘或踩压制动踏板等，则系统将终止工作。

（2）城际 AEB

与城市 AEB 系统相比，城际 AEB 系统主要适用于高速公路。其车速范围为 50 ~ 80km/h，利用前置毫米波雷达或激光雷达探测前方 200m 范围内的车辆，主要包含三种工作方式：预警方式、预制动方式和紧急制动方式。

1）预警方式：当存在潜在风险时预警方式触发，提醒驾驶员注意避让。

2）预制动方式：在预警方式的基础上，在设定时间内，驾驶员未做出应有的响应，预制动机制触发、收紧安全带。

3）紧急制动方式：在预制动的基础上，在设定时间内，驾驶员仍未做出应有响应，系统将采取紧急制动。

（3）行人 AEB

行人 AEB 系统用于行人和骑行者等道路使用者的保护。系统采用雷达、摄像头、红外线等传感器或多传感器信息融合技术，识别和跟踪行人或骑行者，计算其与车辆的相对运动轨迹，判别是否存在碰撞风险。如若检测到有潜在危险，该系统警告驾驶员并减速停车。

3. AEB 系统的发展趋势

（1）提高各类突发情况下目标识别的精度

对汽车行驶过程中前方环境的有效识别是 AEB 实现功能的基础。在其他车辆快速并入本车道、行人快速横穿马路、行人侧方进入行车轨迹等突发情况下，实现更加迅速、精确的目标识别并判断目标轨迹是 AEB 的关键要求。未来，通过雷达配合摄像头或其他传感器融合技术实现更为精确、及时的目标识别，是 AEB 系统发展的核心趋势。

（2）完善控制策略

AEB 系统在危险判断、预警及主动控制的过程中，涉及车辆行驶状态判断和对危险的评估等多个环节，在此过程中预警及主动控制的时机需要合理选择。预警太早驾驶员会忽略，预警太晚则驾驶员来不及反应，而主动制动的时间也不宜过早，应保留驾驶员通过转向等方式避免碰撞的可能性。这就要求 AEB 系统的控制策略应当不断完善，能根据不同情境或路况做出合理的选择，以适应更多的驾驶场景。

（3）提高技术的可靠性

可靠性是 AEB 系统面临的主要问题之一。而盲区、照明条件差、不良天气、工作条件中的速度限制等因素均可能导致系统漏报或误报。AEB 系统作为安全配置，每一次漏报都是事故发生的潜在威胁，误报的增多，一方面会极大地降低用户的使用感受，另一方面会对市区低速情况下的驾驶带来很大挑战。因此提高系统技术的可靠性是其未来必然也必要的发展趋势之一。

（4）加强对弱势群体（行人、自行车）的保护

行人与自行车是道路交通的重要组成部分，也是交通事故中极易受到伤害的群体。随着雷达与摄像头组合技术的成熟，为 AEB 实现弱势群体（行人、自行车）的保护提供了技术支撑，将弱势群体保护纳入 AEB 系统功能中也是其重要的发展趋势。

（5）实现对更多复杂场景（如十字路口）的覆盖

城市内十字路口等场景是事故高发地段，AEB 系统将通过更为精准的目标识别，实现对侧方进入的车辆、行人、自行车等的识别与判断。

4. FCW 系统和 AEB 系统的常见故障及检测方法

故障类型： 传感器损坏、线束插接器端子接触不良、线路短路或断路等。

故障现象： 故障灯点亮。

检测方法： 若传感器损坏，应使用数字万用表测量其线路电阻，电阻大为断路，电阻小表示存在短路，线束正常则应重点检查传感器。若线束插接器端子接触不良，需进行维修或更换。当系统部件无明显外部损伤时，其可能原因是线路短路或断路，此时需要使用万用表进行测量，根据测量结果进一步判断故障部位。

任务练习

一、选择题

1.（　　　）系统指通过雷达或视觉传感器时刻监测前方车辆，判断本车与前车之间的距离、方位及相对速度，当存在潜在碰撞危险时对驾驶员进行警告的系统。

A. FEW　　　　　　　B. AEB　　　　　　　C. AFB　　　　　　　D. FCW

2.（　　　）是在 FCW 的基础上衍生出来的自动紧急制动系统。

A.ACB　　　　　　　B.AEB　　　　　　　C.ABS　　　　　　　D.ARS

二、判断题

1. 行车环境信息采集单元只负责采集本车与前方目标的相对距离以及相对速度。

（　　　）

2. AEB 是在 FCW 的基础上增加了主动控制的功能。　　　　　　　　　　（　　　）

3. 执行单元可以由多个模块组成，如声光报警模块、LED 显示模块、自动减速模块和自动制动模块等。　　　　　　　　　　　　　　　　　　　　　　　　（　　　）

4. 只要在 AEB 的作用范围内，通过 AEB 系统就能完全避免碰撞。　　　（　　　）

5. 不具有 AEB 系统的车辆很难在 NCAP 测试中获得高的评分。　　　　（　　　）

6.前碰撞预警系统主要由信息采集单元、电子控制单元和人机交互单元等组成。

（　　）

7.自动紧急制动系统主要由行车环境信息采集单元、电子控制单元和执行单元三大部分组成。

（　　）

8.欧盟新车安全评鉴协会 E-NCAP 将 AEB 系统主要分为城市 AEB、城际 AEB 和行人 AEB 三类。

（　　）

三、简答题

简述 AEB 系统与 FCW 系统的工作原理。

任务三　车道保持系统检测维修

车道保持（LKA）系统属于车辆智能驾驶辅助系统中的一种功能。它在车辆行驶时借助前置摄像头识别行驶车道的标记线，并将车辆保持在该车道上行驶。如果车辆接近识别到的车道标记线并可能脱离行驶车道，那么会通过方向盘的振动，或者是声音来提醒驾驶员注意，并轻微转动方向盘修正行驶方向，使车辆处于正确的车道上。若方向盘长时间检测到无人主动干预，则发出报警用来提醒驾驶员安全行车。

学习目标

1）能准确描述车道保持系统的定义及组成。
2）能准确描述车道保持系统的工作原理。
3）能准确说出车道保持系统的工作条件。
4）能掌握车道保持系统的常见故障及检测方法。

知识储备

车道保持（LKA）系统是在车道偏离预警（LDW）系统的基础上发展而来的一种主动控制类驾驶辅助系统。LDW 系统是一种通过报警或振动等方式提醒驾驶员，减少因车道偏离而引发交通事故概率的系统。该系统通过摄像头、雷达等传感器检测汽车在车道标线之间的位置，如果未使用变道信号而汽车越过了车道标线，该系统就会发出警告，提醒驾驶员，减少因车道偏离而引起的危险。而 LKA 系统在 LDW 系统的基础上增加了主动控制的功能，即当车道偏离预警系统持续工作一段时间后，驾驶员若仍未采取相关措施，控制器将控制执行机构在没有驾驶员介入的情况下，控制车辆回归原车道以保证行车安全。车道保持系统工作示意图如图 4-3-1 所示。

车道保持系统

图 4-3-1　车道保持系统工作示意图

一、LKA 系统的组成

LKA 系统主要由信息采集单元、电子控制单元和执行单元三部分组成，如图 4-3-2 所示。

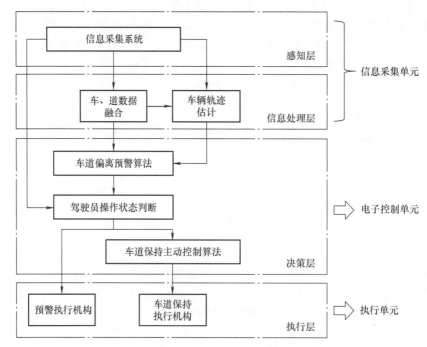

图 4-3-2　LKA 系统组成

1. 信息采集单元

信息采集单元又分为感知层和信息处理层。

感知层即信息采集系统，主要包括各种传感器和图像处理模块，是 LKA 车道线信号和车辆状态信号的来源。感知层所采集的信息内容包括车辆位置信息、道路信息、驾驶员真实转向力矩、当前方向盘转角等。

方向盘转角传感器认知

信息处理层接收感知层采集的各种信号并进行数据处理，得到车辆与车道线的相对位置关系，然后向电子控制单元（决策层）传递处理后的信号。

2. 电子控制单元

电子控制单元即决策层，主要由车道偏离预警算法、驾驶员操作状态辨识算法和车道保持主动控制算法三部分组成。决策层通过判断车辆的位置、方向以及运动状态等信息，再结合驾驶员操作行为判断驾驶员操作状态，当出现车道偏离的可能或危险时向执行层发送命令，控制 LKA 系统的工作。

3. 执行单元

执行单元即执行层，主要由预警执行机构和车道保持执行机构组成。预警执行机构负责执行决策层所发出的预警命令，常见的预警形式有声、光、振动等。车道保持执行机构利用转向系统或制动系统控制车辆运动，修正车辆的运动轨迹使之回到原行驶车道。

二、LKA 系统的工作原理

车道保持系统可以在行车的全程或速度达到某一阈值后开启，并可以手动关闭该功能，以便实时保持汽车的行驶轨迹。当系统正常工作时，信息采集单元通过传感器采集车道线、车速、方向盘转角等信息。电子控制单元根据得到的场景信息进行分析，抽取其中的特征建立三维或二维模型，从而得出车辆两侧的车道线，并将车道线与车辆的行驶方向进行比较，判断汽车是否偏离行驶车道。

当汽车行驶可能偏离车道时，系统发出报警信息。当汽车距离车道线小于一定阈值或已经有车轮偏离出车道线时，电子控制单元计算出辅助转向力和减速度，根据偏离的程度控制方向盘和制动器的操纵模块，施加转向力和制动力使汽车稳定地回到正常轨道。若驾驶员打开转向灯，正常进行变线行驶，则系统不会做出任何提示。

三、LKA 系统的关键技术

LKA 系统的关键技术主要包括环境感知技术、车道偏离预警算法和车道保持辅助控制技术这几个方面。

1. 环境感知技术

在 LKA 系统中，最重要的环境感知内容就是对车道线的识别，目前实现车道线识别的途径主要有 Look-Down 和 Look-Ahead 两类。

1）Look-Down，即在路面下安装线圈或磁导体来标识道路行驶的安全区域，通过汽车底盘安装的磁传感器来获取车辆位置。Look-Down 方法不会因为天气、光照、路面杂质、障碍物的干扰而影响信息提取的准确性，具有信息获取简单、处理方便、控制稳定等优点。但由于其会大量破坏路面，且维护成本过高，在实际应用中很难推广。

2）Look-Ahead，即利用车载摄像头或激光雷达采集道路视频图像，再通过采集卡或模数转换器将模拟图像信号转换为数字图像信号送到算法处理芯片中进行处理。早期车道线和车辆位置的检测大多数是通过带有图片处理功能的摄像头来实现的，也有单独采用激光雷达来检测车道线。随着技术的发展，融合雷达和摄像头数据来提高环境检测能力的方案得到越来越多的应用。

Look-Ahead 的检测方法成本较低，不会对道路产生损伤，但易受天气情况或路面障碍物的干扰，且对图像处理和分析的算法复杂。既要准确无误地提取出所需信息又要满足系统的实时性，具有一定的难度。

利用摄像头传感器进行车道线识别的过程一般可分为图像预处理、感兴趣区域设定、车道线边缘检测、消失点检测和特征点拟合成线这五个步骤，如图 4-3-3 所示。

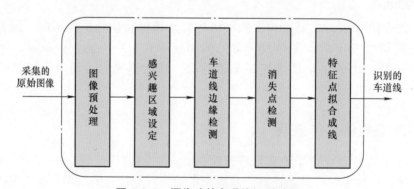

图 4-3-3　摄像头的车道线识别过程

2. 车道偏离预警算法

车道偏离预警算法是一种通过视觉传感器或雷达探测车道线，结合车辆位置信息和状态信息得到车辆与车道线间相对位置关系的控制算法。目前大部分的预警算法都是利用视觉传感器来获取车道线信息，再结合预警决策算法辨识车辆是否有偏离原车道的趋势。

现阶段，关于车道偏离预警的算法主要有跨道时间（TLC）算法、未来偏移距离（FOD）算法、车辆当前位置（CCP）算法、边缘分布函数（EDF）算法、预瞄轨迹偏离（TTD）算法、瞬时侧向位移的预警算法、横向速度的评价算法和路边振动带（RRS）算法这八种。

各算法的基本判断逻辑及优缺点见表 4-3-1。其中 TLC 和 FOD 两种算法的使用条件简单且精度较高，目前应用较多。

表 4-3-1　各算法的基本判断逻辑及优缺点

预警算法名称	基本判断逻辑	优点	缺点
跨道时间（TLC）算法	假设车辆保持当前运动状态不变，计算从当前位置运动至左前轮或右前轮触及车道边界线为止所经历的时间。若计算所得时间值小于设定阈值，系统报警	算法简单、参数容易测量、预警较早，使驾驶员有时间纠正车辆运动	假设偏离过程中方向盘转角、车速和航向角都不变，但实际驾驶情况难以完全满足假设条件，精度较低
未来偏移距离（FOD）算法	与 TLC 一样，都是以汽车即将跨越道路边界的时间来判断是否会出现车道偏离。但在考虑驾驶员的习惯偏移量对预警边界位置影响前提下，另外设置了一条可调节位置的虚拟车道线，允许车辆在到达虚拟边界线前偏离车道	根据驾驶员习惯的不同，可设置多个预警阈值，在保证预警时间的同时更符合实际中多样化的驾驶习惯，可有效降低误警率，提高驾驶员对系统的接受程度	需假设驾驶员能跟随道路曲率变化且横摆角速度不变
车辆当前位置（CCP）算法	根据车辆相对于当前车道的位置信息，计算车辆与当前车道中线的距离，借助车辆宽度和车道宽度信息来判断车辆是否出现横穿车道线的现象	所需参数少且准确度高，适用于车辆中轴线平行于车道中轴线的情况	只能判断当前时刻车辆是否发生车道偏离现象而不能提前一定时间实现预警功能
边缘分布函数（EDF）算法	通过边缘分布函数将车辆的位置与车道信息联系起来	不需要摄像头和车辆的相关参数，也不受道路变化的影响，仅需要将道路图像边缘分布函数对称轴的偏移量与设定的阈值进行比较就可判断出车辆是否发生偏离	算法复杂
预瞄轨迹偏离（TTD）算法	TTD 即从最初状态到汽车轨迹与预期轨迹偏差达到期望值所经历的时间；若 TTD 时间比给定的时间阈值小，系统报警	车辆能够始终跟随最优路径，即车道中心线行驶，对车道偏离更具有预见性	算法复杂，最优路径的精度直接影响系统预警精度；若驾驶员在弯道上紧急转向，则容易产生误警
瞬时侧向位移的预警算法	利用汽车中心偏离车道中心的瞬时侧向位移值作为评价指标，当瞬时侧向位移值大于事先给定的阈值时，系统报警	算法简单，实际应用中较易于实现	忽略汽车运动轨迹，当车辆偏离道路中心一定距离且平行于车道行驶时，易产生误警；当车辆以较大角度偏离当前行驶车道时，系统报警时间较滞后
横向速度的评价算法	以车辆的侧向速度作为评价指标，当车辆以比较大的速度偏离道路边界线时，系统报警	算法简单，实际应用中较易于实现	当车辆在道路上左右摇摆行驶或驾驶员快速纠正即将偏离车道的车辆时，该算法会产生误警
路边振动带（RRS）算法	建设道路时在道路路肩上设置一个 15～45cm 的凹槽，若车辆偏离车道进入该凹槽，轮胎会和凹槽因接触而发生摩擦，二者摩擦发出的声音提醒驾驶员车辆偏离原车道需要纠正车辆运动方向	预警信息准确，可显著降低误警率，减少车道偏离事件	停车振动等基础设施昂贵，且振动带位置固定后很难改变 留给驾驶员反应的时间较短，另外对激进型驾驶员而言误警率较高

3. 车道保持辅助控制技术

常用的车道保持辅助控制技术主要有主动转向技术、差动制动技术、主动转矩分配技术等。

1）主动转向技术：通过转向机构使车辆前轮产生额外的转角，从而达到控制车辆运动轨迹的目的，常用的有电子液压转向系统、电动助力转向系统（EPS）以及线控转向系统（SBW）等。

2）差动制动技术：通过车辆制动系统对左右车轮分别进行制动力分配，以实现差动制动，利用产生的附加横摆力矩控制车辆回归正确的行驶路径，常用的有抱死制动系统（ABS）、电子稳定控制系统（ESC）等。

3）主动转矩分配技术：在全轮驱动的车辆上根据差动力矩分配方法，使分配到各个车轮上的驱动力矩不同，通过控制车辆的横摆运动完成对车辆的运动轨迹的控制。

现阶段，电动助力转向系统（EPS）在车道保持系统中的应用最为普遍。

四、LKA 系统的工作条件

车道保持系统对车辆车速以及道路环境有一定的要求，其工作条件如下：

1）车道标记线清晰可识别。

2）车速大于 65km/h。

3）车道宽度在 2.45～4.6m 之间。

4）驾驶员手握方向盘。

5）转弯半径大于 25m。

6）不打开转向灯。

7）驾驶员施加的反向修正力矩不大于 3N·m。

如果上述条件不能满足，车道保持系统会自动关闭或不能激活。正因如此，驾驶员对于车道保持系统不能产生盲目依赖思想，变换车道时务必提高警惕，控制车速随时准备制动，并且经常检查雷达传感器或摄像头的工作性能，以免变道时发生不必要的碰撞事故。

五、LKA 系统的常见故障及检测方法

1. 无法探测信息

常见故障：摄像头视窗外侧脏污或结冰、摄像头视窗内侧有雾气、道路上覆盖冰雪或其他污物、道路上没有车道边界线等。

故障现象：组合仪表显示"车道保持系统不可用：目前传感器什么也没有探测到"。

检测方法：观察摄像头工作情况，及时清洁摄像头。

2. 系统无法使用

常见故障：CAN 总线通信出现问题、控制单元内部故障等。

故障现象：组合仪表显示"车道保持系统不可用"。

检测方法：首先进行直观检查，检查线束及插接器是否完好，传感器是否损坏等。直

观检查后利用故障自诊断系统进行故障诊断，根据故障码进一步确定故障部位。

3. 系统故障

常见故障：控制单元损坏、振动电动机损坏、系统主开关损坏、系统没有校准等。

故障现象：组合仪表显示"车道保持系统不可用：系统故障"。

检测方法：首先进行直观检查，检查线束及插接器是否完好，传感器是否损坏等。直观检查后利用故障自诊断系统进行故障诊断，根据故障码进一步确定故障部位。

任务练习

一、选择题

1. 以汽车即将跨越道路边界的时间来判断是否会出现车道偏离，同时还设置了一条可调节位置的虚拟车道线来进行车道偏离预警的是（　　　）。

A. TLC　　　　　　　　B. FOD　　　　　　　　C. CPP　　　　　　　　D. TTD

2. "对未来特定时间内的车辆动力学模型进行有效假设，根据建立的车辆运动模型和对前方道路模型的正确识别，最后计算出汽车即将跨越道路边界的时间"，这是对哪种预警算法的描述？（　　　）。

A. TLC　　　　　　　　B. FOD　　　　　　　　C. CPP　　　　　　　　D. TTD

3. 车辆当前位置算法，缩写（　　　）。

A. CCP　　　　　　　　B. EDF　　　　　　　　C. TTD　　　　　　　　D. 以上都不对

4.RRS 算法要在建设道路时在道路路肩上设置一个（　　　）cm 的凹槽。

A. 10～35　　　　　　　B. 15～45　　　　　　　C. 10～25　　　　　　　D. 15～35

二、判断题

1. LDW 系统是在 LKA 系统的基础上增加了主动控制的功能。　　　　　　　　（　　　）

2. LKA 系统主要由感知层、信息处理层、决策层和执行层四部分组成。　　　　（　　　）

3. 在 LKA 系统中，可以通过摄像头传感器或激光雷达实现对车道线的检测。　（　　　）

4. 车道偏离预警算法中应用较多的是 TLC 和 FOD 两类。　　　　　　　　　　（　　　）

5. LKA 系统的激活或关闭应当完全由系统判断决定。　　　　　　　　　　　　（　　　）

三、简答题

简述主动转向技术、差动制动技术、主动转矩分配技术的概念。

参 考 文 献

[1] 马力，赵慧颖，胡克晓.新能源汽车电气技术 [M].北京：机械工业出版社，2020.

[2] 唐勇，王亮.新能源汽车电气技术 [M].北京：人民交通出版社，2017.

[3] 汪立亮.电动汽车电气系统原理与检修 [M].北京：化学工业出版社，2020.

[4] 李土军.新能源汽车电路图与电气元件位置速查手册 [M].北京：化学工业出版社，2020.

[5] 谭婷，董隆，吴春燕.新能源汽车电气技术 [M].上海：同济大学出版社，2010.

[6] 扈佩令，江于飞，陈友强.纯电动汽车构造与检修 [M].上海：华东师范大学出版社，2021.

![机械工业出版社 CHINA MACHINE PRESS | 汽车分社]

读者服务

机械工业出版社立足工程科技主业,坚持传播工业技术、工匠技能和工业文化,是集专业出版、教育出版和大众出版于一体的大型综合性科技出版机构。旗下汽车分社面向汽车全产业链提供知识服务,出版服务覆盖包括工程技术人员、研究人员、管理人员等在内的汽车产业从业者,高等院校、职业院校汽车专业师生和广大汽车爱好者、消费者。

一、意见反馈

感谢您购买机械工业出版社出版的图书。我们一直致力于"以专业铸就品质,让阅读更有价值",这离不开您的支持!如果您对本书有任何建议或意见,请您反馈给我。我社长期接收汽车技术、交通技术、汽车维修、汽车科普、汽车管理及汽车类、交通类教材方面的稿件,欢迎来电来函咨询。

咨询电话:010-88379353　编辑信箱:cmpzhq@163.com

二、课件下载

选用本书作为教材,免费赠送电子课件等教学资源供授课教师使用,请添加客服人员微信手机号"13683016884"咨询详情;亦可在机械工业出版社教育服务网(www.cmpedu.com)注册后免费下载。

三、教师服务

机工汽车教师群为您提供教学样书申领、最新教材信息、教材特色介绍、专业教材推荐、出版合作咨询等服务,还可免费收看大咖直播课,参加有奖赠书活动,更有机会获得签名版图书、购书优惠券。

加入方式:搜索 QQ 群号码 317137009,加入机工汽车教师群 2 群。请您加入时备注院校 + 专业 + 姓名。

四、购书渠道

机工汽车小编
13683016884

我社出版的图书在京东、当当、淘宝、天猫及全国各大新华书店均有销售。

团购热线:010-88379735
零售热线:010-68326294　88379203

推荐阅读

书号	书名	作者	定价（元）
	智能网联、新能源汽车专业教材		
9787111702696	智能网联汽车技术原理与应用（彩色版）	程增木　杨胜兵	65
9787111710318	新能源汽车检测与故障诊断技术（彩色版配实训工单）	吴海东　等	69
9787111707585	新能源汽车电动空调 转向和制动系统检修（彩色版配实训工单）	王景智　等	69
9787111702931	新能源汽车整车控制系统检修（彩色版配实训工单）	吴东盛　等	69
9787111701637	新能源汽车动力电池及管理系统检修（彩色版配实训工单）	吴海东　等	59
9787111707165	新能源汽车技术概论（全彩印刷）	赵振宁	55
9787111706717	纯电动汽车构造原理与检修（全彩印刷）	赵振宁	59
9787111587590	纯电动/混合动力汽车结构原理与检修（配实训工单）（全彩印刷）	金希计　吴荣辉	59.9
9787111709565	新能源汽车维护与故障诊断（配实训工单）（全彩印刷）	林康　吴荣辉	59
9787111700524	新能源汽车整车控制系统诊断（双色印刷）	赵振宁	55
9787111699545	智能网联汽车概论（全彩印刷）	吴荣辉　吴论生	59.9
9787111698081	新能源汽车结构原理与检修（全彩印刷）	吴荣辉	65
9787111683056	新能源汽车认知与应用（第2版）（全彩印刷）	吴荣辉　李颖	55
9787111615767	新能源汽车概论（全彩印刷）	张斌　蔡春华	49
9787111644385	新能源汽车电力电子技术（全彩印刷）	冯津　钟永刚	49
9787111684428	新能源汽车高压安全与防护（全彩印刷）	吴荣辉　金朝昆	45
9787111684862	智能网联汽车技术概论（彩色版配视频）	程增木　康杰	55
9787111674559	混合动力汽车结构与检修一体化教程（彩色版）（附赠习题册含工作任务单）	汤茂银	55